司法書士試験
本試験問題＆解説
Newスタンダード本
令和5年単年度版

辰已法律研究所

<目　次>

令和5年度本試験　講評

■択一式について

＜午前択一＞

出題数は35問で、その内訳は憲法3問、民法20問、刑法3問、商法9問でした。問題形式としては、組合せ問題が33問（昨年34問）、単純正誤問題が2問（昨年1問）、個数問題が0問（昨年0問）、会話形式の問題が3問（昨年1問）でした。また、問題に使用されたページ数をみると、今年は計35頁（昨年36頁）でした。

憲法　今年は社会権、違憲審査権、財政に関する出題でした。昨年と異なり、人権1問、統治2問の出題でした。第1問の社会権については、過去問には無い出題だったものの、いずれも重要な判例知識を問うものであり、正解するのは平易だったものと思われます。その他の問題については、過去問で問われた知識を含む問題であり、正解するのは平易だったものと思われます。

民法　総則3問（昨年3問）、物権4問（昨年4問）、担保物権5問（昨年5問）、債権4問（昨年4問）、親族2問（昨年2問）、相続2問（昨年2問）の出題でした。各分野についての出題数が昨年と同数でした。総則、物権、担保物権については、多くの問題は、基本的な条文・判例から正解を導くことができました。ただ、第14問（動産質）の問題については、細かい知識を問うものが含まれており、正解するのがやや難しかったものと思われます。債権編については、いずれも過去問知識を含む問題ではありましたが、第16問（履行遅滞）と第19問（委任）については、内容的に正解するのがやや難しかったものと思われます。親族編については、いずれも細かい条文知識を問う問題であり、とくに第21問（未成年後見）は、正解するのはかなり難しかったものと思われます。相続編については、第22問（相続の限定承認）が過去問に出題が無い問題であり、内容も平易ではなく、正解するのはかなり難しかったものと思われます。

刑法　刑法の適用範囲、共犯、親族間の犯罪に関する特例についての出題でした。第24問（刑法の適用範囲）と第26問（親族間の犯罪に関する特例）については、過去問で問われた内容を含む問題でしたが、内容的にそれだけでは正解するのは難しかったように思われます。

商法　設立、定款、種類株式、株主総会、議事録の閲覧・謄写、持分会社、社債、合併、商人の商号から出題されました。いずれも条文知識を中心とする出題であり、過去問でも問われた知識が多かったことから、正解するのはそれほど難しくなかったものと思われます。ただ、第34問（合併）及び第35問(商人の商号)については、内容的に過去問知識だけで正解するのは難しかったものと思われます。

＜午後択一＞

出題数は35問で、内訳としては、民訴法5問、民保法1問、民執法1問、司書法1問、供託法3問、不登法16問、商登法8問でした。形式としては、組合せ問題が35問（昨年35問）、単純正誤問題が0問（昨年0問）、個数問題が0問（昨年0個）、会話形式の問題が2問（昨年2問）でした。また、問題に使用されたページ数をみると、今年は計35頁（昨年37頁）でした。

民訴法　いずれも基本的な条文知識を中心とした問題であり、また、多くが過去問で問われた知識であることから、正解するのは平易だったものと思われます。少なくとも4問は正解したかったところです。

民保法　民事保全に関する基本的な条文知識を問う出題でした。やや細かい内容を問う出題であり、正解するのはやや困難だったものと思われます。

民執法　不動産の強制競売に関しての出題でした。多くは過去問で問われた知識であり、正解するのは平易だったものと思われます。

司書法　懲戒について問う出題でした。いずれも司法書士法の条文知識からの出題であり、ほとんど過去問で問われた知識でもあるため、確実に正解したいところです。

供託法　供託金の払渡請求手続、供託の通知、弁済供託の受諾に関する出題でした。ほとんど全ての肢が、過去問知識からの出題であることから、少なくとも2問は正解したかったところです。

不登法　例年通り、先例・条文を中心とした出題であり、多くは過去問で出題された知識からの出題でしたので、正解するのは、それほど困難ではなかったものと思われます。ただし、第22問（地上権の登記）、第24問（根抵当権の登記）、第26問（原本還付）については、内容的に過去問知識だけでは正解するのは困難だったものと思われます。

商登法　印鑑の提出、設立、新株予約権、役員変更、資本金の額の変更、株式交付、外国会社、一般社団法人が出題されました。過去問知識だけでは解けない問題が6問ほど出題されていましたが、基本的な理解ができていれば正解できる問題が多かったように思われます。

■記述式について

＜不動産登記＞

内容的な難しさはなかったものの、記載量が多く、時間内に処理するのが大変だったのではないかと思われます。問4でやや変わった出題がされていますが、そういったことに惑わされずに、できるところを中心に、淡々と正確に処理できたかどうかが勝負の分かれ目だったと思われます。

＜商業登記＞

監査等委員会設置会社が出題されたため、戸惑った受験生の方が多かったかもしれませんが、商業登記についても、そういった部分に惑わされずに基本的な部分を確実に書けたかどうかが勝負の分かれ目になったものと思われます。また、内容的な難しさはなかったと思われますが、商業登記についても記載量が多かったため、時間内に正確に処理できたかどうかについてもポイントになります。

以　上

正答率一覧（2023 年度）

●午前の部

問題番号	科目	テーマ	全体正答率	解答欄	上位10%正答率	その他正答率	正答率格差
1	憲法	社会権	90%	No.1	100%	89%	11%
2		違憲審査権	79%	No.2	97%	78%	19%
3		財　政	83%	No.3	97%	82%	16%
4	民法	後見、保佐及び補助	84%	No.4	100%	83%	17%
5		意思表示	88%	No.5	100%	87%	13%
6		無権代理	83%	No.6	100%	82%	18%
7		不動産の物権変動	88%	No.7	97%	87%	10%
8		囲繞地通行権	93%	No.8	100%	92%	8%
9		所有権の取得	81%	No.9	94%	80%	14%
10		共　有	86%	No.10	100%	85%	15%
11		民法上の担保物権	82%	No.11	100%	81%	19%
12		留置権	80%	No.12	100%	79%	21%
13		先取特権	87%	No.13	97%	86%	11%
14		動産質	56%	No.14	89%	53%	35%
15		根抵当権	82%	No.15	100%	80%	20%
16		履行遅滞	58%	No.16	80%	56%	24%
17		債権者代位権	89%	No.17	100%	88%	12%
18		請　負	72%	No.18	97%	70%	27%
19		委　任	56%	No.19	83%	54%	29%
20		養　子	51%	No.20	86%	48%	38%
21		未成年後見	23%	No.21	29%	22%	6%
22		相続の限定承認	24%	No.22	43%	23%	20%
23		遺　言	79%	No.23	100%	77%	23%
24	刑法	刑法の適用範囲	62%	No.24	80%	61%	19%
25		共　犯	76%	No.25	100%	74%	26%
26		親族間の犯罪に関する特例	77%	No.26	94%	76%	18%
27	会社法	株式会社の設立	92%	No.27	100%	92%	8%
28		株式会社の定款	79%	No.28	94%	78%	17%
29		異なる種類の株式	86%	No.29	100%	85%	15%
30		株主総会	70%	No.30	94%	68%	26%
31		議事録の閲覧・謄写	74%	No.31	97%	72%	25%
32		持分会社	70%	No.32	97%	68%	29%
33		社　債	66%	No.33	97%	63%	34%
34		会社の合併	63%	No.34	91%	61%	31%
35	商法	商　号	72%	No.35	94%	70%	24%

※網掛け部分は，全体正答率 80%以上のものと，正答率格差 30%以上のものです。

●午後の部

問題番号	科目	テーマ	全体正答率	解答欄	上位10%正答率	その他正答率	正答率格差
1	民訴法	管　轄	86%	No.1	100%	84%	16%
2		共同訴訟	69%	No.2	89%	67%	21%
3		訴訟費用	77%	No.3	97%	75%	22%
4		証人尋問・当事者尋問	85%	No.4	100%	84%	16%
5		督促手続	70%	No.5	97%	68%	29%
6	民保法	民事保全	49%	No.6	86%	46%	40%
7	民執法	不動産の強制競売	74%	No.7	97%	72%	25%
8	司書法	懲　戒	87%	No.8	100%	86%	14%
9	供託法	払渡請求手続	71%	No.9	100%	69%	31%
10		供託の通知	60%	No.10	91%	58%	34%
11		弁済供託の受諾	70%	No.11	94%	68%	26%
12	不登法	登記をすることができるもの	54%	No.12	91%	51%	40%
13		電子申請	59%	No.13	97%	56%	41%
14		登記事項	56%	No.14	66%	55%	11%
15		一の申請情報	71%	No.15	89%	70%	19%
16		判決による登記	66%	No.16	74%	65%	9%
17		所有権の保存の登記	64%	No.17	86%	62%	24%
18		共有不動産の登記	72%	No.18	97%	70%	27%
19		所有権の移転の登記	82%	No.19	97%	81%	16%
20		買戻特約の登記	59%	No.20	86%	57%	29%
21		区分建物に関する登記	57%	No.21	100%	54%	46%
22		地上権の登記	59%	No.22	97%	56%	41%
23		抵当権の設定の登記	74%	No.23	94%	72%	22%
24		根抵当権の登記	54%	No.24	94%	51%	43%
25		法令における期間の定め	70%	No.25	80%	69%	11%
26		原本還付	48%	No.26	71%	46%	25%
27		登録免許税	62%	No.27	91%	60%	32%
28	商登法	印鑑の提出等	54%	No.28	86%	52%	34%
29		株式会社の設立の登記	40%	No.29	51%	39%	12%
30		新株予約権の登記	75%	No.30	97%	74%	24%
31		役員変更の登記等	63%	No.31	89%	61%	28%
32		資本金の額の変更の登記	64%	No.32	97%	61%	36%
33		株式交付	56%	No.33	91%	53%	38%
34		外国会社の登記	68%	No.34	80%	67%	13%
35		一般社団法人の登記	70%	No.35	97%	68%	29%

※網掛け部分は，全体正答率 80％以上のものと，正答率格差 30％以上のものです。

473件の出口調査データに基づく，肢別解答率掲載

●肢別解答率データの使い方●

受験生がどの肢を選んだのかという客観的データを駆使すれば，より効率的に学習を進めることができます。
以下，データの使用方法の一例をご紹介します。

①全体正答率が80%以上の問題

→受験生の大半が正解している，合格のためには絶対落としてはならない「必須正解問題」です。

②上位10%受験生正答率と全体正答率の間で，30%以上の差がついている問題

→上位者とそうでない者の間で差がついている，すなわち「合否を分ける問題」と言えます。

③全体正答率が30%以下の問題

多くの受験生が不正解のため，合否にはあまり影響のない「捨て問」と言えます。

④誤答問題の分析

自分が間違ってしまった問題で，他の受験生がほとんどマークしていない肢を選んでしまった場合は，基礎的な知識が不十分である可能性があります。その分野は要注意ですので，もう一度復習したほうがよいでしょう。

令和５年度　試　験　問　題（午前の部）

注　　　意

⑴　別に配布した答案用紙の該当欄に、試験問題裏表紙の記入例に従って、受験地、受験番号及び氏名を必ず記入してください。答案用紙に受験地及び受験番号をマークするに当たっては、数字の位を間違えないようにしてください。

⑵　試験時間は、２時間です。

⑶　試験問題は、全て多肢択一式で、全部で35問あり、105点満点です。

⑷　解答は、答案用紙の解答欄の正解と思われるものの番号の枠内をマーク記入例に従い、濃く塗りつぶす方法でマークしてください。

⑸　解答欄へのマークは、各問につき１か所だけにしてください。二つ以上の箇所にマークがされている欄の解答は、無効とします。解答を訂正する場合には、プラスチック製消しゴムで完全に消してから、マークし直してください。答案用紙への記入に当たっては、**鉛筆**(Ｂ又はＨＢ)を使用してください。該当欄の枠内をマークしていない解答及び**鉛筆**を使用していない解答は、無効とします。

⑹　答案用紙に受験地、受験番号及び氏名を記入しなかった場合は、採点されません(試験時間終了後、これらを記入することは、認められません。)。

⑺　答案用紙は、汚したり、折り曲げたりしないでください。また、書き損じをしても、補充しません。

⑻　試験問題のホチキスを外したり、試験問題のページを切り取る等の行為は、認められません。

⑼　試験時間中、不正行為があったときは、その答案は、無効なものとして扱われます。

⑽　試験問題に関する質問には、一切お答えいたしません。

⑾　試験問題は、試験時間終了後、持ち帰ることができます。

第１問　社会権に関する次のアからオまでの記述のうち、**判例の趣旨に照らし誤っているもの**の組合せは、後記１から５までのうち、どれか。

ア　障害福祉年金支給対象者から在留外国人を除外することは、立法府の裁量の範囲に属する。

イ　憲法第25条は、直接個々の国民に対して具体的権利を与えたものではない。

ウ　憲法第25条に規定する「健康で文化的な最低限度の生活」の具体的内容は、その時々における文化の発達の程度、経済的・社会的条件、一般的な国民の生活の状況等との相関関係において判断されるべきものである。

エ　公務員は、憲法第28条に規定する「勤労者」に当たらず、労働基本権の保障を受けない。

オ　憲法第26条第２項後段に規定する「義務教育」の無償の範囲には、授業料だけでなく、教科書を購入する費用を無償とすることも含まれる。

(参考)

憲法

第25条　すべて国民は、健康で文化的な最低限度の生活を営む権利を有する。

２　国は、すべての生活部面について、社会福祉、社会保障及び公衆衛生の向上及び増進に努めなければならない。

第26条　（略）

２　すべて国民は、法律の定めるところにより、その保護する子女に普通教育を受けさせる義務を負ふ。義務教育は、これを無償とする。

第28条　勤労者の団結する権利及び団体交渉その他の団体行動をする権利は、これを保障する。

１　アイ　　２　アウ　　３　イエ　　４　ウオ　　５　エオ

第2問 違憲審査権に関する次のアからオまでの記述のうち、**判例の趣旨に照らし正しいもの**の組合せは、後記1から5までのうち、どれか。

ア 表現の自由を規制する法律の規定は、一般の国民が当該規定から具体的場合に当該表現が規制の対象となるかどうかの判断が可能となるような基準を読みとることができない場合であっても、当該規定を限定して解釈することによって規制の対象となるものとそうでないものとを区別することができるときには、違憲無効であるとの評価を免れることができる。

イ 最高裁判所によりある法律が違憲無効であると判断された場合には、その法律は、直ちに効力を失う。

ウ 条約は、国家間の合意であるという性質に照らし、裁判所による違憲審査権の対象とならない。

エ 被告人に対する没収の裁判が第三者の所有物を対象とするものであっても、当該被告人は、当該第三者に対して何ら告知、弁解、防禦の機会が与えられなかったことを理由に当該没収の裁判が違憲であることを主張することができる。

オ 違憲審査権は、最高裁判所のみならず下級裁判所も有する。

1 アウ　　2 アエ　　3 イウ　　4 イオ　　5 エオ

第3問　財政に関する次のアからオまでの記述のうち、**判例の趣旨に照らし誤っているもの**の組合せは、後記1から5までのうち、どれか。

ア　公金を公の支配に属しない慈善事業に対して支出することは、憲法上禁じられている。

イ　国の収入支出の決算は、全て毎年会計検査院がこれを検査し、内閣は、次の年度に、その検査報告とともに、これを国会に提出しなければならない。

ウ　内閣は、国会の議決に基づいて設けられた予備費の支出について、事前にも事後にも国会の承諾を得る必要はない。

エ　市町村が行う国民健康保険の保険料は、賦課徴収の強制の度合いにおいては租税に類似する性質を有し、憲法第84条の趣旨が及ぶ。

オ　地方公共団体が条例により税目や税率を定めることは、憲法上予定されていない。

(参考)

憲法

第84条　あらたに租税を課し、又は現行の租税を変更するには、法律又は法律の定める条件によることを必要とする。

1　アウ　　2　アエ　　3　イエ　　4　イオ　　5　ウオ

以下の試験問題については、国際物品売買契約に関する国際連合条約(ウィーン売買条約)の適用は考慮しないものとして、解答してください。

また、第4問から第23問までの試験問題については、商法の適用は考慮しないものとして、解答してください。

第4問 後見、保佐及び補助に関する次のアからオまでの記述のうち、**誤っているもの**の組合せは、後記1から5までのうち、どれか。

ア 成年被後見人が成年後見人の同意を得てした不動産の取得を目的とする売買契約は、行為能力の制限を理由として取り消すことができない。

イ 成年被後見人が養子縁組をするには、成年後見人の同意を得ることを要しない。

ウ 保佐人は、保佐開始の審判により、被保佐人の財産に関する法律行為について被保佐人を代表する。

エ 保佐開始の審判をするには、本人以外の者が請求する場合であっても、本人の同意を得ることを要しない。

オ 借財をすることについて補助人の同意を得なければならない旨の審判がない場合には、被補助人は、補助人の同意を得ることなく、借財をすることができる。

1 アウ　　2 アオ　　3 イウ　　4 イエ　　5 エオ

第５問　ＡがＢに対して甲土地を売却してその旨の所有権の移転の登記がされ、その後、ＢがＣに対して甲土地を転売した。この事例に関する次のアからオまでの記述のうち、**判例の趣旨に照らし正しいもの**の組合せは、後記１から５までのうち、どれか。

ア　ＢがＡに対して虚偽の事実を告げてＡＢ間の売買契約が締結された場合には、Ａが当該事実を告げられたことによって錯誤に陥っていなくても、Ａは、Ｂの詐欺を理由としてＡＢ間の売買契約を取り消すことができる。

イ　Ａが第三者による強迫によってＡＢ間の売買契約を締結した場合には、Ｂが当該強迫の事実を知り、又は知ることができたときに限り、Ａは、ＡＢ間の売買契約を取り消すことができる。

ウ　ＢがＣの詐欺を理由としてＢＣ間の売買契約を取り消すことができることを知った後、異議をとどめることなくＣから売買代金を受領した場合には、Ｂは、自らの債務を履行する前であっても、Ｃの詐欺を理由としてＢＣ間の売買契約を取り消すことができない。

エ　ＡがＢＣ間の売買契約の締結後に、Ｂの詐欺を理由としてＡＢ間の売買契約を取り消した場合において、当該詐欺の事実を知らなかったことについてＣに過失があるときは、Ａは、Ｃに対し、甲土地の所有権を主張することができる。

オ　ＡＢ間の売買契約がＡとＢの通謀により仮装されたものであり、その後、ＢがＣに対して甲土地を売却し、更にＣがＤに対して甲土地を売却した場合において、ＣがＡＢ間の売買契約が仮装されたものであることを知っていたときは、Ｄがこれを知らなかったとしても、Ｄは、Ａに対し、甲土地の所有権を主張することはできない。

１　アイ　　２　アオ　　３　イウ　　４　ウエ　　５　エオ

第6問 Aが、Bの代理人と称して、Cとの間で、Bの所有する不動産を売却する旨の契約(以下「本件売買契約」という。)を締結したが、実際にはAは代理権を有しておらず、また、CはAが代理権を有していないことを知らなかった。この事例に関する次のアからオまでの記述のうち、**正しいもの**の組合せは、後記1から5までのうち、どれか。

ア Cは、Bに対し、相当の期間を定めて、その期間内に本件売買契約を追認するかどうかを確答すべき旨の催告をすることができ、Bがその期間内に確答しないときは、追認したものとみなされる。

イ Bが本件売買契約を追認した場合において、別段の意思表示がないときは、本件売買契約は、その追認の時から効力を生ずる。

ウ 本件売買契約の締結時において、Aが成年被後見人であったときは、Aは、Cに対して民法第117条第1項による無権代理人の責任を負わない。

エ Bが、Aに対して、本件売買契約を追認した場合であっても、Cが当該追認の事実を知らないときは、Cは本件売買契約を取り消すことができる。

オ Aが、自己に代理権がないことを知りながら、本件売買契約を締結した場合であっても、Aが代理権を有しないことをCが過失によって知らなかったときは、Aは、Cに対して民法第117条第1項による無権代理人の責任を負わない。

(参考)

民法

第117条 他人の代理人として契約をした者は、自己の代理権を証明したとき、又は本人の追認を得たときを除き、相手方の選択に従い、相手方に対して履行又は損害賠償の責任を負う。

2 (略)

1 アイ　　2 アオ　　3 イエ　　4 ウエ　　5 ウオ

第７問　不動産の物権変動に関する次のアからオまでの記述のうち、**判例の趣旨に照らし誤っているもの**の組合せは、後記１から５までのうち、どれか。

ア　甲土地を所有するＡが死亡し、その子Ｂ及びＣがＡを共同相続した場合において、ＢＣ間でＢが甲土地を単独で取得する旨の遺産分割協議が成立したが、Ｃが甲土地を共同相続したものとして所有権の移転の登記をした上で、自己の法定相続分に相当する持分をＤに売却してその旨の登記をしたときは、Ｂは、Ｄに対し、単独での甲土地の所有権の取得を対抗することができない。

イ　Ａがその所有する甲土地をＢに売却した後、Ｃが甲土地を正当な権原なく占有している場合には、Ｂは、所有権の移転の登記をしなくても、Ｃに対し、甲土地の所有権の取得を対抗することができる。

ウ　金銭債権の債務者Ａが、債権者Ｂとの間で、金銭の給付に代えてＡが所有する甲土地の給付をする旨の代物弁済契約をした場合には、甲土地の所有権の移転の効果は、ＡからＢへの所有権の移転の登記をした時に生ずる。

エ　Ａがその所有する甲土地をＢの詐欺によりＢに売却してその旨の登記をし、ＡがＢとの間の売買契約を詐欺を理由として取り消した後、Ｂがその取消しにつき善意のＣに甲土地を売却してその旨の登記をした場合であっても、Ｃにその善意であることにつき過失があるときは、Ａは、Ｃに対し、甲土地の所有権のＡへの復帰を対抗することができる。

オ　ＡがＢ所有の甲土地を占有し、取得時効が完成した後、ＢがＣに対し甲土地につき抵当権の設定をしてその旨の登記をした場合において、Ａがその抵当権の設定の事実を知らずにその登記後引き続き時効取得に必要な期間甲土地を占有し、その期間経過後に取得時効を援用したときは、Ａは、Ｃに対し、抵当権の消滅を主張することができる。

１　アウ　　２　アオ　　３　イエ　　４　イオ　　５　ウエ

第8問 公道に至るための他の土地の通行権(以下「囲繞(にょう)地通行権」という。)に関する次のアからオまでの記述のうち、**判例の趣旨に照らし正しいもの**の組合せは、後記1から5までのうち、どれか。

ア 他の土地に囲まれて公道に通じない土地(以下「袋地」という。)の所有権を取得した者は、所有権の移転の登記をしなくても、袋地を囲んでいる他の土地(以下「囲繞地」という。)の所有者に対して、囲繞地通行権を主張することができる。

イ 自動車によっては公道に出入りすることができないが、徒歩により公道に出入りすることができる土地の所有者は、その土地を囲んでいる他の土地につき、自動車による通行を前提とする囲繞地通行権を有しない。

ウ 民法第 210 条の規定による囲繞地通行権が認められる場合の通行の場所及び方法は、通行権者のために必要であり、かつ、囲繞地のために損害が最も少ないものを選ばなければならない。

エ 共有物の分割によって生じた袋地の所有者が、他の分割者の所有地(以下「残余地」という。)について有する囲繞地通行権は、当該残余地について特定承継が生じた場合には、消滅する。

オ Aがその所有する一筆の土地を甲土地と乙土地とに分筆し、甲土地をBに譲渡するのと同時に乙土地をCに譲渡したことによって甲土地が袋地となった場合には、Bは、乙土地以外の囲繞地について囲繞地通行権を有することがある。

(参考)

民法

第210条 他の土地に囲まれて公道に通じない土地の所有者は、公道に至るため、その土地を囲んでいる他の土地を通行することができる。

2 池沼、河川、水路若しくは海を通らなければ公道に至ることができないとき、又は崖(がけ)があって土地と公道とに著しい高低差があるときも、前項と同様とする。

1 アウ　　2 アオ　　3 イエ　　4 イオ　　5 ウエ

第９問　次の対話は、所有権の取得に関する教授と学生との対話である。教授の質問に対する次のアからオまでの学生の解答のうち、**判例の趣旨に照らし誤っているもの**の組合せは、後記１から５までのうち、どれか。

教授：　所有権の取得の形態には、承継取得と原始取得の２つがありますね。民法には、付合、混和及び加工の規定がありますが、これらの規定による取得は承継取得と原始取得のどちらに当たりますか。

学生：ア　原始取得に当たります。

教授：　Ａの所有する甲動産とＢの所有する乙動産とが、付合により、損傷しなければ分離することができなくなった場合において、甲動産の方が主たる動産であるときは、その合成物の所有権は誰に帰属しますか。

学生：イ　Ａに帰属します。

教授：　請負人が自ら材料を提供して建物の建築を始めたが、独立の不動産になっていない建前の状態で工事を中止した後、第三者がその建前に自ら材料を提供して工事を続行して建物を建築した場合には、その建物の所有権の帰属はどの規定により決定されるでしょうか。

学生：ウ　動産の付合の規定により決定されます。

教授：　他人の動産に、自らは他に材料を提供しないで工作を加えた者が加工物の所有権を取得するのはどのような場合ですか。

学生：エ　工作によって生じた価格が材料の価格を著しく超えるときです。

教授：　Ａの所有する甲液体とＢの所有する乙液体とが混和して識別することができなくなった場合には、その合成物の所有権は誰に帰属しますか。

学生：オ　甲液体と乙液体について主従の区別が可能かどうかにかかわらず、混和の時における価格の割合に応じて、ＡとＢとが共有することになります。

１　アイ　　２　アエ　　３　イオ　　４　ウエ　　５　ウオ

第10問 Ａ、Ｂ及びＣが各３分の１の持分の割合で甲土地を共有している場合の法律関係に関する次のアからオまでの記述のうち、**正しいもの**の組合せは、後記１から５までのうち、どれか。

ア Ａは、Ｂ及びＣの同意を得なければ、自己の持分を放棄することができない。

イ 甲土地につき共有物の分割の裁判を行う場合には、裁判所は、Ａに債務を負担させて、Ｂ及びＣの持分全部を取得させる方法による分割を命ずることもできる。

ウ Ｃが所在不明である場合において、Ａが甲土地にその形状又は効用の著しい変更を伴う変更を加えようとするときは、Ａは、裁判所に対し、Ｂの同意を得てその変更を加えることができる旨の裁判を請求することができる。

エ ＡがＢに対して甲土地の管理費用の支払を内容とする金銭債権を有する場合において、ＢがＤに甲土地の持分を譲渡したときは、Ａは、Ｂに対してその債権を行使することができなくなる。

オ Ａが甲土地を駐車場として使用させる目的でＤのために賃借権を設定する場合には、賃貸借の存続期間の長短にかかわらず、Ｂ及びＣの同意が必要である。

１ アエ　２ アオ　３ イウ　４ イエ　５ ウオ

第11問　民法上の担保物権に関する次のアからオまでの記述のうち、**正しいもの**の組合せは、後記１から５までのうち、どれか。

ア　留置権者は、留置物から生ずる果実を収取し、他の債権者に先立って、これを自己の債権の弁済に充当することができる。

イ　動産の売買の先取特権は、動産の代価及びその利息に関し、債務者の総財産について存在する。

ウ　動産質権は、設定行為に別段の定めがない場合には、質物の隠れた瑕疵によって生じた損害の賠償を担保しない。

エ　不動産質権者は、設定行為に別段の定めがあっても、その債権の利息を請求することができない。

オ　抵当権は、金銭債権以外の債権を担保するためにも設定することができる。

１　アウ　　２　アオ　　３　イウ　　４　イエ　　５　エオ

第12問 次の対話は、民法上の留置権に関する教授と学生との対話である。教授の質問に対する次のアからオまでの学生の解答のうち、**誤っているもの**の組合せは、後記1から5までのうち、どれか。

教授： Aを賃借人、Bを賃貸人とするB所有の甲建物の賃貸借契約の期間中に、Aが甲建物についてBの負担に属する必要費を支出し、Bからその償還を受けないまま、賃貸借契約が終了した事例について、考えてみましょう。この事例において、Aは、Bに対し、必要費償還請求権を被担保債権として、甲建物について留置権を主張することが考えられますが、Aが裁判手続外で留置権を行使した場合には、必要費償還請求権の消滅時効の進行に影響を及ぼしますか。

学生：ア はい。Aが甲建物を留置している間は、必要費償還請求権の消滅時効は進行しません。

教授： Aが、留置権に基づいて甲建物を留置している間に、甲建物について有益費を支出し、これによる価格の増加が現存するときは、Aは、Bに、有益費を償還させることができますか。

学生：イ はい。Aは、Bの選択に従い、その支出した金額又は増価額を償還させることができます。

教授： Aが、留置権に基づいて甲建物を留置している間に、Bに無断で、第三者に甲建物を賃貸したときは、それによって留置権は当然に消滅しますか。

学生：ウ はい。留置権は、当然に消滅します。

教授： 冒頭の事例において、甲建物が火災により滅失し、Bがこれによる保険金請求権を取得した場合には、Aは、留置権に基づき、この保険金請求権に物上代位することができますか。

学生：エ いいえ。Aは、Bが取得した保険金請求権に物上代位することはできません。

教授： 最後に、冒頭の事例において、実は、甲建物の所有者が当初からCであり、Cに無断で、BがAに甲建物を賃貸していた場合には、Aは、Bに対し、必要費償還請求権を被担保債権として、甲建物について留置権を主張することができますか。

学生：オ はい。Aは、Bに対し、留置権を主張することができます。

1 アウ　　2 アエ　　3 イウ　　4 イオ　　5 エオ

第13問　先取特権に関する次のアからオまでの記述のうち、**誤っているもの**の組合せは、後記1から5までのうち、どれか。

ア　一般の先取特権者は、不動産について登記をしなくても、不動産売買の先取特権について登記をした者に優先して当該不動産から弁済を受けることができる。

イ　同一の目的物について共益の費用の先取特権者が数人あるときは、各先取特権者は、その債権額の割合に応じて弁済を受ける。

ウ　一般の先取特権者は、債務者の財産に不動産と不動産以外の財産とがある場合には、まず不動産から弁済を受けなければならない。

エ　同一の不動産について売買が順次された場合には、売主相互間における不動産売買の先取特権の優先権の順位は、売買の前後による。

オ　不動産の売買の先取特権の効力を保存するためには、売買契約と同時に、不動産の代価又はその利息の弁済がされていない旨を登記しなければならない。

1　アイ　　2　アウ　　3　イエ　　4　ウオ　　5　エオ

第14問 動産質に関する次のアからオまでの記述のうち、**判例の趣旨に照らし正しいもの**の組合せは、後記１から５までのうち、どれか。

ア　質権者は、質物から生ずる果実を収取し、他の債権者に先立って、被担保債権の弁済に充当することができる。

イ　質権の設定は、債権者にその目的物を現実に引き渡さなければ、その効力を生じない。

ウ　質権者は、その権利の存続期間内において、質権設定者の承諾がなくとも、質物を第三者に引き渡して、当該第三者のために転質権を設定することができる。

エ　質権者は、質権者による質物の使用について質権設定者の承諾がなく、かつ、目的物の保存のために質物の使用の必要がない場合であっても、質物の使用をすることができる。

オ　質権設定者が被担保債権の弁済前に質権者に対して訴訟を提起して目的物の返還を請求し、質権者が質権の抗弁を主張した場合には、裁判所は、当該請求を棄却するとの判決をするのではなく、被担保債権の弁済と引換えに目的物を引き渡せとの引換給付判決をしなければならない。

１　アイ　　２　アウ　　３　イオ　　４　ウエ　　５　エオ

第15問　根抵当権に関する次のアからオまでの記述のうち、**正しいもの**の組合せは、後記１から５までのうち、どれか。

ア　根抵当権者は、利息その他の定期金を請求する権利を有するときは、その満期となった最後の２年分についてのみ、その根抵当権を行使することができる。

イ　根抵当権の担保すべき債権の範囲を変更した場合において、元本の確定前にその変更について登記をしなかったときは、その変更をしなかったものとみなされる。

ウ　根抵当権者は、元本の確定前において、同一の債務者に対する他の債権者の利益のためにその根抵当権又はその順位を譲渡し、又は放棄することができる。

エ　根抵当権者が破産手続開始の決定を受けたときは、根抵当権の担保すべき元本は、確定する。

オ　他人の債務を担保するため根抵当権を設定した者は、元本の確定後において現に存する債務の額がその根抵当権の極度額を超えるときは、その極度額に相当する金額を払い渡し又は供託して、その根抵当権の消滅請求をすることができる。

１　アイ　　２　アウ　　３　イオ　　４　ウエ　　５　エオ

第16問 履行遅滞に関する次のアからオまでの記述のうち、**判例の趣旨に照らし正しいもの**の組合せは、後記１から５までのうち、どれか。

ア　Ａが死亡したら履行するとの履行期を定めた債務の債務者は、Ａが死亡した後に履行の請求を受けていなくとも、Ａの死亡を知った時から遅滞の責任を負う。

イ　指図証券に記載された期限の定めのある債務の債務者は、その期限の到来した時から遅滞の責任を負う。

ウ　詐害行為取消権に基づく受領物返還債務の債務者は、履行の請求を受けた時から遅滞の責任を負う。

エ　返還時期の定めのない貸金の返還債務の債務者は、履行の請求を受けた時から遅滞の責任を負う。

オ　不法行為に基づく損害賠償債務の債務者は、履行の請求を受けた時から遅滞の責任を負う。

１　アウ　　２　アエ　　３　イエ　　４　イオ　　５　ウオ

第17問　債権者代位権に関する次のアからオまでの記述のうち、**判例の趣旨に照らし正しいもの**の組合せは、後記１から５までのうち、どれか。

ア　ＡがＢに対して債権を有しており、その債権を保全するために必要があるときは、Ａは、Ｂが有する債権者代位権を行使することができる。

イ　甲土地につき、ＡがＢに対して所有権移転登記手続請求権を有し、ＢがＣに対して所有権移転登記手続請求権を有しており、ＡがＢのＣに対する所有権移転登記手続請求権を代位行使することができるときは、Ａは、Ｃに対し、甲土地につき、ＣからＡへの所有権移転登記手続をすることを請求することができる。

ウ　ＡがＢに対して甲債権を有し、ＢがＣに対して乙債権を有している場合には、Ａが甲債権を被保全債権として乙債権を代位行使したとしても、乙債権について、消滅時効の完成は猶予されない。

エ　ＡがＢに対して甲債権を有し、ＢがＣに対して乙債権を有している場合には、Ａが、Ｃに対して乙債権の代位行使に係る訴えを提起し、Ｂに対して訴訟告知をした後であっても、Ｂは、乙債権を第三者Ｄに譲渡することができる。

オ　ＡがＢに対して金銭債権である甲債権を有し、ＢがＣに対して金銭債権である乙債権を有している場合において、Ａが、乙債権を代位行使して、自己にその金銭の支払をするように求めたときは、ＣがＢに対して乙債権につき同時履行の抗弁権を有していても、Ｃは、Ａに対して、その同時履行の抗弁権をもって対抗することはできない。

１　アエ　　２　アオ　　３　イウ　　４　イエ　　５　ウオ

第18問 請負に関する次のアからオまでの記述のうち、**正しいもの**の組合せは、後記1から5までのうち、どれか。

ア 目的物の引渡しを要する請負契約においては、報酬は、仕事の目的物の引渡しと同時に、支払わなければならない。

イ 目的物の引渡しを要する請負契約においては、請負人が仕事を完成した後であっても、その目的物の引渡しが完了するまでは、注文者は、いつでも損害を賠償して契約を解除することができる。

ウ 注文者が破産手続開始の決定を受けたときは、請負人は、仕事を完成した後であっても、報酬の支払がされるまでは、注文者の破産手続開始を理由として請負契約を解除することができる。

エ 請負人が注文者に引き渡した目的物の品質が請負契約の内容に適合しない場合には、その不適合が注文者の供した材料の性質によって生じたものであり、かつ、請負人がその材料が不適当であることを知らなかったときであっても、注文者は、請負人に対して、履行の追完の請求をすることができる。

オ 請負契約が仕事の完成前に解除された場合において、請負人が既にした仕事の結果のうち可分な部分の給付によって注文者が利益を受けるときは、請負人は、注文者が受ける利益の割合に応じて報酬を請求することができる。

1 アウ　2 アオ　3 イエ　4 イオ　5 ウエ

第19問　委任に関する次のアからオまでの記述のうち、**判例の趣旨に照らし誤っているもの**の組合せは、後記１から５までのうち、どれか。

ア　受任者は、委任者の許諾を得なくとも、やむを得ない事由があるときは、復受任者を選任することができる。

イ　受任者は、委任事務を処理するのに必要と認められる費用を支出したときは、委任者に対し、その費用の償還を請求することができるが、支出の日以後におけるその利息の償還を請求することはできない。

ウ　受任者が第三者との間で委任事務を処理するのに必要と認められる金銭債務を負った場合において、受任者が委任者に対して自己に代わってその弁済をすることを請求したときは、委任者は、受任者に対して他の売買契約に基づき代金支払債権を有していても、受任者による当該請求に係る権利を受働債権とし、受任者に対する当該代金支払債権を自働債権として、相殺することができない。

エ　受任者の利益をも目的とする委任については、その利益が専ら受任者が報酬を得ることによるものであるときであっても、これを解除した委任者は、受任者の損害を賠償する義務を負う。

オ　委任の解除をした場合には、その解除は、将来に向かってのみその効力を生ずる。

１　アウ　　２　アオ　　３　イウ　　４　イエ　　５　エオ

第20問 養子に関する次のアからオまでの記述のうち、**正しいもの**の組合せは、後記1から5までのうち、どれか。

ア 普通養子縁組の届出をするには、証人を要しない。

イ 養子となる者が15歳未満である場合において、その父が親権を停止されているときは、養子となる者の法定代理人による縁組の承諾について、当該父の同意は不要である。

ウ 特別養子縁組が成立するまでに18歳に達した者は、養子となることができない。

エ 養子に子がある場合には、養子縁組の日から、養子の子と養親及びその血族との間において、血族間におけるのと同一の親族関係を生ずる。

オ 普通養子縁組の当事者の一方が死亡した場合において、その後に生存当事者が離縁をしようとするときは、家庭裁判所の許可を得て、これをすることができる。

1 アイ　2 アウ　3 イエ　4 ウオ　5 エオ

第21問　未成年後見に関する次のアからオまでの記述のうち、**正しいもの**の組合せは、後記１から５までのうち、どれか。

ア　未成年者に対して最後に親権を行う者であっても、管理権を有しない場合には、遺言で未成年後見人を指定することはできない。

イ　未成年後見人が欠けたときは、家庭裁判所は、職権で未成年後見人を選任することができる。

ウ　未成年後見人が数人選任されている場合であっても、各未成年後見人は、未成年被後見人の身上の監護に関する権限を単独で行使することができる。

エ　家庭裁判所は、法人を未成年後見人に選任することができる。

オ　親権を喪失した父又は母は、未成年後見人の選任を家庭裁判所に請求することができない。

１　アウ　　２　アエ　　３　イエ　　４　イオ　　５　ウオ

第22問 相続の限定承認に関する次のアからオまでの記述のうち、**誤っているもの**の組合せは、後記1から5までのうち、どれか。

ア 限定承認者は、受遺者に弁済をした後でなければ、相続債権者に弁済をすることができない。

イ 民法第927条第1項の期間内に同項の申出をしなかった相続債権者及び受遺者で限定承認者に知れなかったものは、相続財産について特別担保を有する場合を除き、残余財産についてのみその権利を行使することができる。

ウ 限定承認をした相続人が数人ある場合には、家庭裁判所は、相続人の中から、相続財産の清算人を選任しなければならない。

エ 民法第927条第1項の期間が満了した後は、限定承認者は、弁済期に至らない債権であっても、相続財産をもって、その期間内に同項の申出をした相続債権者その他知れている相続債権者に、それぞれその債権額の割合に応じて弁済をしなければならない。

オ 限定承認をした共同相続人の一人が相続財産を処分したときは、相続債権者は、相続財産をもって弁済を受けることができなかった債権額について、共同相続人の全員に対し、その相続分に応じて権利を行使することができる。

(参考)

民法

第927条 限定承認者は、限定承認をした後5日以内に、すべての相続債権者(相続財産に属する債務の債権者をいう。以下同じ。)及び受遺者に対し、限定承認をしたこと及び一定の期間内にその請求の申出をすべき旨を公告しなければならない。この場合において、その期間は、2箇月を下ることができない。

2〜4 (略)

1 アウ　　2 アオ　　3 イエ　　4 イオ　　5 ウエ

第23問　遺言に関する次のアからオまでの記述のうち、**判例の趣旨に照らし正しいもの**の組合せは、後記１から５までのうち、どれか。

ア　被相続人が、生前、その所有する不動産を推定相続人の一人に贈与したが、その旨の登記が未了の間に、他の推定相続人に当該不動産の特定遺贈をし、その後相続の開始があった場合、当該贈与と遺贈による物権変動の優劣は、登記の具備の有無によって決まる。

イ　遺言は、二人以上の者が同一の証書ですることもできる。

ウ　受遺者は、遺言者の死亡前であっても、遺贈の放棄をすることができる。

エ　秘密証書による遺言について、その方式に欠けるものがある場合には、当該遺言は、自筆証書による遺言の方式を具備しているときであっても、自筆証書による遺言として有効とはならない。

オ　疾病その他の事由によって死亡の危急に迫った者が特別の方式によってした遺言は、法定の期間内に、証人の一人又は利害関係人から家庭裁判所に請求してその確認を得なければ、その効力を生じない。

１　アエ　　２　アオ　　３　イウ　　４　イエ　　５　ウオ

第24問 刑法の適用範囲に関する次のアからオまでの記述のうち、**判例の趣旨に照らし誤っているもの**の組合せは、後記1から5までのうち、どれか。

ア 貿易商を営む外国人Aは、外国人Bから日本での絵画の買付けを依頼され、その代金として日本国内の銀行に開設したAの銀行口座に振り込まれた金銭を、日本国内において、業務のため預かり保管中、これを払い出して、日本人Cに対する自己の借金の返済に費消した。この場合、Aには、我が国の刑法が適用され、業務上横領罪が成立する。

イ 外国人Aは、外国のホテルの客室内において、観光客である日本人Bに対し、けん銃を突きつけて脅した上で持っていたロープでBを緊縛し、反抗を抑圧されたBから現金等在中の財布を強奪した。この場合、Aには、我が国の刑法の適用はなく、強盗罪は成立しない。

ウ 外国人Aは、日本国内で使用する目的で、外国において、外国で発行され日本国内で流通する有価証券を偽造した。この場合、Aには、我が国の刑法が適用され、有価証券偽造罪が成立する。

エ 日本人Aは、外国において、現に外国人Bが住居として使用する木造家屋に放火して、これを全焼させた。この場合、Aには、我が国の刑法の適用はなく、現住建造物等放火罪は成立しない。

オ 外国人Aは、外国において、日本人Bに対し、外国人C名義の保証書を偽造してこれを行使し、借用名下にBから現金をだまし取った。この場合、Aには、我が国の刑法の適用はなく、私文書偽造・同行使・詐欺罪は成立しない。

1 アウ　　2 アオ　　3 イエ　　4 イオ　　5 ウエ

第25問　刑法の共犯に関する次の1から5までの記述のうち、**判例の趣旨に照らし正しいもの**は、どれか。

1　教唆犯を教唆した者には、教唆犯は成立しない。

2　他人を唆して特定の犯罪を実行する決意を生じさせた場合には、唆された者が実際に当該犯罪の実行に着手しなくても、教唆犯が成立する。

3　拘留又は科料のみに処すべき罪を教唆した者は、特別の規定がなくても、教唆犯として処罰される。

4　不作為により正犯の実行行為を容易にさせた場合には、幇助犯は成立しない。

5　幇助者と正犯との間に意思の連絡がなく、正犯が幇助者の行為を認識していない場合であっても、正犯の実行行為を容易にさせる行為をしたときは、幇助犯が成立する。

第26問 刑法における親族間の犯罪に関する特例に関する次の１から５までの記述のうち、**判例の趣旨に照らし正しいもの**は、どれか。

1 Ａは、同居の長男ＢがＢの先輩であるＣと共謀の上起こした強盗事件に関して、Ｂから頼まれて、Ｃの逮捕を免れさせるためにのみ、Ｂ及びＣの両名が犯行の計画について話し合った内容が録音されたＩＣレコーダーを破壊して自宅の裏庭に埋めて隠匿した。この場合、Ａは、証拠隠滅罪の刑が免除される。

2 Ａは、先輩であるＢと共謀して、Ｂと不仲であったＢの同居の実母Ｃの金庫内から、Ｃ所有の現金を盗んだ。この場合、Ａは、窃盗罪の刑が免除される。

3 Ａは、ギャンブルで借金を抱えており、同居の内縁の妻Ｂが所有する宝石を盗んで売却した。この場合、Ａは、窃盗罪の刑が免除される。

4 Ａは、情を知って、同居の長男Ｂの依頼を受け、Ｂの友人であるＣが窃取し、ＢがＣから有償で譲り受けた普通乗用自動車を運搬した。この場合、Ａには、盗品等運搬罪が成立し、その刑は免除されない。

5 Ａは、家庭裁判所から同居の実父Ｂの成年後見人に選任されたものであるが、自己の経営する会社の運転資金に充てるために、Ａが成年後見人として管理しているＢ名義の銀行口座から預金を全額引き出して、これを着服した。この場合、Ａは、業務上横領罪の刑が免除される。

第 27 問から第 34 問までの試験問題については、問題文に明記されている場合を除き、定款に法令の規定と異なる別段の定めがないものとして、解答してください。

第27問 次の対話は、株式会社の設立に関する教授と学生との対話である。教授の質問に対する次のアからオまでの学生の解答のうち、**正しいもの**の組合せは、後記 1 から 5 までのうち、どれか。

教授： 今日は、株式会社の設立に関する会社法の規定について検討しましょう。まず、会社法上、株式会社の設立時の資本金の最低額についての規定はありますか。

学生：ア はい。株式会社の設立時の資本金の額は、300 万円を下回ることはできません。

教授： ところで、法人や未成年者は、発起人となることができるでしょうか。

学生：イ 会社法上、法人は、発起人となることができますが、未成年者は、発起人となることはできません。

教授： 発起設立の場合には、発起人は、割当てを受けた設立時発行株式について、現物出資をすることができますが、募集設立の場合はどうでしょうか。

学生：ウ 会社法上、募集設立の場合には、発起人でない設立時募集株式の引受人は、割当てを受けた設立時募集株式について、現物出資をすることはできません。

教授： それでは、払込金の保管証明について、発起設立の場合と募集設立の場合とで異なる点はありますか。

学生：エ 会社法上、発起人は、発起設立の場合も、募集設立の場合も、払込取扱機関に対し、払い込まれた金額に相当する金銭の保管に関する証明書の交付を請求することができます。

教授： 最後に、会社法上、株式会社の成立についてはどのように規定されていますか。

学生：オ 株式会社は、その本店の所在地において設立の登記をすることによって成立するものとされています。

1 アイ　　2 アウ　　3 イエ　　4 ウオ　　5 エオ

第28問 株式会社の定款に関する次のアからオまでの記述のうち、**判例の趣旨に照らし誤っているもの**の組合せは、後記1から5までのうち、どれか。

ア　株式会社が、その発行する全部の株式ではなく、一部の株式についてのみ、その内容として譲渡による当該株式の取得について当該株式会社の承認を要する旨の定款の定めを設けていない場合であっても、当該株式会社は、会社法上の公開会社である。

イ　会社法上の公開会社でない取締役会設置会社においては、取締役会の決議によるほか株主総会の決議によっても代表取締役を選定することができる旨の定款の定めは、有効である。

ウ　株式会社は、定款の変更を目的とする株主総会の決議について、総株主の議決権の3分の1以上を有する株主が出席し、出席した当該株主の議決権の過半数をもって行うことができる旨を定款で定めることができる。

エ　株式会社の資本金の額は、定款で定める必要はない。

オ　株式会社の債権者は、当該株式会社の定款の閲覧の請求をする場合には、当該請求の理由を明らかにしてしなければならない。

1　アウ　　2　アエ　　3　イエ　　4　イオ　　5　ウオ

第29問　異なる種類の株式に関する次のアからオまでの記述のうち、**正しいもの**の組合せは、後記1から5までのうち、どれか。

ア　会社法上の公開会社は、ある種類の株式の株主が一株につき複数個の議決権を有することを内容とする種類の株式を発行することができる。

イ　株主総会において決議をすることができる事項の全部につき議決権を行使することができない種類の株式の株主であっても、当該種類の株式の種類株主を構成員とする種類株主総会においては議決権を行使することができる。

ウ　種類株主総会は、毎事業年度の終了後一定の時期に招集しなければならない。

エ　内容の異なる二以上の種類の株式を発行する株式会社は、一の種類の株式を取得条項付株式とし、その内容として、当該種類の株式一株を取得するのと引換えに他の種類の株式を交付することを定めることができる。

オ　内容の異なる二以上の種類の株式を発行する株式会社は、一の種類の株式については株券を発行し、他の種類の株式については株券を発行しない旨を定款で定めることができる。

1　アウ　　2　アオ　　3　イウ　　4　イエ　　5　エオ

第30問 株主総会に関する次のアからオまでの記述のうち、**正しいもの**の組合せは、後記1から5までのうち、どれか。

ア　会社法上の公開会社でない株式会社において、総株主の議決権の100分の3以上の議決権を有する株主は、取締役に対し、株主総会の目的である事項であって当該株主が議決権を行使することができるもの及び招集の理由を示して、株主総会の招集を請求することができる。

イ　会社法上の公開会社において、総株主の議決権の100分の1以上の議決権又は300個以上の議決権を6か月前から引き続き有する株主は、株主総会の日の8週間前までに、取締役に対し、当該株主が議決権を行使することができる一定の事項を株主総会の目的とすることを請求することができる。

ウ　会社法上の公開会社において、総株主の議決権の100分の1以上の議決権及び300個以上の議決権のいずれも有しない株主は、株主総会において、株主総会の目的である事項であって当該株主が議決権を行使することができるものにつき議案を提出することができない。

エ　会社法上の公開会社において、総株主の議決権の100分の1以上の議決権及び300個以上の議決権のいずれも有しない株主は、株主総会の日の8週間前までに、取締役に対し、株主総会の目的である事項であって当該株主が議決権を行使することができるものにつき当該株主が提出しようとする議案のうち10を超えないものの要領を株主に通知することを請求することができる。

オ　会社法上の公開会社でない株式会社において、総株主の議決権の100分の1以上の議決権を有する株主は、これを6か月前から引き続き有する場合に限り、株主総会に係る招集の手続及び決議の方法を調査させるため、当該株主総会に先立ち、裁判所に対し、検査役の選任の申立てをすることができる。

1　アイ　　2　アオ　　3　イウ　　4　ウエ　　5　エオ

第31問　監査役会設置会社において株主総会、取締役会及び監査役会の議事録が書面で作成されている場合に関する次のアからオまでの記述のうち、**誤っているもの**の組合せは、後記１から５までのうち、どれか。

ア　監査役会設置会社の債権者が当該監査役会設置会社の株主総会の議事録の閲覧又は謄写の請求をするには、裁判所の許可を得ることを要しない。

イ　監査役会設置会社の親会社社員が当該監査役会設置会社の株主総会の議事録の閲覧又は謄写の請求をするには、裁判所の許可を得ることを要する。

ウ　監査役会設置会社の債権者が当該監査役会設置会社の取締役会の議事録の閲覧又は謄写の請求をするには、裁判所の許可を得ることを要しない。

エ　監査役会設置会社の親会社社員が当該監査役会設置会社の取締役会の議事録の閲覧又は謄写の請求をするには、裁判所の許可を得ることを要する。

オ　監査役会設置会社の株主が当該監査役会設置会社の監査役会の議事録の閲覧又は謄写の請求をするには、裁判所の許可を得ることを要しない。

１　アウ　　２　アエ　　３　イエ　　４　イオ　　５　ウオ

第32問 持分会社に関する次のアからオまでの記述のうち、**誤っているもの**の組合せは、後記1から5までのうち、どれか。

ア 持分会社は、定款によっても、社員が事業年度の終了時に当該持分会社の計算書類の閲覧の請求をすることを制限する旨を定めることはできない。

イ 持分会社において、利益又は損失の一方についてのみ分配の割合についての定めを定款で定めたときは、その割合は、利益及び損失の分配に共通であるものと推定される。

ウ 持分会社は、会計帳簿の閉鎖の時から10年間、その会計帳簿及びその事業に関する重要な資料を保存しなければならない。

エ 合名会社の債権者は、当該合名会社の営業時間内は、いつでも、その計算書類の閲覧の請求をすることができる。

オ 合資会社が資本金の額を減少する場合には、当該合資会社の債権者は、当該合資会社に対し、資本金の額の減少について異議を述べることができる。

1 アウ　2 アオ　3 イウ　4 イエ　5 エオ

第33問　社債に関する次のアからオまでの記述のうち、**誤っているもの**の組合せは、後記１から５までのうち、どれか。

なお、担保付社債信託法及び社債、株式等の振替に関する法律の適用はないものとする。

ア　募集社債の総額の引受けを行う契約により募集社債の総額を引き受けた者は、その契約が成立した時に、引き受けた募集社債の社債権者となる。

イ　社債券を発行する旨の定めがある社債に質権を設定した者は、社債発行会社に対し、質権に関する所定の事項を社債原簿に記載し、又は記録することを請求することができない。

ウ　社債の償還請求権は、これを行使することができる時から10年間行使しないときは、時効によって消滅する。

エ　会社は、社債を発行する場合において、各社債の金額が１億円以上であるときは、社債管理者を定めなければならない。

オ　議決権者の議決権の総額の５分の１で、かつ、出席した議決権者の議決権の総額の３分の２の議決権を有する者の同意により、社債管理者が当該社債の全部について支払の猶予をすることを可決する旨の社債権者集会の決議は、裁判所の認可を受けなくても、その効力を生ずる。

１　アイ　　２　アウ　　３　イオ　　４　ウエ　　５　エオ

第34問 会社の合併に関する次のアからオまでの記述のうち、**正しいもの**の組合せは、後記1から5までのうち、どれか。

ア 株式会社を吸収合併存続会社とし、合名会社を吸収合併消滅会社とする吸収合併は、することができない。

イ 公告方法として官報に掲載する方法を定款で定めている吸収合併消滅株式会社は、吸収合併について異議を述べることができる債権者がいる場合において、官報及び時事に関する事項を掲載する日刊新聞紙にそれぞれ合併に関する公告を行ったときは、知れている債権者に対して各別に催告することを要しない。

ウ 吸収合併存続株式会社は、吸収合併消滅株式会社の株主に対し、吸収合併の対価として、当該吸収合併存続株式会社の子会社の株式を交付することはできない。

エ 株式会社を設立する新設合併は、新設合併設立株式会社の設立の登記をすることによって、その効力を生ずる。

オ 吸収合併の効力が生じた後に吸収合併存続株式会社の株主になった者は、当該吸収合併の効力が生じた日から6か月以内に、訴えをもって当該吸収合併の無効を主張することができる。

1 アウ　　2 アオ　　3 イウ　　4 イエ　　5 エオ

第35問　商人（小商人、会社及び外国会社を除く。）の商号に関する次のアからオまでの記述のうち、**判例の趣旨に照らし誤っているもの**の組合せは、後記１から５までのうち、どれか。

ア　商人は、同一の営業について、同一の営業所で複数の商号を有することができる。

イ　自己の商号を使用して営業を行うことを他人に許諾した商人が当該他人と取引した者に対して当該取引によって生じた債務を弁済する責任を負うには、特段の事情がない限り、当該他人の営業が当該商人の営業と同種の営業であることを要する。

ウ　商人は、その商号を登記しなければ、不正の目的をもって自己と誤認されるおそれのある商号を使用する者に対し、営業上の利益の侵害の停止を請求することができない。

エ　営業の譲渡とともにされた商号の譲渡は、登記をしなければ、第三者に対抗することができない。

オ　営業を譲り受けた商人は、譲渡人の商号を引き続き使用する場合において、営業の譲渡がされた後、遅滞なく、譲渡人の債務を弁済する責任を負わない旨の登記をしたときは、譲渡人の営業によって生じた債務を弁済する責任を負わない。

１　アイ　　２　アウ　　３　イエ　　４　ウオ　　５　エオ

令和５年度　試　験　問　題（午後の部）

注　　意

⑴　別に配布した答案用紙の該当欄に、試験問題裏表紙の記入例に従って、受験地、受験番号及び氏名を必ず記入してください。多肢択一式答案用紙に受験地及び受験番号をマークするに当たっては、数字の位を間違えないようにしてください。

⑵　試験時間は、3時間です。

⑶　試験問題は、多肢択一式問題(第1問から第35問まで)と記述式問題（第36問及び第37問)から成り、配点は、多肢択一式が105点満点、記述式が70点満点です。

⑷　**多肢択一式問題の解答**は、多肢択一式答案用紙の解答欄の正解と思われるものの番号の枠内をマーク記入例に従い、濃く塗りつぶす方法でマークしてください。解答欄へのマークは、各問につき1か所だけにしてください。二つ以上の箇所にマークがされている欄の解答は、無効とします。解答を訂正する場合には、プラスチック製消しゴムで完全に消してから、マークし直してください。答案用紙への記入に当たっては、**鉛筆**(B又はHB)を使用してください。該当欄の枠内をマークしていない解答及び**鉛筆**を使用していない解答は、無効とします。

⑸　**記述式問題の解答**は、所定の答案用紙に記入してください。答案用紙への記入に当たっては、黒インクの**万年筆**又は**ボールペン**（ただし、インクが消せるものを除きます。）を使用してください。所定の答案用紙以外の用紙に記入した解答及び上記万年筆又はボールペン以外の筆記具(鉛筆等)によって記入した解答は、その部分につき無効とします。答案用紙の受験地、受験番号及び氏名欄以外の箇所に、特定の氏名等を記入したものは、無効とします。

　また、答案用紙の筆記可能線(答案用紙の外枠の二重線)を超えて筆記をした場合は、当該筆記可能線を越えた部分については、採点されません。

⑹　答案用紙に受験地、受験番号及び氏名を記入しなかった場合は、採点されません(試験時間終了後、これらを記入することは、認められません。)。

⑺　答案用紙は、汚したり、折り曲げたりしないでください。また、書き損じをしても、補充しません。

⑻　試験問題のホチキスを外したり、試験問題のページを切り取る等の行為は、認められません。

⑼　試験時間中、不正行為があったときは、その答案は、無効なものとして扱われます。

⑽　試験問題に関する質問には、一切お答えいたしません。

⑾　試験問題は、試験時間終了後、持ち帰ることができます。

第１問　民事訴訟における管轄に関する次のアからオまでの記述のうち、**正しいもの**の組合せは、後記１から５までのうち、どれか。

ア　被告が第一審裁判所において管轄違いの抗弁を提出せずに、訴訟要件が欠けることを理由として訴えの却下を求めた場合には、応訴管轄が生ずる。

イ　裁判所の管轄は、口頭弁論終結の時を標準として定める。

ウ　裁判所は、管轄に関する事項について、職権で証拠調べをすることができる。

エ　不動産の売買契約に基づく売買代金の支払を求める訴えは、不動産に関する訴えとして、不動産の所在地を管轄する裁判所に提起することができる。

オ　簡易裁判所に提起された貸金100万円の返還を求める本訴に対し、被告が適法な反訴により地方裁判所の管轄に属する請求をした場合において、本訴原告(反訴被告)の申立てがあるときは、簡易裁判所は、決定で、本訴及び反訴を地方裁判所に移送しなければならない。

１　アエ　　２　アオ　　３　イウ　　４　イエ　　５　ウオ

第2問 共同訴訟に関する次のアからオまでの記述のうち、**判例の趣旨に照らし誤っているもの**の組合せは、後記1から5までのうち、どれか。

ア 通常共同訴訟において、共同被告の一人が原告の主張する請求原因事実を認める旨の陳述をしたとしても、他の共同被告に対する請求との関係では、当該事実につき自白の効果は生じない。

イ 通常共同訴訟においては、共同被告の一人が提出した証拠につき、他の共同被告がこれを援用しない限り、その者に対する請求との関係では、事実認定の資料とすることはできない。

ウ 類似必要的共同訴訟においては、共同訴訟人の一人が控訴すれば、それによって原判決の確定が妨げられ、当該訴訟は全体として控訴審に移審し、控訴審の判決の効力は控訴をしなかった共同訴訟人にも及ぶ。

エ 共同被告の一方に対する訴訟の目的である権利と共同被告の他方に対する訴訟の目的である権利とが法律上併存し得ない関係にある場合において、原告から同時審判の申出があったときは、裁判所は、弁論及び裁判を分離することができない。

オ 必要的共同訴訟に係る事件が適法に係属し、共同被告の一人がその本案について準備書面を提出した場合において、その共同被告の一人が訴えの取下げに同意をしたときは、共同被告の全員が同意をしなくても、同意をした者に対する関係で訴えの取下げの効力が生ずる。

1 アウ　　2 アエ　　3 イウ　　4 イオ　　5 エオ

第３問　次の対話は、訴訟費用に関する教授と学生の対話である。教授の質問に対する次のアからオまでの学生の解答のうち、**正しいもの**の組合せは、後記１から５までのうち、どれか。

教授：　裁判所は、当事者の申立てがない場合であっても、事件を完結する裁判において、訴訟費用の負担の裁判をしなければなりませんか。

学生：ア　裁判所は、当事者の申立てがない場合には、訴訟費用の負担の裁判をする必要はありません。

教授：　民事訴訟法上、訴訟費用の負担の原則については、どのように定められていますか。

学生：イ　訴訟費用は敗訴の当事者の負担とすると定められています。

教授：　それでは、原告の請求のうち一部は認容されたが、一部は棄却された場合に、訴訟費用の全部を被告に負担させることはできますか。

学生：ウ　その訴訟における具体的な事情にかかわらず、一部しか敗訴していない被告に、訴訟費用の全部を負担させることはできません。

教授：　次に、当事者が裁判所において和解をした場合において、訴訟費用の負担について特別の定めをしなかったときは、訴訟費用の負担はどうなりますか。

学生：エ　この場合の訴訟費用は、当事者の各自が負担することになります。

教授：　最後に、当事者は、裁判所がした訴訟費用の負担の裁判に対して、独立して不服を申し立てることはできますか。

学生：オ　訴訟費用の負担の裁判に不服がある者は、その裁判について即時抗告をすることができます。

１　アウ　　２　アオ　　３　イウ　　４　イエ　　５　エオ

第4問 民事訴訟における証人尋問及び当事者尋問に関する次のアからオまでの記述のうち、**正しいもの**の組合せは、後記1から5までのうち、どれか。

ア 当事者尋問の申出は、証明すべき事実を特定しなくても、することができる。

イ 当事者本人を尋問する場合において、その当事者は、裁判長の許可を受けなくとも、書類に基づいて陳述することができる。

ウ 簡易裁判所の訴訟手続において、裁判所は、相当と認めるときは、当事者本人の尋問に代え、書面の提出をさせることができる。

エ 16歳未満の者を証人として尋問する場合であっても、法定代理人の同意があれば、宣誓をさせることができる。

オ 裁判所は、正当な理由なく出頭しない証人の勾引を命ずることができる。

1 アウ　2 アエ　3 イエ　4 イオ　5 ウオ

第5問　督促手続に関する次のアからオまでの記述のうち、**誤っているもの**の組合せは、後記1から5までのうち、どれか。

ア　支払督促の申立ては、請求の目的の価額が140万円を超えるときであっても、簡易裁判所の裁判所書記官に対してすることができる。

イ　支払督促は、日本において公示送達によらないで債務者に送達することができる場合でなければ、発することはできない。

ウ　支払督促の申立てが管轄権を有しない簡易裁判所の裁判所書記官に対してされた場合には、その裁判所書記官は、管轄違いを理由に移送することができる。

エ　支払督促は、債権者が仮執行の宣言の申立てをすることができる時から30日以内にその申立てをしないときは、その効力を失う。

オ　適法な督促異議の申立てがあったときは、督促異議に係る請求については、その目的の価額にかかわらず、支払督促を発した裁判所書記官の所属する簡易裁判所に訴えの提起があったものとみなされる。

1　アイ　　2　アエ　　3　イオ　　4　ウエ　　5　ウオ

第6問 民事保全に関する次のアからオまでの記述のうち、**誤っているもの**の組合せは、後記1から5までのうち、どれか。

ア 仮差押命令は、金銭の支払を目的とする債権について、強制執行をすることができなくなるおそれがあるとき、又は強制執行をするのに著しい困難を生ずるおそれがあるときに発することができる。

イ 裁判所は、保全すべき権利が金銭の支払を受けることをもってその行使の目的を達することができるものであるときは、仮処分命令において仮処分解放金の額を定めなければならない。

ウ 保全命令に関する手続については、債権者であっても、保全命令の申立てに関し口頭弁論若しくは債務者を呼び出す審尋の期日の指定があり、又は債務者に対する保全命令の送達があるまでの間は、裁判所書記官に対し、事件の記録の閲覧を請求することができない。

エ 保全命令の申立てについて、口頭弁論を経ないで決定をする場合には、理由の要旨を示せば足りる。

オ 保全命令は、債権者にも送達しなければならない。

1 アエ　　2 アオ　　3 イウ　　4 イオ　　5 ウエ

第７問　不動産の強制競売に関する次のアからオまでの記述のうち、**正しいもの**の組合せは、後記１から５までのうち、どれか。

ア　執行裁判所は、不動産の強制競売の開始決定をする場合には、債務者を審尋しなければならない。

イ　強制競売の開始決定がされた不動産について強制競売の申立てがあったときは、執行裁判所は、更に強制競売の開始決定をすることができない。

ウ　差押えの登記がされる前に不動産の強制競売の開始決定が債務者に送達された場合であっても、差押えの効力は、登記がされた時に生ずる。

エ　不動産の強制競売の申立てを却下する裁判に対しては、執行抗告をすることができる。

オ　不動産の強制競売の開始決定に係る差押えの登記の嘱託は、裁判所書記官が職権により行う。

１　アイ　　２　アエ　　３　イウ　　４　ウオ　　５　エオ

第8問 司法書士又は司法書士法人に対する懲戒に関する次のアからオまでの記述のうち、**誤っているもの**の組合せは、後記1から5までのうち、どれか。

ア 何人も、司法書士又は司法書士法人に司法書士法又は同法に基づく命令に違反する事実があると思料するときは、法務大臣に対し、当該事実を通知し、適当な措置をとることを求めることができる。

イ 法務大臣は、司法書士法人に対する懲戒処分として、当該司法書士法人の取り扱う業務のうちの一部に限って業務を停止する処分をすることはできない。

ウ 司法書士法人の社員である司法書士が当該司法書士法人の業務について司法書士法又は同法に基づく命令に違反する行為を行った場合には、当該行為について、当該司法書士法人が懲戒処分を受けることはあるが、当該行為を行った当該司法書士法人の社員である司法書士が重ねて懲戒処分を受けることはない。

エ 法務大臣は、司法書士に対し、戒告の処分をしようとする場合には、当該司法書士の聴聞を行わなければならない。

オ 司法書士又は司法書士法人がその所属する司法書士会又は日本司法書士会連合会の会則に違反する行為を行った場合には、これらの会則の遵守義務を定めた司法書士法違反を理由に懲戒処分を受けることがある。

1 アイ　　2 アエ　　3 イウ　　4 ウオ　　5 エオ

第９問　供託金の払渡請求手続に関する次のアからオまでの記述のうち、**誤っているもの**の組合せは、後記１から５までのうち、どれか。

ア　同一人が数個の供託について同時に供託金の還付を受けようとする場合において、還付請求の事由が同一であるときは、一括してその請求をすることができる。

イ　供託物払渡請求書に記載した払渡しを請求する供託金の額については、訂正、加入又は削除をしてはならない。

ウ　委任による代理人によって供託金の払渡しを請求する場合には、代理人の権限を証する書面はこれを提示すれば足り、供託物払渡請求書にこれを添付することを要しない。

エ　執行供託における供託金の払渡しをすべき場合において、裁判所から供託所に送付された支払委託書の記載から供託金の払渡しを受けるべき者であることが明らかとならないときは、供託金の払渡しを受けるべき者は、供託物払渡請求書に裁判所から交付された証明書を添付しなければならない。

オ　電子情報処理組織を使用して供託金の払渡しの請求をするときは、預貯金振込みの方法又は国庫金振替の方法によらなければならない。

１　アウ　　２　アオ　　３　イウ　　４　イエ　　５　エオ

第10問 供託の通知に関する次のアからオまでの記述のうち、**判例の趣旨に照らし正しいもの**の組合せは、後記1から5までのうち、どれか。

ア 供託者が被供託者に供託の通知をしなければならない場合において、これを欠くときは、供託は無効となる。

イ 金銭債権の一部が差し押さえられた場合において、第三債務者が当該金銭債権の全額に相当する金銭を供託したときは、第三債務者は、執行債務者に供託の通知をしなければならない。

ウ 供託官から供託通知書の送付を受けた被供託者が供託物の還付請求をするときは、供託物払渡請求書に当該供託通知書を添付しなければならない。

エ 供託官に対し、被供託者に供託通知書を発送することを請求するときは、供託者は、被供託者の数に応じて、供託書に供託通知書を添付しなければならない。

オ 供託者が被供託者に供託の通知をしなければならない場合において、供託者からの請求を受けて供託官が行う供託通知書の発送は、行政訴訟の対象となる処分ではない。

1 アウ　　2 アエ　　3 イエ　　4 イオ　　5 ウオ

第11問　弁済供託の受諾に関する次のアからオまでの記述のうち、**誤っているもの**の組合せは、後記1から5までのうち、どれか。

ア　供託物還付請求権の仮差押債権者は、供託所に対し、供託を受諾する旨の意思表示をすることができない。

イ　被供託者が供託物還付請求権を譲渡し、供託所に対し書面によりその旨の通知をした場合であっても、当該書面に供託を受諾する旨が積極的に明示されていない限り、供託者は、供託物の取戻請求をすることができる。

ウ　被供託者が供託所に対し書面により供託を受諾する旨の意思表示をする場合には、当該書面に記名押印すれば足り、当該書面に押された印鑑に係る印鑑証明書を添付することを要しない。

エ　被供託者は、供託所に対し供託を受諾する旨の意思表示をした後は、当該意思表示を撤回することができない。

オ　債権者を確知することができないことを理由として、被供託者をＡ又はＢとする弁済供託がされた場合において、Ａが供託所に対し、自己の債権額に相当する部分につき、当該供託を受諾する旨の意思表示をするときは、Ａは、自らが債権者であることを証明しなければならない。

1　アウ　　2　アエ　　3　イエ　　4　イオ　　5　ウオ

第12問 次のアからオまでの登記のうち、**登記をすることができるもの**の組合せは、後記１から５までのうち、どれか。

ア　更地である甲土地に新築された表題登記のある乙建物を目的とし、乙建物の新築工事に要した費用を被担保債権として申請する不動産工事の先取特権の保存の登記

イ　Ａを所有権の登記名義人とする甲土地について、公正証書によりＢを借地権者とする事業用借地権を設定する契約が締結されたが、当該事業用借地権の設定の登記がされないまま、ＡからＣへの所有権の移転の登記がされた場合において、Ｃが当該契約を承諾したときの、Ｂを登記権利者、Ｃを登記義務者とし、ＡとＢとの間で当該借地権を設定した日を登記原因の日付として申請する借地権の設定の登記

ウ　甲土地の一部を目的として地上権を設定する契約が締結されたが、甲土地の隣地との筆界を確認することができないために分筆の登記が未了であるときの、分筆未了を理由とした当該甲土地の一部について申請する地上権の設定の仮登記

エ　Ａを所有権の登記名義人とする甲土地について、Ａがその配偶者であるＢとの間にもうけた胎児Ｃに対して甲土地を贈与する旨の記載がある贈与証書を登記原因を証する情報として提供して、Ｃの出生前に申請する、ＡからＣへの所有権の移転の登記

オ　工場財団に属した旨の登記がされている甲土地について、その所有権の登記名義人が、当該工場財団の抵当権者の同意を得て甲土地について賃貸借契約を締結した場合の、甲土地について申請する賃借権の設定の登記

１　アウ　　２　アオ　　３　イエ　　４　イオ　　５　ウエ

第13問　電子情報処理組織を使用する方法による不動産登記の申請(以下「電子申請」という。)に関する次のアからオまでの記述のうち、**誤っているものの**組合せは、後記１から５までのうち、どれか。

なお、不動産登記令附則第５条に規定する添付情報の提供方法に関する特例(特例方式)については、考慮しないものとする。

ア　自然人が申請人である所有権の移転の登記の電子申請を、委任による代理人によってする場合であっても、申請人は、申請情報に電子署名を行わなければならない。

イ　法人の代表者が申請情報に電子署名を行った場合において、電子認証登記所の登記官が作成した当該法人の代表者に係る電子証明書を提供したときは、当該電子証明書の提供をもって、当該法人の会社法人等番号の提供に代えることができる。

ウ　委任による代理人によって権利に関する登記の電子申請をする場合において、当該電子申請の添付情報が、当該代理人以外の第三者が作成した書面に記載されているときは、当該書面に記載された情報を電磁的記録に記録したものに、当該代理人が電子署名を行ったものを添付情報として提供して申請することができる。

エ　登記の電子申請をした場合においても、登録免許税を納付するときは、当該電子申請をした登記所に、登録免許税に係る領収証書を貼付した登録免許税納付用紙を提出する方法によって納付することができる。

オ　自然人である申請人が委任による代理人によらずに登記の電子申請をした場合において、申請情報に誤りがあり補正するときは、申請人は、補正情報を作成した上でこれに電子署名し、当該申請人の電子証明書とともに送信しなければならない。

１　アウ　　２　アエ　　３　イウ　　４　イオ　　５　エオ

第14問 次のアからオまでの記述のうち、**第１欄に掲げる登記を申請する場合に、第２欄に掲げる登記原因及びその日付が誤っているもの**の組合せは、後記１から5までのうち、どれか。

	第１欄	第２欄
ア	Ａが死亡して、その相続人がＢ、Ｃ及びＤである場合において、Ｄの相続放棄に係る相続放棄申述受理証明書を提供して相続を原因とするＡからＢ及びＣへの所有権の移転の登記がされた後、令和５年４月４日にＤの相続放棄の申述受理の審判が取り消されたときにおけるＢ、Ｃ及びＤを共有者とする所有権の更正の登記	令和５年４月４日相続放棄取消
イ	農地である甲土地について、買戻権者をＡとし、期間を「令和３年４月５日から２年間」とする買戻しの特約の登記がされている場合において、令和５年４月４日にＡがＢに対してＢが支払った売買代金及び契約の費用を返還して買戻しの意思表示をしたが、同年５月 10 日に当該買戻しに係る農地法所定の許可が到達したときの買戻しによる所有権の移転の登記	令和５年４月４日買戻
ウ	配偶者居住権者をＡとし、存続期間を「配偶者居住権者の死亡時まで」とする配偶者居住権の設定の登記がされた場合において、令和５年４月４日にＡが死亡したことによる配偶者居住権の抹消の登記	令和５年４月４日死亡による消滅
エ	相続を原因として胎児を登記名義人とする所有権の移転の登記がされた場合において、令和５年４月４日に当該胎児が生きて生まれたことによる当該胎児の登記名義人の氏名の変更の登記	令和５年４月４日氏名変更
オ	利息の定めが登記された抵当権について、令和５年４月４日に当該利息の定めを廃止したことによる抵当権の変更の登記	令和５年４月４日変更

1　アウ　　2　アオ　　3　イウ　　4　イエ　　5　エオ

第15問　一の申請情報による登記に関する次のアからオまでの記述のうち、**誤っているもの**の組合せは、後記１から５までのうち、どれか。

なお、複数の不動産について申請がされる場合には、当該不動産は、同一の登記所の管轄区域内にあるものとする。

ア　信託財産に属する不動産に関する権利が受託者の固有財産となった場合には、信託の登記の抹消と当該信託財産に属する不動産に関する権利の変更の登記とは、一の申請情報によって申請しなければならない。

イ　Ａが所有権の登記名義人である甲土地及び乙土地について、売主をＡとし、買主をＢとする売買により同一の日に所有権がＡからＢに移転した場合には、甲土地について登記識別情報を提供して申請する所有権の移転の登記と、乙土地について登記識別情報を提供することができないために事前通知による手続を利用して申請する所有権の移転の登記とは、一の申請情報によって申請することができる。

ウ　同一の債権を担保するために複数の土地に設定された元本の確定前の根抵当権の一部譲渡を登記原因とする根抵当権の一部移転の登記は、各土地についての登記原因の日付が異なる場合であっても、一の申請情報によって申請することができる。

エ　根抵当権者が単独で申請する根抵当権の元本の確定の登記と代位弁済を登記原因とする根抵当権の移転の登記は、一の申請情報によって申請しなければならない。

オ　Ａが所有権の登記名義人である甲土地とＡ及びＢが所有権の登記名義人である乙土地について、Ａ及びＢが同一の日に、同一の住所に住所を移転した場合には、Ａ及びＢは、甲土地及び乙土地に係る所有権の登記名義人の住所の変更の登記を、一の申請情報によって申請することができる。

１　アウ　　２　アオ　　３　イウ　　４　イエ　　５　エオ

第16問 判決による登記に関する次のアからオまでの記述のうち、**誤っているもの**の組合せは、後記１から５までのうち、どれか。

ア　ＡからＢへの所有権の移転の登記の抹消登記手続を命ずる旨の判決が確定した後、当該所有権の移転の登記を抹消する前にＡが死亡し、Ｃが単独でＡを相続した場合には、Ｃは、承継執行文の付与を受けることなく、ＣがＡの相続人であることを証する情報を提供して、単独で当該判決による当該所有権の移転の登記の抹消を申請することができる。

イ　所有権の登記名義人はＡであるが、実際の所有者はＢである甲土地について、Ｂが死亡した後、Ｂの唯一の相続人であるＣが、ＡからＢへの真正な登記名義の回復を登記原因とする所有権の移転の登記手続を命ずる旨の確定判決を得た場合には、Ｃは、単独で当該判決による当該所有権の移転の登記を申請することができる。

ウ　Ａが所有権の登記名義人である甲土地に、Ｂを抵当権者とする抵当権の設定の登記がされている場合において、Ａの債権者であるＣが、詐害行為を理由として当該抵当権の設定契約を取り消し、Ｂに対して当該抵当権の設定の登記の抹消登記手続を命ずる旨の判決が確定したときは、Ｃは、自らを登記権利者として単独で当該判決による当該抵当権の設定の登記の抹消を申請することができる。

エ　Ａが所有権の登記名義人である農地である甲土地について、農地法所定の許可があったことを条件としてＡからＢへの所有権の移転の登記手続を命ずる旨の判決が確定した場合において、Ｂが単独で当該判決による当該所有権の移転の登記を申請するときは、当該判決に執行文の付与を受けることを要する。

オ　ＡからＢへの所有権の移転の登記の抹消登記手続を命ずる旨の判決が確定した後、当該所有権の移転の登記を抹消する前にＢが死亡し、ＢからＢの相続人であるＣへの相続を原因とする所有権の移転の登記がされている場合には、Ａは、Ｃに対する承継執行文の付与を受けることなく、単独で当該判決による当該相続を原因とする所有権の移転の登記の抹消を申請することができる。

１　アイ　　２　アエ　　３　イウ　　４　ウオ　　５　エオ

第17問　所有権の保存の登記に関する次のアからオまでの記述のうち、**正しいもの**の組合せは、後記１から５までのうち、どれか。

ア　権利能力なき社団の旧代表者であるＡが表題部所有者として記録されている不動産について、当該権利能力なき社団から当該不動産を買い受けたＢは、Ａの唯一の相続人であるＣを被告として、Ｂが当該不動産の所有権を有することを確認する旨の確定判決を得て、これに基づき、Ｂを所有権の登記名義人とする所有権の保存の登記を申請することができる。

イ　Ａが表題部所有者として記録されている甲建物について、Ａが死亡し、Ａの相続人がＢ及びＣである場合には、Ｂは、単独で、自己の相続分についてのみ相続による所有権の保存の登記を申請することができる。

ウ　表題部所有者をＡ及びＢとする甲建物をＣが買い受けた場合において、ＣがＡを被告として、Ｃが甲建物の所有権を有することを確認する旨の確定判決を得たときは、Ｃは、自己を所有権の登記名義人とする所有権の保存の登記を申請することができる。

エ　敷地権付き区分建物の専有部分の表題部所有者Ａが、当該区分建物をＢに売却し、その売却代金について抵当権の設定契約を締結した場合において、Ｂが不動産登記法第 74 条第 2 項の規定による所有権の保存の登記をしないときは、Ａは抵当権設定登記請求権を代位原因として、Ｂを所有権の登記名義人とする当該所有権の保存の登記を代位により申請することができる。

オ　Ａを表題部所有者とする甲建物について、Ａが生前に相続人以外のＢに対して甲建物を売却していた場合には、Ａの相続人Ｃは、Ａを所有権の登記名義人とする所有権の保存の登記を申請することができる。

(参考)

不動産登記法

第74条　所有権の保存の登記は、次に掲げる者以外の者は、申請することができない。

一～三　(略)

2　区分建物にあっては、表題部所有者から所有権を取得した者も、前項の登記を申請することができる。この場合において、当該建物が敷地権付き区分建物であるときは、当該敷地権の登記名義人の承諾を得なければならない。

１　アエ　　２　アオ　　３　イウ　　４　イエ　　５　ウオ

第18問 共有の不動産に係る登記に関する次のアからオまでの記述のうち、**正しいもの**の組合せは、後記1から5までのうち、どれか。

ア　Ａ及びＢが所有権の登記名義人である甲土地をＡが単独で取得し、Ａが所有権の登記名義人である乙土地をＢが単独で取得する共有物分割の協議により甲土地の登記を申請する場合の登記原因は、共有物分割による交換である。

イ　所有権の登記がない建物の表題部所有者であるＡ及びＢが、当該建物について所有権の保存の登記を申請する場合には、当該登記の申請情報と同一の申請情報により共有物の分割をしない旨の定めの登記を申請することができない。

ウ　Ａ及びＢが所有権の登記名義人である甲土地について、Ａが自己の持分をＣに売却した後にＢが自己の持分を放棄した場合には、ＡからＣへの持分の移転の登記をする前であっても、持分放棄を登記原因とするＢからＣへの持分の移転の登記を申請することができる。

エ　甲土地の所有権の登記名義人であるＡが死亡し、Ａの法定相続人であるＢ及びＣがそれぞれ自己の相続分をＡの相続人でないＤに贈与した場合には、相続分の贈与を登記原因として直接ＡからＤへの所有権の移転の登記を申請することができる。

オ　Ａ及びＢが所有権の登記名義人である甲土地のＡの持分に対してＣを債権者とする差押えの登記がされている場合において、Ａ及びＢが、Ｄに対して、同一の売買契約に基づいて、同一の日に甲土地のそれぞれの持分を売却したときであっても、Ａ及びＢからＤへの共有者全員の持分の全部の移転の登記は、一の申請情報により申請することはできない。

1　アウ　　2　アエ　　3　イエ　　4　イオ　　5　ウオ

第19問　時効取得を登記原因とする所有権の移転の登記に関する次のアからオまでの記述のうち、**正しいもの**の組合せは、後記１から５までのうち、どれか。

ア　Ａは、Ｂが所有権の登記名義人である甲土地を占有していたが、甲土地の取得時効の完成前に死亡し、Ａの相続人であるＣが甲土地の占有を継続して甲土地を時効により取得した場合において、Ｃが当該時効の起算日より後に出生したときであっても、Ｃは、時効取得を登記原因として、当該時効の起算日の日付を登記原因の日付とする所有権の移転の登記を申請することができる。

イ　Ａは、Ｂ及びＣが所有権の登記名義人である甲土地を時効により取得したが、Ｂが共有者全員持分全部移転の登記に協力しない場合には、Ａは、Ｃと共同して時効取得を登記原因としてＣの持分の移転の登記を申請することはできない。

ウ　Ａは、Ｂが所有権の登記名義人である甲土地を時効により取得したが、その時効の起算日より前にＢが死亡していた場合には、Ａは、甲土地について相続を登記原因とする所有権の移転の登記をすることなく、Ｂの相続人全員と共同してＢからＡへの所有権の移転の登記を申請することはできない。

エ　Ａは、時効の起算日より後にＢが死亡し、Ｂの相続人であるＣに相続を登記原因とする所有権の移転の登記がされている甲土地を時効により取得した場合には、Ｃへの所有権の移転の登記を抹消した上で、Ａは、Ｂの相続人全員と共同して所有権の移転の登記を申請しなければならない。

オ　Ａは、Ｂが所有権の登記名義人である甲土地を時効により取得したが、その後に、ＢがＣに対し、甲土地を贈与しており、贈与を登記原因とするＢからＣへの所有権の移転の登記がされている場合には、Ａは、Ｃと共同して時効取得を登記原因とする所有権の移転の登記を申請することができる。

１　アイ　　２　アウ　　３　イエ　　４　ウオ　　５　エオ

第20問 買戻しの特約の登記に関する次のアからオまでの記述のうち、**正しいもの**の組合せは、後記1から5までのうち、どれか。

なお、複数の不動産について申請がされる場合には、当該不動産は、同一の登記所の管轄区域内にあるものとする。

ア 甲建物の所有権を目的として買戻しの特約が付された売買契約が締結され、買主が実際に支払った代金に代えて別途合意により定めた金額により買い戻せるものとした場合において、当該買戻しの特約の登記を申請するときは、その合意により定めた金額を申請情報の内容とすることはできない。

イ 甲土地及び乙土地の売買代金及び契約費用を一括して定めた買戻しの特約が付された売買契約が締結された場合において、甲土地及び乙土地について買戻しの特約の登記を申請するときは、甲土地及び乙土地で一括して定めた売買代金及び契約費用を申請情報の内容とすることができる。

ウ 甲土地を目的とする乙区1番で登記された地上権の移転の登記と同時に買戻しの特約の登記がされている場合において、売買を登記原因として当該特約に係る買戻権の移転の登記を申請するときの登記の目的は、「1番地上権付記1号の付記1号買戻権移転」である。

エ 買戻しの期間を15年と合意する旨を記載した登記原因を証する情報を添付し、買戻しの期間を15年として申請情報を提供してした買戻しの特約の登記の申請をしても、買戻期間を10年と引き直して買戻しの特約の登記がされる。

オ 買戻しの特約が付された売買契約が締結され、所有権の移転の時期を後日売買代金の全額を支払ったときとする旨の合意がされた場合には、買戻しの特約の登記の申請に係る登記原因の日付を当該売買契約の締結の日とし、所有権の移転の登記の申請に係る登記原因の日付を当該売買代金全額の支払をした日として、買戻しの特約の登記と所有権の移転の登記とを同時に申請することができる。

1 アイ　　2 アオ　　3 イエ　　4 ウエ　　5 ウオ

第21問　敷地権付き区分建物又は所有権が敷地権である旨の登記がされている土地についての登記に関する次のアからオまでの記述のうち、**正しいもの**の組合せは、後記１から５までのうち、どれか。

なお、建物の区分所有等に関する法律第22条第1項ただし書の規約はないものとする。

ア　敷地権付き区分建物についての処分禁止の仮処分の登記は、当該敷地権が生じた後に当該仮処分がされた場合であっても、敷地権の目的である土地のみを目的とすることができる。

イ　敷地権付き区分建物について所有権の移転の登記を申請する場合において、当該区分建物の不動産番号を申請情報の内容としたときは、敷地権の目的となる土地の所在する市、区、郡、町、村及び字並びに当該土地の地番、地目、地積、敷地権の種類及び割合を申請情報の内容とすることを要しない。

ウ　敷地権である旨の登記がされた土地のみを目的として、当該敷地権が生じた日より後の日付を登記原因の日付とする区分地上権の設定の登記を申請することはできない。

エ　抵当権の設定の登記がされた土地を敷地権の目的として区分建物が新築され、敷地権である旨の登記がされた後、当該抵当権の被担保債権と同一の債権を担保するために当該区分建物のみを目的として抵当権の追加設定の登記を申請することができる。

オ　敷地権付き区分建物の建物のみを目的として、当該敷地権が生じた日より後の日付を登記原因の日付とする賃借権の設定の登記を申請することはできない。

(参考)

建物の区分所有等に関する法律

第22条　敷地利用権が数人で有する所有権その他の権利である場合には、区分所有者は、その有する専有部分とその専有部分に係る敷地利用権とを分離して処分することができない。ただし、規約に別段の定めがあるときは、この限りでない。

２・３　(略)

１　アウ　　２　アエ　　３　イエ　　４　イオ　　５　ウオ

第22問 地上権の登記に関する次のアからオまでの記述のうち、**誤っているもの**の組合せは、後記1から5までのうち、どれか。

ア　A、B及びCが所有権の登記名義人である土地について、A及びBが、Cに対して、A及びBの持分に地上権を設定することを承諾した場合には、Cを地上権者として、A及びBの持分につき地上権を設定する登記を申請することができる。

イ　地上権の設定の保全仮登記に基づく本登記を申請する場合には、当該保全仮登記に係る仮処分の債権者は、当該申請と同時に、単独で当該保全仮登記に係る仮処分の登記に後れる質権の設定の登記の抹消を申請することはできない。

ウ　区分地上権の設定の登記がされている土地の当該区分地上権を、竹木の所有を目的とする地上権に変更する旨の地上権の変更の登記を申請することができる。

エ　乙区1番で登記された地上権の持分を売買により取得したAが、その持分の一部を更にBに売却した場合に申請する登記の目的は、「1番地上権A持分一部移転」である。

オ　強制競売により法定地上権が設定されたものとみなされた場合には、地上権の設定の登記は、裁判所書記官の嘱託によってされる。

1　アウ　　2　アオ　　3　イウ　　4　イエ　　5　エオ

第23問　抵当権の設定の登記に関する次のアからオまでの記述のうち、**誤っているもの**の組合せは、後記１から５までのうち、どれか。

ア　ＡのＢに対する金銭消費貸借契約に基づく債権と、ＣのＢに対する保証委託契約に基づく債権を担保するために、Ａ及びＣを抵当権者、Ｂを債務者とする１個の抵当権の設定契約を締結した旨が記載された登記原因を証する情報を添付して、Ａ及びＣを抵当権者とする抵当権の設定の登記を一の申請情報によって申請することができる。

イ　Ａを所有権の登記名義人とする甲土地について、Ａが債権者Ｂとの間で抵当権の設定契約を締結し、利息について「利息　年３％　ただし、将来の金融情勢に応じ債権者において利率を適宜変更することができる」旨を申請情報の内容とする抵当権の設定の登記を申請することはできない。

ウ　株主総会の決議により解散した旨の登記がされているＡ株式会社を所有権の登記名義人とする甲土地について、Ａ株式会社が清算中に、Ａ株式会社がＢとの間でＢを抵当権者とする抵当権の設定契約を締結した場合には、その旨が記載された登記原因を証する情報を提供したとしても、当該抵当権の設定の登記を申請することはできない。

エ　Ａ及びＢが、Ｂを所有権の登記名義人とする甲土地について、Ａを抵当権者とする抵当権の設定契約を締結した場合において、当該抵当権の設定の登記を申請する前に、甲土地に対しＣを債権者とする強制競売による差押えの登記がされていたときであっても、当該抵当権の設定の登記を申請することができる。

オ　Ａを債権者とするＸ債権、Ｙ債権及びＺ債権の３個の債権を各別に担保するために、甲土地の所有権を目的として順位１番にＸ債権、順位２番にＹ債権、順位３番にＺ債権を被担保債権とする３個の抵当権の設定の登記がされている場合には、Ａは、乙土地に当該３個の債権を被担保債権とする１個の抵当権の追加設定の登記を申請することができる。

１　アウ　　　２　アオ　　　３　イエ　　　４　イオ　　　５　ウエ

第24問 根抵当権の登記に関する次のアからオまでの記述のうち、**正しいもの**の組合せは、後記1から5までのうち、どれか。

ア　Aを所有権の登記名義人とする甲土地について、Bを根抵当権者とする根抵当権を設定した場合において、登記原因を証する情報に被担保債権の範囲として「信託取引」と記載されているときは、「信託取引」を当該根抵当権の債権の範囲として当該根抵当権の設定の登記を申請することができる。

イ　元本の確定前の根抵当権の登記名義人であるAが死亡し、その相続人がB及びCである場合において、BとCとの間で当該根抵当権が担保している既発生の債権をBが相続しない旨の遺産分割協議がされたときは、民法第398条の8第1項の合意により定めた相続人としてBを根抵当権者とする同項の合意の登記を申請することはできない。

ウ　A及びBを登記名義人とする元本の確定前の根抵当権について、AがBに先立って弁済を受けるべきことを定めた場合には、Aを登記権利者、Bを登記義務者として、当該根抵当権の優先の定めの登記を申請することができる。

エ　Aを所有権の登記名義人とする甲土地について、Bを根抵当権者とする元本が確定した根抵当権の設定の登記がされている場合において、Aから甲土地の所有権を取得し、その所有権の登記名義人となったCが、当該根抵当権の消滅請求をしたときは、Cは、当該根抵当権の抹消の登記の登記原因を証する情報として、当該根抵当権の極度額に相当する金額を供託したことを証する供託書正本を添付して、単独で当該根抵当権の抹消の登記を申請することができる。

オ　Aを所有権の登記名義人とする甲土地について、Bを根抵当権者とする令和5年6月30日設定を登記原因及びその日付とする根抵当権の設定の登記を申請する場合において、登記原因を証する情報に元本の確定期日として「令和5年6月30日から3年間」と記載されているときであっても、当該元本の確定期日について「令和5年6月30日から3年間」を申請情報の内容として登記を申請することはできない。

(参考)

民法

第398条の8　元本の確定前に根抵当権者について相続が開始したときは、根抵当権は、相続開始の時に存する債権のほか、相続人と根抵当権設定者との合意により定めた相続人が相続の開始後に取得する債権を担保する。

2～4　(略)

1　アイ　　2　アオ　　3　イウ　　4　ウエ　　5　エオ

第25問　不動産登記に関する法令における期間の定めに関する次のアからオまでの記述のうち、**正しいもの**の組合せは、後記１から５までのうち、どれか。

なお、申請はいずれも登記所に書面を提出する方法により行うものとする。

ア　新築した建物の所有権を取得した者は、その所有権の取得の日から１か月以内に、所有権の保存の登記を申請しなければならない。

イ　法定相続情報一覧図つづり込み帳の保存期間は、法定相続情報一覧図の保管の申出の日から10年である。

ウ　取締役会設置会社であるＡ株式会社とその代表取締役であるＢとの間で締結した売買契約に基づく所有権の移転の登記を申請する場合において、利益相反取引に当たる当該売買契約を承認する旨のＡ株式会社の取締役会の議事録及び当該議事録に押印された印鑑に関する証明書を添付するときは、当該印鑑に関する証明書は、作成後３か月以内のものでなければならない。

エ　相続を登記原因とする所有権の移転の登記を申請する場合において、登記原因を証する情報として戸籍謄本を添付するときは、当該戸籍謄本は、作成後３か月以内のものであることを要しない。

オ　国外に住所を有する日本人を登記義務者として所有権の移転の登記を申請する場合において、当該申請書に添付すべき登記義務者の印鑑に関する証明書に代えて、在外公館において作成される登記義務者の署名が本人によるものである旨の証明書を添付するときは、当該証明書は、作成後３か月以内のものであることを要しない。

１　アウ　　２　アオ　　３　イウ　　４　イエ　　５　エオ

第26問 書面を提出する方法によって不動産登記の申請をする場合における添付書面(磁気ディスクを除く。)の原本の還付の請求に関する次のアからオまでの記述のうち、**誤っているもの**の組合せは、後記1から5までのうち、どれか。

なお、申請人はいずれも自然人とする。

ア　相続を原因とする所有権の移転の登記を申請する場合において、申請人の住所の記載のある相続関係説明図を添付したときは、申請人の住所を証する書面について原本と相違ない旨の記載のある謄本の提供を要することなく、当該申請人の住所を証する書面の原本の還付を請求することができる。

イ　売買を原因とする所有権の移転の登記を申請する場合において、登記義務者が登記識別情報を提供することができないため資格者代理人が作成した本人確認情報を添付したときは、当該本人確認情報に添付する資格者代理人であることを証する書面について原本の還付を請求することができる。

ウ　時効取得を原因とする所有権の移転の登記を申請する場合において、当該申請のために登記権利者及び登記義務者が作成した登記の原因となる事実又は法律行為を登記所に報告する形式の登記原因を証する情報を添付したときは、当該登記原因を証する情報について原本の還付を請求することはできない。

エ　売買予約を原因とする所有権の移転請求権の仮登記を申請する場合において、登記権利者が、登記義務者の承諾書を添付して単独で当該仮登記の申請をしたときは、当該承諾書に添付された登記義務者の印鑑に関する証明書について原本の還付を請求することはできない。

オ　申請人が登記の申請をするとともに添付書面について原本の還付を請求した場合において、当該請求に係る添付書面の原本の還付を請求することができるときは、登記官は、当該申請の受付後、直ちに原本の還付をしなければならない。

1　アエ　　2　アオ　　3　イウ　　4　イオ　　5　ウエ

第27問　登録免許税に関する次のアからオまでの記述のうち、**正しいもの**の組合せは、後記１から５までのうち、どれか。

なお、租税特別措置法等の特例法による税の減免規定の適用はないものとする。

ア　登録免許税法第４条第１項により別表第2に掲げる非課税法人であるＡ地方住宅供給公社が当事者となって抵当権の順位の変更の登記を受ける場合において、Ａ地方住宅供給公社の抵当権の順位が他の抵当権に優先するときは、当該抵当権の順位の変更の登記については、登録免許税が課されない。

イ　Ａが所有権の登記名義人である甲土地を要役地とし、甲土地と同一の登記所の管轄区域内にあるＢが所有権の登記名義人である乙土地及び丙土地を承役地とする地役権の設定の登記を一の申請情報により申請した場合の登録免許税の額は、1500円である。

ウ　根抵当権の信託の仮登記の登録免許税の額は、不動産の個数１個につき1000円である。

エ　根抵当権者をＡ及びＢとする極度額1500万円の元本の確定前の根抵当権について、Ａ及びＢが当該根抵当権をＣに一部譲渡した場合の根抵当権の一部移転の登記の登録免許税の額は、１万円である。

オ　Ａが所有権の登記名義人である不動産の価額が1000万円の甲土地について、売買を登記原因として、ＡからＢに２分の１の持分を移転した旨の所有権の一部移転の登記がされている場合において、当該登記を所有権の全部の移転の登記とする所有権の更正の登記の登録免許税の額は、10万円である。

(参考)

登録免許税法

第４条　国及び別表第２に掲げる者が自己のために受ける登記等については、登録免許税を課さない。

２　(略)

１　アイ　　２　アオ　　３　イウ　　４　ウエ　　５　エオ

第28問 次の対話は、商業登記法に基づく印鑑の提出等及び電子証明書の発行の請求に関する司法書士と補助者との対話である。司法書士の質問に対する次のアからオまでの補助者の解答のうち、**正しいもの**の組合せは、後記1から5までのうち、どれか。

司法書士： 登記所に提出した印鑑を紛失した場合には、印鑑の廃止をすることができます。印鑑の廃止をする場合には、印鑑の廃止の届出をする必要がありますが、どのような手続を行いますか。

補助者：ア 印鑑の廃止の届出は、廃止する印鑑を押印した書面で行うことができますが、当該印鑑に係る印鑑カードを返納すれば、当該書面に廃止する印鑑を押印しなくても、印鑑の廃止の届出をすることができます。

司法書士： それでは、少し場面を変えてみましょう。登記所に提出した印鑑ではなく、当該印鑑に係る印鑑カードを紛失してしまい、新たな印鑑カードの交付を受けたい場合には、どのような手続を行いますか。

補助者：イ まず、紛失した印鑑カードの廃止の届出をしなければならず、当該届出後に新たな印鑑カードの交付の請求をすることができ、これにより新たな印鑑カードの交付を受けることができます。

司法書士： 登記所への印鑑の提出は、電子情報処理組織を使用してすることはできますか。

補助者：ウ 印鑑の提出は、電子情報処理組織を使用してすることはできません。

司法書士： 次は、商業登記法に基づく電子証明書についてお聞きします。電子証明書の発行の請求をする場合には、書面を提出してすることができますか。

補助者：エ 電子証明書の発行の請求は、全て電子情報処理組織を使用してすることとなり、書面を提出して請求することはできません。

司法書士： 電子証明書の発行の請求は、委任による代理人によりすることができますか。

補助者：オ 委任による代理人によりすることはできません。

1 アイ　　2 アエ　　3 イウ　　4 ウオ　　5 エオ

第29問　株式会社の設立の登記に関する次のアからオまでの記述のうち、**正しいもの**の組合せは、後記１から５までのうち、どれか。

ア　発起人が会社である場合における設立の登記の申請書には、同一の登記所の管轄区域内に発起人となる当該会社の本店があるときを除き、発起人となる当該会社の登記事項証明書を添付し、又は発起人となる当該会社の会社法人等番号を記載しなければならない。

イ　当該設立が発起設立である場合において、定款に公告方法を電子公告とする旨の定めがあるが、当該電子公告に用いるウェブサイトのアドレスに関する定めがなく、後にこれを定めたときは、設立の登記の申請書には、これを定めるにつき発起人の過半数の同意があったことを証する書面を添付しなければならない。

ウ　当該設立が募集設立である場合において、議決権を行使することができる設立時株主の議決権の３分の２を有する設立時株主が出席し、出席した当該設立時株主の議決権の３分の２に当たる多数をもって商号を変更する旨の定款変更の創立総会の決議をしたときは、設立の登記の申請書に、当該創立総会の議事録を添付して、変更後の商号による設立の登記の申請をすることができる。

エ　当該設立が発起設立である場合において、定款に設立時発行株式と引換えに払い込む金銭の額の定めがなく、後にこれを定めたときは、設立の登記の申請書には、これを定めるにつき発起人全員の同意があったことを証する書面を添付しなければならない。

オ　定款に、設立に際して出資される財産である自動車の価額を650万円とする定めがある場合において、その価額が相当であることについて税理士の証明を受けたときは、当該税理士が設立しようとする会社の設立時会計参与であったとしても、設立の登記の申請書に、当該税理士が作成した証明書を添付して、設立の登記の申請をすることができる。

１　アウ　　２　アオ　　３　イウ　　４　イエ　　５　エオ

第30問 新株予約権の登記に関する次のアからオまでの記述のうち、**正しいもの**の組合せは、後記1から5までのうち、どれか。

ア　新株予約権の行使の条件を定めた場合において、当該条件が成就しないことが確定し、当該新株予約権の全部を行使することができなくなったときの当該新株予約権の消滅による変更の登記の申請書には、当該条件が成就しないことが確定したことを証する書面を添付しなければならない。

イ　募集新株予約権の内容として、譲渡による当該新株予約権の取得について発行会社の承認を要する旨の定めがある場合であっても、募集新株予約権の発行による変更の登記の申請書には、登記すべき事項として当該定めを記載することを要しない。

ウ　株式会社が新株予約権の無償割当てをした場合において、当該株式会社が自己新株予約権のみを交付したときは、新株予約権の無償割当てによる変更の登記の申請をしなければならない。

エ　募集新株予約権の内容として、当該新株予約権を行使した新株予約権者に交付する株式の数に一株に満たない端数がある場合には、これを切り捨てるものとする旨を定めたときは、募集新株予約権の発行による変更の登記の申請書には、登記すべき事項として当該定めを記載しなければならない。

オ　会社法上の公開会社でない株式会社が、株主総会の決議により、募集新株予約権の内容として、当該新株予約権の行使により株式を発行する場合における資本金の額として計上しない額を定めていたときは、当該新株予約権の行使による変更の登記の申請書には、当該株主総会の議事録を添付しなければならない。

1　アイ　　2　アエ　　3　イオ　　4　ウエ　　5　ウオ

第31問　株式会社の役員の変更の登記等に関する次のアからオまでの記述のうち、**判例の趣旨に照らし誤っているもの**の組合せは、後記1から5までのうち、どれか。

ア　定款に定める取締役及び代表取締役の員数が取締役3名及び代表取締役1名である取締役会設置会社において、代表取締役である取締役が死亡し、残りの取締役2名が出席した取締役会の決議によって後任の代表取締役を選定した場合には、後任の代表取締役は、前任の代表取締役の死亡による変更の登記と後任の代表取締役の就任による変更の登記を申請することができる。

イ　監査の範囲が会計に関するものに限定されている監査役を置いている取締役会設置会社において、取締役及び監査役の全員が出席した取締役会の決議によって代表取締役を選定した場合には、代表取締役の就任による変更の登記の申請書には、当該取締役会の議事録に押印された出席した取締役又は監査役の印鑑と変更前の代表取締役が登記所に提出している印鑑とが同一であるときを除き、当該取締役会の議事録に押印された出席した取締役及び監査役の印鑑につき市町村長の作成した証明書を添付しなければならない。

ウ　成年被後見人を取締役として選任した場合は、取締役の就任による変更の登記の申請書には、当該成年被後見人の同意書を添付することを要しない。

エ　取締役の員数について定款に会社法の規定と異なる別段の定めのある会社において、会社法第112条第1項の規定により、ある種類の株式の種類株主を構成員とする種類株主総会において取締役を選任する旨の定款の定めが廃止されたものとみなされたときにする当該定款の定めの廃止による変更の登記の申請書には、定款を添付しなければならない。

オ　株主総会において解任された取締役について、辞任を原因とする取締役の変更の登記がされている場合には、会社は、当該登記の抹消を申請することができる。

(参考)

会社法

第112条　第108条第2項第9号に掲げる事項(取締役に関するものに限る。)についての定款の定めは、この法律又は定款で定めた取締役の員数を欠いた場合において、そのために当該員数に足りる数の取締役を選任することができないときは、廃止されたものとみなす。

2　(略)

1　アイ　　2　アエ　　3　イオ　　4　ウエ　　5　ウオ

第32問 取締役会設置会社における資本金の額の変更の登記に関する次のアからオまでの記述のうち、**正しいもの**の組合せは、後記1から5までのうち、どれか。

ア 株式の発行と同時に準備金の額を減少する場合において、当該準備金の額の減少の効力が生ずる日後の準備金の額が当該日前の準備金の額を下回らないときは、準備金の資本組入れによる変更の登記の申請書には、当該準備金の資本組入れに関する株主総会の議事録を添付しなければならない。

イ 株式の発行と同時に資本金の額を減少する場合において、当該資本金の額の減少の効力が生ずる日後の資本金の額が当該日前の資本金の額を下回らないときは、資本金の額の変更の登記の申請書には、当該資本金の額の減少に関する株主総会の議事録を添付しなければならない。

ウ 臨時株主総会の普通決議により、剰余金の額を減少して、資本金の額を増加することとしたときは、当該臨時株主総会の議事録を添付して、資本金の額の変更の登記を申請することができる。

エ 会計監査人設置会社が、臨時株主総会の普通決議により、資本金の額を減少することとした場合において、減少する資本金の額が当該臨時株主総会の日における欠損の額を超えないときは、当該臨時株主総会の議事録を添付して、資本金の額の変更の登記を申請することができる。

オ 利益準備金の額を減少し、減少する利益準備金の一部を資本金とする資本金の額の変更の登記の申請書には、当該利益準備金の資本組入れに関する株主総会の議事録を添付しなければならない。

1 アエ　　2 アオ　　3 イウ　　4 イエ　　5 ウオ

第33問　株式交付親会社の株式交付による変更の登記に関する次のアからオまでの記述のうち、**正しいもの**の組合せは、後記１から５までのうち、どれか。

なお、租税特別措置法等の特例法による税の減免規定の適用はないものとする。

ア　株式会社は、その議決権の過半数を有する他の株式会社を株式交付子会社として株式交付をすることにより、株式交付による変更の登記を申請することができない。

イ　株式交付による変更の登記の申請書に、合同会社を株式交付親会社とし、株式会社を株式交付子会社とする株式交付計画書を添付して、株式交付による変更の登記を申請することができる。

ウ　株式交付により資本金の額が1000万円増加し、かつ、発行済株式の総数が１万株増加した場合において、株式交付による変更の登記を申請するときの登録免許税の額は、７万円である。

エ　株式交付親会社が、株式交付計画に基づき、株式交付子会社の株式の譲渡人に対し、株式交付親会社の株式のみを交付した場合は、株式交付による変更の登記の申請書には、債権者保護手続を行ったことを証する書面を添付しなければならない。

オ　株式交付親会社が株式交付子会社の株式と併せて株式交付子会社の新株予約権を譲り受ける場合において、株式交付子会社が新株予約権証券を発行しているときは、株式交付による変更の登記の申請書には、株式交付子会社が新株予約権証券の提出に関する公告をしたことを証する書面を添付しなければならない。

１　アウ　　２　アオ　　３　イウ　　４　イエ　　５　エオ

第34問 外国会社の登記に関する次のアからオまでの記述のうち、**登記事項でないもの**の組合せは、後記1から5までのうち、どれか。

ア 外国会社の設立の準拠法

イ 外国会社の本店の所在場所

ウ 日本における代表者の権限の範囲

エ 公告方法として、時事に関する事項を掲載する日刊新聞紙に掲載する方法を定めた場合における当該公告方法

オ 日本における代表清算人の氏名及び住所

1 アイ 2 アエ 3 イウ 4 ウオ 5 エオ

第35問　一般社団法人の登記に関する次のアからオまでの記述のうち、**誤っているもの**の組合せは、後記１から５までのうち、どれか。

なお、定款に別段の定めはないものとする。

ア　設立時理事としてＡが就任を承諾した場合における設立の登記の申請書には、Ａが就任を承諾したことを証する書面に押印した印鑑につき市町村長の作成した証明書が添付されているときを除き、Ａが就任を承諾したことを証する書面に記載したＡの氏名及び住所と同一の氏名及び住所が記載されている市町村長その他の公務員が職務上作成した証明書を添付しなければならない。

イ　登記所に印鑑を提出している代表理事が代表理事を辞任した場合における代表理事の変更の登記の申請書には、当該代表理事が辞任したことを証する書面に押印した印鑑と登記所に提出している印鑑とが同一である場合を除き、当該代表理事が辞任したことを証する書面に押印した印鑑につき市町村長の作成した証明書を添付しなければならない。

ウ　監事設置一般社団法人において、初めて監事に就任した「法務太郎」が婚姻前の氏「司法」から婚姻により「法務」を称することになったものであるときは、当該一般社団法人の代表者は、当該監事の旧氏である「司法」も登記簿に記録するよう申し出ることができる。

エ　社員が社員総会の目的である事項として理事の選任について提案をした場合において、当該提案につき社員の全員が書面又は電磁的記録により同意の意思表示をしたときは、理事の変更の登記の申請書に、当該提案を可決する旨の決議があったものとみなされた事項の内容が記載された社員総会の議事録を添付して、理事の変更の登記を申請することはできない。

オ　理事の変更の登記の申請書に、総社員の議決権の過半数を有する社員が出席し、出席した当該社員の議決権の過半数をもって理事を解任する決議をしたとする社員総会の議事録を添付して、理事の変更の登記を申請することはできない。

１　アイ　　２　アエ　　３　イウ　　４　ウオ　　５　エオ

第36問　令和4年1月末の夕暮時、司法書士鈴木一郎は、別紙1の登記がされている不動産(以下「甲土地」という。)を購入したいというAから相談を受け、関係当事者から後記**【事実関係】**1から4までの事実を聴取し確認した。そして、令和4年2月18日、関係当事者全員は、甲土地の売買契約(以下「本件売買契約」という。)を締結し、本件売買契約に必要な同意又は承諾を得た上で、買主のAは売買代金を支払った。また、司法書士鈴木一郎は、Sが、本件売買に関する所有権の移転の登記に必要となる登記識別情報の通知を受けていたが、当該登記識別情報を失念していることを確認し、当該申請に必要な本人確認情報を作成した。なお、甲土地は、今まで居住の用に供されたことはなく、今後もその予定はない。令和4年2月26日、司法書士鈴木一郎は、甲土地の登記の申請手続に必要な全ての書類を受領して登記原因証明情報等の必要書類を作成し、関係当事者全員から登記の申請手続等について代理することの依頼を受けた。令和4年2月28日、司法書士鈴木一郎は、甲土地について必要な登記の申請を行った。

令和5年6月18日の午後、司法書士鈴木一郎は、Bから令和4年12月4日に死亡したAの相続に関する相談を受け、甲土地及び別紙2の登記がされている不動産(以下「乙土地」という。)について、関係当事者から後記**【事実関係】**5から9までの事実を聴取し確認した。また、司法書士鈴木一郎は、X及びYから後記**【事実関係】**6及び7の事実を必ず登記するように依頼を受けたため、これを了承した。そして、令和5年6月22日、司法書士鈴木一郎は、甲土地及び乙土地の登記の申請手続に必要な全ての書類を受領して登記原因証明情報等の必要書類を作成し、関係当事者全員から登記の申請手続等について代理することの依頼を受けた。令和5年6月22日、司法書士鈴木一郎は、甲土地及び乙土地について必要な登記の申請を行った。

以上に基づき、後記の問1から問4までに答えなさい。

【事実関係】

1　平成26年3月3日、Sは、Tから500万円を借入れ、その債務の担保として譲渡担保契約を締結し、同日、SとTは、甲土地について譲渡担保を登記原因とする所有権の移転の登記を申請し、当該登記は完了した。

2　令和2年8月8日、SとTは、**【事実関係】**1の譲渡担保契約を解除することに合意し、別紙3のとおり譲渡担保契約は解除された。

3　令和3年2月10日、Sは、住所を東京都台東区上野三丁目1番19号に移転した。

4　令和3年9月2日、RがSの成年後見人に選任され、司法書士UがSの成年後見監督人に選任された。

5　令和4年12月4日に死亡したAの相続人は、B、C及びDの3名である。

6　令和５年５月19日、Ｂ、Ｃ及びＤは、Ａの遺産について遺産分割協議を行い、別紙４の遺産分割協議書を作成した。また、Ｂ、Ｃ及びＤは、令和５年５月19日、ＡがＸに対して負担している平成28年７月１日付け金銭消費貸借契約に係る債務については、Ｂが免責的に引き受け、Ｃ及びＤは債務を免れる旨の免責的債務引受契約を締結した。

7　令和５年５月21日、Ｘは、**【事実関係】**６の免責的債務引受契約を承諾した。

8　令和５年６月12日、ＸとＢは、必要な同意又は承諾を得た上で、別紙５の抵当権追加設定契約を締結した。

9　令和５年６月14日、ＹとＺは、必要な同意又は承諾を得た上で、乙土地のＹの２番抵当権とＺの３番根抵当権の順位を同順位とする契約を締結した。

〔事実関係に関する補足〕

1　登記申請に当たって法律上必要な手続は、各申請日までに全てされている。なお、登記原因につき第三者の許可、同意又は承諾を要する場合には、各申請日までに、それぞれ当該第三者の許可、同意又は承諾を得ている。また、登記上の利害関係を有する第三者の承諾を要する場合には、各申請日までに、当該第三者の承諾を得ている。

2　**【事実関係】**は全て真実に合致しており、また、これらに基づく行為や司法書士鈴木一郎の説明内容は、全て適法である。

3　司法書士鈴木一郎は、同日付けで複数の登記を申請する場合には、次の要領で登記を申請するものとする。

⑴　権利部（甲区）に関する登記を申請し、その後に権利部（乙区）に関する登記を申請する。

⑵　同一の権利部に関する登記を申請する場合には、登記原因の日付の早いものから登記を申請する。

⑶　申請件数及び登録免許税の額が最も少なくなるように登記を申請する（ただし、Ｘ及びＹから依頼を受けた**【事実関係】**６及び７の事実に係る登記は申請することとする。）。

4　本件の関係当事者間には、**【事実関係】**及び各別紙に記載されている権利義務以外には、実体上の権利義務関係は存在しない。

5　甲土地及び乙土地は水戸地方法務局の管轄に属している。また、司法書士鈴木一郎は、いずれの登記の申請も、管轄登記所に書面を提出する方法により行ったものとし、その登記がされることによって申請人自らが登記名義人になる場合において、当該登記が完了したときは、当該申請人に対し、登記識別情報の通知がされているものとする。

6　司法書士鈴木一郎は、いずれの登記申請においても、判決による登記申請及び債権者代位による登記申請を行っていない。

7　令和4年2月28日現在の甲土地の課税標準の額は762万8480円とし、令和5年6月22日現在の甲土地の課税標準の額は779万3200円とする。

問1　司法書士鈴木一郎が**甲土地について**令和4年2月28日に申請した登記の申請情報の内容のうち、登記の目的、登記記録の「権利者その他の事項」欄に記録される情報及び申請人(以下「申請事項等」という。)、添付情報並びに登録免許税額を、司法書士鈴木一郎が申請した登記の順に従って、第36問答案用紙の第1欄(1)から(4)までの各欄に記載しなさい。

問2　仮に、**【事実関係】**2の後、司法書士鈴木一郎が問1の登記の申請をする前に、Tが*a*に甲土地を売却して、Tから*a*への所有権の移転の登記がされたとする。この場合、Sは、*a*に対して、甲土地の所有権を取得したことを主張することができるか。判例の立場を前提に、結論及びその理由を第36問答案用紙の第2欄に記載しなさい。

問3　司法書士鈴木一郎が**乙土地について**令和5年6月22日に申請した**所有権以外の権利の登記**の申請情報の内容のうち、登記の目的、申請事項等、添付情報及び登録免許税額を、司法書士鈴木一郎が申請した登記の順に従って、第36問答案用紙の第3欄(1)から(4)までの各欄に記載しなさい。

問4　以下の(1)及び(2)の各小問に答えなさい。なお、(1)と(2)とは、それぞれ独立した問題として解答すること。

(1)　**【事実関係】**9の後、BのXに対する債務が債務不履行となった結果、乙土地のみが担保不動産競売の方法により売却されることとなったとする。この場合、X、Y及びZが乙土地からそれぞれ受ける配当額を、第36問解答用紙第4欄(1)に記載しなさい。ただし、甲土地の売却価額は1200万円、乙土地の売却価額は600万円、Xの債権額は300万円、Yの債権額は600万円、Zの債権額は300万円とし、債権の利息その他の附帯の債権及び執行費用は考慮しないものとする。

(2)　**【事実関係】**9の後、BのXに対する債務が債務不履行となった結果、乙土地のみが担保不動産競売の方法により売却され、令和6年2月14日に配当が実施されたところ、Xは、当該配当によって債権全額の弁済を受けられたが、Yは、当該配当によって債権全額の弁済を受けられなかったとする。この場合、甲土地についてＹが申請することができる①登記の形式(主登記又は付記登記)、②登記の目的、③登記原因及びその日付、④申請人を、第36問答案用紙第4欄(2)に記載しなさい。ただし、①登記の形式については、「主登記」又は「付記登記」のいずれかを記載し、④申請人については「権利者」、「義務者」、「申請人」等の表示も記載すること。

(答案作成に当たっての注意事項)

1 第36問答案用紙の第1欄及び第3欄の申請事項等欄の「上記以外の申請事項等」欄に解答を記載するに当たっては、次の要領で行うこと。

⑴ 「上記以外の申請事項等」欄には、登記記録の「権利者その他の事項」のうち登記原因及びその日付を除いた情報並びに申請人を記載する。

⑵ 申請人について、「権利者」、「義務者」、「申請人」、「所有者」、「抵当権者」、「(被承継者)」等の表示も記載する。

⑶ 申請人について、住所又は本店所在地、代表機関の資格及び氏名並びに会社法人等番号は、記載することを要しない。

⑷ 登記権利者及び登記義務者が共同して権利に関する登記の申請をする場合その他の法令の規定により登記の申請をする場合において、申請人が登記識別情報又は登記済証を提供することができないときは、当該登記識別情報又は登記済証を提供することができない理由を記載する。

⑸ 申請人が法令に掲げる者のいずれであるかを申請情報の内容とすべきときは、「民法423条1項」の振り合いで、当該法令を記載する。

2 第36問答案用紙の第1欄及び第3欄の添付情報欄に解答を記載するに当たっては、次の要領で行うこと。

⑴ 添付情報の解答は、その登記の申請に必要な添付情報を後記**【添付情報一覧】**から選択し、その記号(アからツまで)を記載する。

⑵ 法令の規定により添付を省略することができる情報及び提供されたものとみなされる情報についても、後記**【添付情報一覧】**から選択し、その記号(アからツまで)を記載する。

⑶ 後記**【添付情報一覧】**のアからツまでに掲げられた情報以外の情報(登記の申請に関する委任状等)は、記載することを要しない。

⑷ 後記**【添付情報一覧】**のキを記載するときは、キの記号に続けて、キの括弧書きの「(年月日受付第何号のもの又は何某が何土地の何区何番で通知を受けたもの)」に当該登記識別情報の通知を受けた際の申請の受付年月日及び受付番号を補い、「キ(令和4年5月12日受付第100号のもの)」の要領で記載し、受付年月日

及び受付番号が不明な場合は、「キ(Hが甲土地の甲区4番で通知を受けたもの)」の要領で記載する。

(5) 後記**【添付情報一覧】**のタ又はチのいずれかあるいは複数を記載するときは、それぞれの記号の後に続けて、タ又はチの括弧書きの「(何某のもの)」に当該情報の作成者の氏名を補い、「タ(Iのもの)」の要領で記載する。

(6) 後記**【添付情報一覧】**のツを記載するときは、ツの括弧書きの「(何某の本人確認をしたもの)」に司法書士鈴木一郎が本人確認をした者の氏名を補い、「ツ(Jの本人確認をしたもの)」の要領で記載する。

(7) 後記**【添付情報一覧】**のクからシまでに掲げられた印鑑に関する証明書は、登記名義人となる者の住所を証する情報としては使用しないものとする。

(8) 後記**【添付情報一覧】**のセのSに関する住民票には、**【事実関係】**3の住所に変更された事実が記載されているものとする。

(9) **【添付情報一覧】**に掲げられた添付情報のうち、発行日、作成日等の日付が明示されておらず、かつ、登記の申請に際して有効期限の定めがあるものは、登記の申請時において、全て有効期限内であるものとする。

3 第36問答案用紙の第1欄及び第3欄の各項目の欄に申請すべき登記の申請情報等の内容を記載するに当たり、記載すべき情報等がない場合には、その欄に「なし」と記載すること。

4 申請することができる登記は全て申請するものとし、申請すべき登記がない場合には、第36問答案用紙の第1欄及び第3欄の**登記の目的欄**に「登記不要」と記載すること。

5 別紙は、いずれも、実際の様式と異なる。また、別紙には記載内容の一部が省略されているものがあり、別紙を含め登記の申請に必要な添付情報は、いずれも、**【事実関係】**に沿う形で、法律上適式に作成されているものとする。

6 数字を記載する場合には、算用数字を使用すること。

7 登録免許税が免除され、又は軽減される場合には、その根拠となる法令の条項を登録免許税額欄に登録免許税額(非課税である場合は、その旨)とともに記載する。

なお、登録免許税額の算出について、登録免許税法以外の法令による税の減免規定の適用はないものとする。

8 第36問答案用紙の**各欄に記載する文字は字画を明確にし**、訂正、加入又は削除をするときは、訂正は訂正すべき字句に線を引き、近接箇所に訂正後の字句を記載し、加入は加入する部分を明示して行い、削除は削除すべき字句に線を引いて、訂正、加入又は削除をしたことが明確に分かるように記載すること。ただし、押印や字数を記載することを要しない。

【添付情報一覧】

ア　解除証書(別紙３)
イ　遺産分割協議書(別紙４)
ウ　抵当権追加設定契約証書(別紙５)
エ　登記原因証明情報(本件売買契約に基づき司法書士鈴木一郎が作成し、関係当事者全員が記名押印したもの)
オ　登記原因証明情報(**【事実関係】**５から7までに基づき司法書士鈴木一郎が作成し、関係当事者全員が記名押印したもの)
カ　順位変更契約書(**【事実関係】**9に基づき関係当事者全員が作成記名押印したもの)
キ　登記識別情報(年月日受付第何号のもの又は何某が何土地の何区何番で通知を受けたもの)
ク　Ｂの印鑑に関する証明書
ケ　Ｃの印鑑に関する証明書
コ　Ｄの印鑑に関する証明書
サ　Ｒの印鑑に関する証明書
シ　Ｔの印鑑に関する証明書
ス　Ａの住民票の写し
セ　Ｓの住民票の写し(**【事実関係】**３の住所の変更の事実が記載されたもの)
ソ　成年被後見人Ｓに係る登記事項証明書
タ　登記原因につき第三者の許可、同意又は承諾を証する情報及び当該情報の作成者の印鑑に関する証明書(何某のもの)
チ　登記上の利害関係を有する第三者の承諾を証する情報及び当該情報の作成者の印鑑に関する証明書(何某のもの)
ツ　本人確認情報(何某の本人確認をしたもの)

別紙1　甲土地の登記事項証明書(抜粋)

表題部（土地の表示）		調製	余白	不動産番号	【略】
地図番号	【略】	筆界特定	余白		
所　在	水戸市三の丸一丁目			余白	
① 地番	② 地目	③ 地積 ㎡		原因及びその日付〔登記の日付〕	
1番18	雑種地	300		【略】	

権利部（甲区）（所有権に関する事項）			
順位番号	登記の目的	受付年月日・受付番号	権利者その他の事項
1	所有権移転	平成22年2月8日 第50号	原因　平成22年1月11日相続 所有者　東京都千代田区丸の内一丁目2番3号 S
2	所有権移転	平成26年3月3日 第80号	原因　平成26年3月3日譲渡担保 所有者　東京都千代田区麹町四丁目18番4号 T

別紙2　乙土地の登記事項証明書(抜粋)

表　題　部　(土地の表示)		調製	余白	不動産番号	【略】
地図番号	【略】	筆界特定	余白		
所　　在	水戸市三の丸一丁目			余白	
①　地　番	②　地　目	③　地　積　　㎡		原因及びその日付〔登記の日付〕	
5番12	雑種地	800		【略】	

権利部(甲区)(所有権に関する事項)			
順位番号	登記の目的	受付年月日・受付番号	権利者その他の事項
1	所有権移転	昭和52年7月5日 第500号	原因　昭和49年8月3日相続 所有者　笠間市中央三丁目1番1号 J
2	所有権一部移転	平成22年11月19日 第800号	原因　平成22年11月5日売買 共有者　水戸市三の丸一丁目3番5号 持分2分の1　B
3	J持分全部移転	平成28年11月7日 第740号	原因　平成28年11月7日売買 共有者　水戸市三の丸一丁目3番5号 持分2分の1　A

権利部(乙区)(所有権以外の権利に関する事項)			
順位番号	登記の目的	受付年月日・受付番号	権利者その他の事項
1	B持分抵当権設定	平成28年7月11日 第450号	原因　平成28年7月1日金銭消費貸借同日設定 債権額　金400万円 利息　年2% 連帯債務者　水戸市三の丸一丁目3番5号 A 水戸市三の丸一丁目3番5号 B 抵当権者　水戸市宮町三丁目3番3号 X
2	抵当権設定	平成30年4月9日 第180号	原因　平成30年4月9日金銭消費貸借同日設定 債権額　金700万円 利息　年2% 債務者　水戸市三の丸一丁目3番5号 B 抵当権者　日立市幸町一丁目1番1号 Y
3	根抵当権設定	令和1年8月6日 第430号	原因　令和1年8月6日設定 極度額　金300万円 債権の範囲　金銭消費貸借取引 債務者　水戸市三の丸一丁目3番5号 B 根抵当権者　ひたちなか市石川町五丁目5番地 Z

別紙３　解除証書

解除証書

東京都千代田区丸の内一丁目２番３号
S　殿

平成26年３月３日付け金銭消費貸借契約に基づく譲渡担保契約を、本日、解除いたします。

不動産の表示　　水戸市三の丸一丁目１番18　雑種地　300 ㎡

令和２年８月８日

東京都千代田区麹町四丁目18番４号
T　㊞

別紙４　遺産分割協議書

遺産分割協議書

令和４年12月４日に死亡したＡの相続に関し、相続人全員において次のとおり遺産分割の協議をした。

相続人Ｂは、下記不動産を取得する。
水戸市三の丸一丁目１番18の土地
水戸市三の丸一丁目５番12の土地（Ａの持分２分の１）

この遺産分割の協議を証するためこの証書を作成し、各相続人が記名押印の上、各人１通を所持する。

令和５年５月19日

Ａ相続人　水戸市三の丸一丁目３番５号
Ｂ　㊞
水戸市小吹町2000番地
Ｃ　㊞
水戸市小吹町2000番地
Ｄ　㊞

別紙5　抵当権追加設定契約証書

抵当権追加設定契約証書

令和5年6月12日

抵当権者　水戸市宮町三丁目3番3号
X

抵当権設定者　水戸市三の丸一丁目3番5号
B　㊞

第1条（抵当権の追加設定）

抵当権設定者は、平成28年7月1日付金銭消費貸借契約に基づいて後記1の不動産に設定された抵当権（平成28年7月11日水戸地方法務局受付第450号登記済）の共同担保として、本日後記2の不動産に抵当権を設定しました。

〜第2条以下省略〜

物件の表示

1．既存抵当物件　水戸市三の丸一丁目5番12の土地（持分2分の1）

2．追加抵当物件　水戸市三の丸一丁目1番18の土地

水戸市三の丸一丁目5番12の土地（Bが新たに取得した持分）

第37問　司法書士法務星子は、令和５年４月25日に事務所を訪れたコスモ株式会社の代表者から、別紙１から別紙６までの書面のほか、登記申請に必要な書面の提示を受けて確認を行い、別紙13のとおり事情を聴取し、登記すべき事項や登記のための要件などを説明した。そして、司法書士法務星子は、コスモ株式会社の代表者から必要な登記の申請書の作成及び登記申請の代理の依頼を受けた。

また、司法書士法務星子は、同年６月30日に事務所を訪れたコスモ株式会社の代表者及び株式会社サニーの代表者から、同年４月25日に提示を受けた書面に加え、別紙７から別紙12までの書面のほか、登記申請に必要な書面の提示を受けて確認を行い、別紙14のとおり事情を聴取し、登記すべき事項や登記のための要件などを説明した。そして、司法書士法務星子は、コスモ株式会社の代表者及び株式会社サニーの代表者から必要な登記の申請書の作成及び登記申請の代理の依頼を受けた。

司法書士法務星子は、これらの依頼に基づき、登記申請に必要な書面の交付を受け、管轄登記所に対し、同年４月25日及び同年６月30日にそれぞれの登記の申請をすることとした。

以上に基づき、後記の問１から問４までに答えなさい。

問１　令和５年４月25日に司法書士法務星子が申請した登記のうち、当該登記の申請書に記載すべき登記の事由、登記すべき事項、登録免許税額並びに添付書面の名称及び通数を第37問答案用紙の第１欄に記載しなさい。ただし、登録免許税額の内訳については、記載することを要しない。

問２　別紙10の第２号議案で決議された事項に関し、株式会社サニーの代表者から提示を受けた書面及び聴取した内容に照らして、次の⑴及び⑵に答えなさい。

⑴　当該議案について議決権を行使することができる株主の**議決権の数**を第37問答案用紙の第２欄⑴に記載しなさい。

⑵　当該議案の［　ア　］とある箇所に記載すべき議決権の数を第37問答案用紙の第２欄⑵に記載しなさい。ただし、［　ア　］の数は、法令及び別紙９記載の定款に定める決議の要件を満たす**最小限の数**とする。

問３　令和５年６月30日に司法書士法務星子が申請した登記のうち、株式会社サニーに関する登記の申請書に記載すべき登記の事由、登記すべき事項、登録免許税額並びに添付書面の名称及び通数を第37問答案用紙の第３欄に記載しなさい。ただし、登録免許税額の内訳については、記載することを要しない。

なお、同時に申請すべきコスモ株式会社に関する登記がある場合には、これについては、記載することを要しない。

問4　令和5年6月30日に司法書士法務星子が別紙14のとおり事情を聴取した際に、別紙14の7で株式会社サニーの代表者から提示を受けた株主名簿について、これに記載されている株主のうち、**保有株式数の多い順に**、株主の氏名又は名称及びその株式の数を第37問答案用紙の第4欄に記載しなさい。ただし、各株主が数次にわたって株式を取得している場合は、その**合計数**により**上位4名のみ**記載するものとし、その他の株主に係る事項は記載することを要しない。

（答案作成に当たっての注意事項）

1　別紙2は、令和5年4月21日現在のコスモ株式会社の定款の抜粋であり、令和4年4月23日以降変更の決議はされておらず、別紙1から別紙7まで及び別紙13に現れている以外には、会社法の規定と異なる定めは、存しない。

2　別紙9は、令和5年4月30日現在の株式会社サニーの定款の抜粋であり、同日以降変更されておらず、別紙7から別紙12まで及び別紙14に現れている以外には、会社法の規定と異なる定めは、存しない。

3　コスモ株式会社及び株式会社サニーを通じて、AからZまでの記号で表示されている者は、自然人又は法人であって、いずれも同じ記号の者が各々同一の自然人又は法人であるものとする。

4　株式会社サニーは、設立以来、最終事業年度に係る貸借対照表の負債の部に計上した額の合計額が200億円以上となったことはないものとする。

5　東京都港区は東京法務局港出張所、名古屋市は名古屋法務局の管轄である。別紙1から別紙14までに現れるコスモ株式会社及び株式会社サニー以外の全ての法人の本店又は主たる事務所の所在地は、コスモ株式会社又は株式会社サニーの本店の所在地の管轄登記所の管轄と異なる。

6　別紙中、（略）と記載されている部分及び記載が省略されている部分には、いずれも有効な記載があるものとする。

7　被選任者及び被選定者の就任承諾は、選任され、又は選定された日に適法に得られているものとする。

8　別紙3及び別紙4の定時株主総会には、議決権を行使することができる株主の過半数を有する株主が出席している。

9　別紙10及び別紙12の株主総会には、当該各株主総会の開催日において議決権を行使することができる株主全員が出席している。

10　令和5年6月30日に申請した登記に関し、官庁の許可又は官庁への届出を要する事項はないものとする。

11　登記申請書の添付書面については、全て適式に調えられており、所要の記名・押印がされているものとする。

12　登記の申請に伴って必要となる印鑑の提出手続は、適式にされているものとする。

13　登記申請書の添付書面のうち、就任承諾を証する書面を記載する場合には、第37問答案用紙の第1欄及び第3欄中、**【添付書面の名称及び通数】**欄の『就任承諾を証する書面』の該当欄にその資格及び氏名又は名称を記載すること。なお、就任承諾を証する書面に限り、通数の記載を要しない。

14　登記申請書の添付書面については、他の書面を援用することができる場合でも、これを**援用しない**ものとする。

15　登記申請書の添付書面のうち、株主の氏名又は名称、住所及び議決権数等を証する書面(株主リスト)を記載する場合において、各議案を通じて株主リストに記載する各株主についての内容が変わらないときは、その通数は開催された株主総会ごとに1通を添付するものとする。

16　登記申請書に会社法人等番号を記載することによる登記事項証明書の添付の省略は、しないものとする。

17　租税特別措置法等の特例法による減免規定の適用はないものとする。

18　数字を記載する場合には、算用数字を使用すること。

19　登記申請の懈怠については、考慮しないものとする。

20　第37問答案用紙の**各欄に記載する文字は字画を明確にし**、訂正、加入又は削除をするときは、訂正は訂正すべき字句に線を引き、近接箇所に訂正後の字句を記載し、加入は加入する部分を明示して行い、削除は削除すべき字句に線を引いて、訂正、加入又は削除をしたことが明確に分かるように記載すること。ただし、押印や字数を記載することは要しない。

別紙1

【令和5年4月21日現在のコスモ株式会社に係る登記記録の抜粋】

商号　コスモ株式会社

本店　東京都港区東町1番1号

電子提供措置に関する規定　当会社は、株主総会の招集に際し、株主総会参考書類等の内容である情報について、電子提供措置をとるものとする。

公告をする方法　当会社の公告方法は、電子公告により行う。

ｈｔｔｐｓ：//ｗｗｗ．ｃｏｓｕｍｏ○○○．ｃｏｍ/

目的　1　医療用ソフトウェアの開発、制作、販売

2　医薬品、化学薬品、食品の製造、販売

3　前各号に附帯する一切の業務

単元株式数　100株

発行可能株式総数　2000万株

発行済株式の総数並びに種類及び数

発行済株式の総数　510万9000株

資本金の額　金5億500万円

役員に関する事項　取締役　A　令和4年4月22日重任

取締役　B　令和4年4月22日重任

取締役　C　令和4年4月22日就任

取締役　D　令和5年2月15日就任

取締役・監査等委員　E　令和4年4月22日就任

取締役・監査等委員(社外取締役)　F　令和4年4月22日就任

取締役・監査等委員(社外取締役)　G　令和4年4月22日就任

東京都品川区西町一丁目2番3号

代表取締役　A　令和4年4月22日重任

会計監査人　ビーナス監査法人　令和4年4月22日重任

取締役会設置会社に関する事項　取締役会設置会社

監査等委員会設置会社に関する事項　監査等委員会設置会社

重要な業務執行の決定の取締役への委任に関する事項　重要な業務執行の決定の取締役への委任についての定款の定めがある

会計監査人設置会社に関する事項　会計監査人設置会社

別紙2

【令和5年4月21日現在のコスモ株式会社の定款の抜粋】

（商号）
第1条　当会社は、コスモ株式会社と称する。

（本店の所在地）
第3条　当会社は、本店を東京都港区に置く。

（機関）
第4条　当会社には、株主総会及び取締役のほか、次の機関を置く。
1　取締役会
2　監査等委員会
3　会計監査人

（公告方法）
第5条　当会社の公告方法は、電子公告により行う。

（発行可能株式総数）
第6条　当会社の発行可能株式総数は、2000万株とする。

（単元株式数）
第7条　当会社の単元株式数は、100株とする。

（株主総会の招集）
第10条　当会社の定時株主総会は、毎年4月にこれを招集し、臨時株主総会は、必要に応じこれを招集する。

（電子提供措置に関する規定）
第13条　当会社は、株主総会の招集に際し、株主総会参考書類等の内容である情報について、電子提供措置をとるものとする。

（取締役の員数）

第16条　当会社の取締役（監査等委員である取締役を除く。）は、10名以内とする。

2　当会社の監査等委員である取締役は、5名以内とする。

（取締役の選任）

第17条　取締役は、監査等委員である取締役とそれ以外の取締役とを区別して、株主総会の決議によって選任する。

2　取締役の選任決議は、議決権を行使することができる株主の議決権の3分の1以上を有する株主が出席し、その議決権の過半数をもって行う。

3　取締役の選任決議については累積投票によらない。

（取締役の任期）

第18条　取締役（監査等委員である取締役を除く。）の任期は、選任後1年以内に終了する事業年度のうち最終のものに関する定時株主総会の終結の時までとする。

2　監査等委員である取締役の任期は、選任後2年以内に終了する事業年度のうち最終のものに関する定時株主総会の終結の時までとする。

3　任期の満了前に退任した監査等委員である取締役の補欠として選任された監査等委員である取締役の任期は、退任した監査等委員である取締役の任期の満了する時までとする。

（重要な業務執行の決定の委任）

第28条　取締役会は、会社法第399条の13第6項の規定により、その決議によって重要な業務執行（同条第5項各号に掲げる事項を除く。）の決定の全部又は一部を取締役に委任することができる。

（事業年度）

第38条　当会社の事業年度は、毎年2月1日から翌年1月31日までの年1期とする。

別紙3

【令和4年4月22日開催のコスモ株式会社の定時株主総会における議事の概要】

[報告事項]　令和3年2月1日から令和4年1月31日までの事業報告及び計算書類報告の件

（略）

[決議事項]

第1号議案　定款一部変更の件

（略）

第2号議案　取締役（監査等委員である取締役を除く。）選任の件

（略）

第3号議案　監査等委員である取締役選任の件

（略）

第4号議案　補欠の監査等委員である取締役1名選任の件

法令に定める監査等委員である取締役の員数を欠くこととなる場合に備え、あらかじめ補欠の監査等委員である取締役1名（社外取締役）の選任をすることについて、出席した株主の議決権のうち過半数の賛成をもって可決承認された。

補欠の監査等委員である取締役（社外取締役）　H

別紙4

【令和5年4月21日開催のコスモ株式会社の定時株主総会における議事の概要】

［報告事項］　令和4年2月1日から令和5年1月31日までの事業報告及び計算書類報告の件

（略）

［決議事項］

第1号議案　取締役（監査等委員である取締役を除く。）選任の件

取締役3名を選任することが諮られ、下記のとおり選任することについて、出席した株主の議決権のうち過半数の賛成をもって可決承認された。

取締役　A

取締役　B

取締役（社外取締役）　M

第2号議案　補欠の監査等委員である取締役1名選任の件

法令に定める監査等委員である取締役の員数を欠くこととなる場合に備え、あらかじめ補欠の監査等委員である取締役1名（社外取締役）の選任をすることについて、出席した株主の議決権のうち過半数の賛成をもって可決承認された。

補欠の監査等委員である取締役（社外取締役）　Y

別紙5

【令和5年4月21日開催のコスモ株式会社の取締役会における議事の概要】

第1号議案　代表取締役選定の件

代表取締役を選定することが諮られ、出席取締役全員の一致をもって下記のとおり選定することを可決承認した。なお、被選定者は、席上就任を承諾した。

東京都品川区西町一丁目2番3号　代表取締役　A

第2号議案　吸収分割契約承認の件

別紙(※別紙7)の吸収分割契約を承認することを諮ったところ、出席取締役全員の一致をもって可決承認した。

第3号議案　支店の設置の件

名古屋市に支店を設置したい旨が説明され、具体的な支店の所在場所及び設置日の決定を取締役Bに委任したい旨を諮ったところ、出席取締役全員の一致をもって可決承認した。

別紙6

【令和5年4月22日付けのコスモ株式会社の取締役Bの決定の概要】

私は、令和5年4月21日付け取締役会の第3号議案に基づき、当会社の支店を以下のとおり設置することを決定した。

支店の所在場所　名古屋市西区本町8番地

設置日　令和5年4月23日

令和5年4月22日　取締役　B

別紙7

【令和5年4月21日付け吸収分割契約書の抜粋】

ただし、吸収分割契約において、会社法上定めなければならない事項の全てが現れている。

株式会社サニー(住所(略))(以下「甲」という。)及びコスモ株式会社(住所(略))(以下「乙」という。)は、次のとおり吸収分割契約を締結する。

(吸収分割の方法)

第1条　甲は、吸収分割により、乙から乙の営む「食品に使用する添加物の製造事業」(以下「本件事業」という。)に関する権利義務を承継し、乙は甲にこれを承継させる。

(承継する権利義務)

第2条　甲が乙から承継する権利義務は、乙の本件事業に関する資産、債務、雇用契約、その他の権利義務とし、別紙「承継財産の明細」記載のとおりとする。

(分割対価)

第3条　甲は、吸収分割に際して、株式2000株を新たに発行し、乙に対してこれを交付する。

(増加すべき資本金及び準備金の額等)

第4条　吸収分割により、甲の増加すべき資本金及び準備金の額等は、次のとおりとする。

(1) 増加する資本金の額　金500万円

(2) 増加する準備金その他の増加額

会社計算規則に従い、甲が定める。

(効力発生日)

第5条　効力発生日は、令和5年6月25日とする。

(以下略)

別紙「承継財産の明細」(略)

別紙8

【令和5年6月19日現在の株式会社サニーに係る登記記録の抜粋】

商号　株式会社サニー

本店　名古屋市中区丸の内一丁目1番地

公告をする方法　官報に掲載してする。

会社成立の年月日　平成18年7月3日

目的　1　食品の製造、加工、販売

　　　2　飲食店の経営

　　　3　前各号に附帯する一切の業務

発行可能株式総数　10万株

発行済株式の総数並びに種類及び数

　発行済株式の総数　5000株

株券を発行する旨の定め　当会社の株式については、株券を発行する。

資本金の額　金1000万円

株式の譲渡制限に関する規定

　当会社の株式を譲渡により取得する場合は、株主総会の承認を受けなければならない。

役員に関する事項　取締役　N　令和1年6月30日就任

　　取締役　J　令和2年6月22日重任

　　取締役　R　令和2年6月22日重任

　　取締役　S　令和3年5月7日就任

　　岐阜市長良町5番地

　　代表取締役　S　令和3年5月7日就任

　　監査役　W　令和2年6月22日重任

　　監査役　Z　令和3年6月29日就任

監査役設置会社に関する事項　監査役設置会社

別紙9

【令和5年4月30日現在の株式会社サニーの定款の抜粋】

（商号）

第1条　当会社は、株式会社サニーと称する。

（公告方法）

第4条　当会社の公告は、官報に掲載してする。

（機関）

第5条　当会社には、株主総会及び取締役のほか、監査役を置く。

（発行可能株式総数）

第6条　当会社の発行可能株式総数は、10万株とする。

（株券の発行）

第7条　当会社の株式については、株券を発行する。

（株式の譲渡制限）

第8条　当会社の株式を譲渡により取得する場合は、株主総会の承認を受けなければならない。

（基準日）

第9条　当会社は、毎事業年度末日の最終の株主名簿に記載された株主をもって、その事業年度に関する定時株主総会において権利を行使することができる株主とする。

（招集時期）

第10条　当会社の定時株主総会は、毎事業年度の終了後3か月以内に招集し、臨時株主総会は、必要がある場合に招集する。

（株主総会の決議の方法）

第14条　株主総会の決議は、法令又は本定款に別段の定めがある場合を除き、出席した議決権を行使することができる株主の議決権の過半数をもって行う。

2　会社法第309条第2項に定める決議は、議決権を行使することができる株主の議決権の3分の2以上を有する株主が出席し、出席した当該株主の議決権の4分の3以上に当たる多数をもって行う。

（取締役の員数）

第16条　当会社の取締役は、3名以上10名以内とする。

（取締役の任期）

第19条　取締役の任期は、選任後4年以内に終了する事業年度のうち最終のものに関する定時株主総会の終結の時までとする。

（代表取締役）

第20条　当会社は、取締役の互選により代表取締役を選定する。

（監査役の員数）

第21条　当会社の監査役は、2名とする。

（監査役の任期）

第23条　監査役の任期は、選任後4年以内に終了する事業年度のうち最終のものに関する定時株主総会の終結の時までとする。

（事業年度）

第25条　当会社の事業年度は、毎年5月1日から翌年4月30日までの年1期とする。

別紙 10

【令和5年6月19日開催の株式会社サニーの定時株主総会における議事の概要】

［決議事項］

第1号議案　計算書類承認の件

別紙計算書類(第17期：令和4年5月1日から令和5年4月30日まで)の承認を求めたところ、出席した株主の議決権のうち過半数の賛成をもって可決承認された。

第2号議案　吸収分割契約承認の件

別紙(※別紙7)の吸収分割契約を承認することを諮ったところ、出席した株主の議決権のうち［ア］個の賛成をもって可決承認された。

〜〜

第1号議案別紙

第17期末(令和5年4月30日現在)の貸借対照表の抜粋(単位:円)

流動資産	13,750,000	負債合計	248,691,000
固定資産	262,441,000	資本金	10,000,000
		資本準備金	10,000,000
		利益剰余金	11,500,000
		自己株式	△4,000,000
		純資産合計	27,500,000
資産合計	276,191,000	負債・純資産合計	276,191,000

その他の計算書類　(略)

株主資本変動計算書

注記事項　第17期末自己株式の数　1000株

以下 (略)

〜〜

別紙 11

【令和 5 年 4 月 30 日現在の株式会社サニーの株主名簿の抜粋】

取得年月日、株券の番号に関する記載は省略

番号	株主の住所	株主の氏名又は名称	株式の数
1	（略）	N	1400 株
2	名古屋市中区丸の内一丁目 1 番地	株式会社サニー	1000 株
3	（略）	合同会社X	600 株
4	（略）	R	500 株
5	（略）	株式会社K	400 株
6	岐阜市長良町 5 番地	S	300 株
7	（略）	T	200 株
8	（略）	（略）	（略）
15	（略）	（略）	（略）
合計			5000 株

ただし、登録株式質権者は、存在しない。

別紙 12

【令和 5 年 6 月 26 日開催の株式会社サニーの臨時株主総会における議事の概要】

［決議事項］

第 1 号議案　取締役選任の件

取締役 1 名を選任することが諮られ、下記のとおり満場一致をもって可決承認された。

取締役　B

第 2 号議案　募集株式の発行

下記要領にて、当会社の発行する株式又は処分する自己株式を引き受ける者の募集をすることが諮られ、満場一致をもって可決承認された。

(1)　募集株式の数　5000 株

ただし、このうち 1000 株は、当会社の自己株式を割り当てる。

(2)　払込金額　1 株につき、金 1 万円

(3)　払込期日　令和 5 年 6 月 29 日

(4)　割当方法　第三者割当とし、下記の者から申込みがされることを条件とする。

N　　　　　500 株

合同会社Ｘ　3600 株

株式会社Ｑ　900 株

(5)　増加する資本金の額　会社計算規則に基づき算出される資本金等増加限度額の 2 分の 1 を乗じて得た額（ただし、1 円未満切上げ）とする。

(6)　増加する資本準備金の額　資本金等増加限度額から(5)を減じて得た額

別紙13

【司法書士法務星子の聴取記録(令和5年4月25日)】

1　コスモ株式会社の令和4年4月22日に開催された定時株主総会の議事の概要は、別紙3に記載されているとおりであり、第1号議案から第3号議案までに関して必要となる登記は、全て別紙1に登記されている。

2　監査等委員である取締役Gは、令和5年4月1日死亡し、同日遺族である配偶者からコスモ株式会社に対して死亡の届出がされている。

3　コスモ株式会社の令和5年4月21日に開催された定時株主総会の終結後直ちに開催された取締役会には、取締役及び監査等委員である取締役の全員が出席し、その議事の概要は別紙5に記載されているとおりである。また、別紙5の取締役会議事録には、Aが登記所に提出している印鑑が押印されている。

4　別紙6で決定された支店は、当該決定で定めた設置日までに現実に支店の開設が完了している。

5　全ての定時株主総会において、選任された社外取締役又は補欠の社外取締役は、社外取締役の要件を満たしている。

別紙 14

【司法書士法務星子の聴取記録（令和 5 年 6 月 30 日）】

1　別紙 10 の株式会社サニーの令和 5 年 6 月 19 日に開催された定時株主総会に関して、別紙 9 の定款に定める基準日以後に株式を取得したものは、存しない。

2　別紙 7 の吸収分割契約に係る吸収分割は、吸収分割契約書の記載のとおり効力が発生した。

(1)　コスモ株式会社は、当該吸収分割により株式会社サニーに承継させる資産の帳簿価額の合計額がコスモ株式会社の総資産額として法務省令により定まる額の5分の1を超えず、簡易分割の要件に該当するため、コスモ株式会社は、当該吸収分割契約について株主総会の承認決議を経ていない。

(2)　当該吸収分割に関する債権者の保護手続は、法令上必要とされる範囲で適法に行われた。なお、コスモ株式会社及び株式会社サニーには異議を述べることができる知れている債権者が存在したが、異議を述べた債権者はいなかった。また、不法行為によって生じたコスモ株式会社の債務の債権者は存在しない。

(3)　株式会社サニーに対して、当該吸収分割に反対した株主による株式買取請求はされなかった。

(4)　当該吸収分割契約書第4条に定める増加する資本金の額は、会社法及び会社計算規則に従って計上されている。

(5)　当該吸収分割契約には、吸収分割の効力発生日に剰余金の配当をする定めはなく、「承継財産の明細」にコスモ株式会社が有する株式会社サニーの株式の記載はない。また、コスモ株式会社は、種類株式発行会社ではなく、新株予約権を発行していない。

(6)　会社分割に伴う労働契約の承継等に関する法律に基づく所要の手続は、適法に完了している。

3　別紙 10 の第 1 号議案別紙で示された貸借対照表の抜粋中、自己株式の項目は、株式会社サニーが保有する株式の帳簿価格をもって純資産の部から控除項目として表示しており、自己株式について、令和 5 年 5 月 1 日以降別紙 7 から別紙 14 までから判明する事実のほか変動はない。

4　別紙 11 の令和 5 年 4 月 30 日現在における株式会社サニーの株主名簿の抜粋は、保有する株式の数の多い順に記載がされており、株主の氏名又は名称欄の(略)とある部分には、別紙 11 に表示された番号 1 から 7 までに記載された以外の自然人である株主の氏名が記載されている。なお、株式会社サニーは、設立以来、他の株式会社の株式を保有したことはない。

5　別紙12は、株式会社サニーの令和5年6月26日に開催された臨時株主総会の議事の概要である。

6　N、合同会社X及び株式会社Qは、別紙12の第2号議案に係る募集株式について、それぞれ適法に申込みをし、払込期日に払込金の全額の払込みをしたので、株式会社サニーの保有する自己株式の全部に加えて新規に発行する株式が割り当てられた。

7　株式会社サニーの代表者から提示を受けた令和5年6月30日付けの株主名簿の内容について確認したところ、別紙7から別紙12まで及び別紙14の1から6までにおいて判明する事実が全て適切に記載されており、当該事実以外の株主の氏名又は名称及び株式の数の異動は、記載されていなかった。

(05)
午後の部

第三十六問答案用紙

受験地
受験番号
氏名

※答案用紙の筆記可能線（答案用紙の外枠の二重線）を越えて筆記をした場合、当該筆記可能線を越えた部分については、採点されません。

第１欄

		(1)	(2)	(3)
登記の目的				
申請事項等	登記原因及びその日付			
	上記以外の申請事項等			
添付情報				
登録免許税				

第１欄

		(4)
登記の目的		
申請事項等	登記原因及びその日付	
	上記以外の申請事項等	
添付情報		
登録免許税		

第２欄

結論	
理由	

(05)
午後の部

第三十六問答案用紙

※答案用紙の筆記可能線（答案用紙の外枠の二重線）を越えて筆記をした場合、当該筆記可能線を越えた部分については、採点されません。

第３欄

		(1)	(2)	(3)
登記の目的				
申請事項等	登記原因及びその日付			
	上記以外の申請事項等			
添付情報				
登録免許税				

第３欄

		(4)
登記の目的		
申請事項等	登記原因及びその日付	
	上記以外の申請事項等	
添付情報		
登録免許税		

第４欄（1）

配当額	

第４欄（2）

① 登記の形式	
② 登記の目的	
③ 登記原因及びその日付	
④ 申請人	

(05)
午後の部

第三十七問答案用紙

受験地
受験番号
氏　名

※答案用紙の筆記可能線（答案用紙の外枠の二重線）を越えて筆記をした場合、当該筆記可能線を越えた部分については、採点されません。

第１欄

【登記の事由】

【登記すべき事項】

【登録免許税額】

【添付書面の名称及び通数】

『就任承諾を証する書面』（本欄に限り、通数の記載を要しない。）

資格	氏名又は名称	資格	氏名又は名称

第２欄

(1)

(2)

(05)
午後の部

第三十七問答案用紙

※答案用紙の筆記可能線（答案用紙の外枠の二重線）を越えて筆記をした場合、当該筆記可能線を越えた部分については、採点されません。

第3欄

【登記の事由】

【登記すべき事項】

【登録免許税額】

【添付書面の名称及び通数】

『就任承諾を証する書面』（本欄に限り、通数の記載を要しない。）

資格	氏名又は名称

資格	氏名又は名称

第4欄

株主の氏名又は名称	その株式の数 (株)

解　説

択一式
午前の部

憲　法
○
民　法
○
刑　法
○
商　法

令和５年度本試験　択一式・午前の部　正答表

No	科目	タイトル	正解	正誤	復習 過去問	出題類型				
						条文	判例	先例	学説	他
1	憲 法	社会権	5		H20-1		5			
2	憲 法	違憲審査権	5		R2-2		4		1	
3	憲 法	財　政	5		H29-2	3	2			
4	民 法	後見、保佐及び補助	1		H27-21	5				
5	民 法	意思表示	4		H18-6	3	2			
6	民 法	無権代理	4		H28-5	5				
7	民 法	不動産の物権変動	5		R3-22	1	4			
8	民 法	囲繞地通行権	1		H30-9	1	4			
9	民 法	所有権の取得	5		R1-10	3	1			1
10	民 法	共　有	3		H27-10	4				1
11	民 法	民法上の担保物権	2		H30-13	4				1
12	民 法	留置権	1		H30-13	3	1			1
13	民 法	先取特権	2		H29-11	5				
14	民 法	動産質	2		H14-10	4	1			
15	民 法	根抵当権	3		H29-14	5				
16	民 法	履行遅滞	1		H22-19	2	3			
17	民 法	債権者代位権	1		H29-17	4	1			
18	民 法	請　負	2		H30-19	5				
19	民 法	委　任	4		H30-19	4	1			
20	民 法	養　子	4		R4-20	5				
21	民 法	未成年後見	2		H22-21	5				
22	民 法	相続の限定承認	2		H11-21	5				
23	民 法	遺　言	2		H28-22	4	1			
24	刑 法	刑法の適用範囲	3		H4-25	5				
25	刑 法	共　犯	5		H14-23	2	3			
26	刑 法	親族間の犯罪に関する特例	4		R3-26	1	4			
27	会社法	株式会社の設立	4		R1-27	3				2
28	会社法	株式会社の定款	5		H19-28	4	1			
29	会社法	異なる種類の株式	4		H29-28	4				1
30	会社法	株主総会	1		H27-29	5				
31	会社法	議事録の閲覧・謄写	5		H11-34	5				
32	会社法	持分会社	5		H28-32	5				
33	会社法	社　債	5		H30-33	5				
34	会社法	会社の合併	5		H24-34	5				
35	商 法	商　号	2		H29-35	4	1			

第1問 憲法 社会権 正解 5

ア正しい。

最判平元.3.2により、本記述は正しい。判例（塩見訴訟）は、国民年金法（昭和56年法律第86号による改正前のもの）「81条1項の**障害福祉年金の支給対象者から在留外国人を除外することは、立法府の裁量の範囲に属する事柄と見るべきである**」としている。その理由として、判例は、「立法府は、その支給対象者の決定について、もともと広範な裁量権を有しているものというべきである。加うるに、社会保障上の施策において在留外国人をどのように処遇するかについては、国は、特別の条約の存しない限り、当該外国人の属する国との外交関係、変動する国際情勢、国内の政治・経済・社会的諸事情等に照らしながら、その政治的判断によりこれを決定することができるのであり、その限られた財源の下で福祉的給付を行うに当たり、自国民を在留外国人より優先的に扱うことも、許されるべきことと解される」ということを挙げている（最判平元.3.2）。

イ正しい。

最大判昭42.5.24により、本記述は正しい。判例（朝日訴訟）は、「**憲法25条1項は、**『すべて国民は、健康で文化的な最低限度の生活を営む権利を有する。』と規定している。この規定は、すべての国民が健康で文化的な最低限度の生活を営み得るように国政を運営すべきことを国の責務として宣言したにとどまり、**直接個々の国民に対して具体的権利を賦与したものではない**」としている（最大判昭42.5.24）。

ウ正しい。

最大判昭57.7.7により、本記述は正しい。判例（堀木訴訟）は、「憲法25条の規定…にいう『**健康で文化的な最低限度の生活**』なるものは、きわめて抽象的・相対的な概念であつて、その**具体的内容は、その時々における文化の発達の程度、経済的・社会的条件、一般的な国民生活の状況等との相関関係において判断決定されるべきものである**」としている（最大判昭57.7.7）。

エ誤　り。

本記述は、公務員は憲法28条に規定する「勤労者」に当たらないとしている点で、誤っている。判例は、「教育公務員を含む地方公務員（職員）は、労務を提供し賃金を得て生活する者であるから、一般私企業の労働者と同様、**憲法28条の『勤労者』に該当する**ものである」としている（最大判昭40.7.14）。

オ誤　り。

本記述は、「義務教育」の無償の範囲には、授業料だけでなく、教科書を購入する費用を無償とすることも含まれるとしている点で、誤っている。判例は、「憲法26条2項後段の『義務教育は、これを無償とする。』という意義は、国が義務教育を提供するにつき有償としないこと、換言すれば、子女の保護者に対しその子女に普通教育を受けさせるにつき、その対価を徴収しないことを定めたものであり、教育提供に対する対価とは授業料を意味するものと認められるから、同条項の無償とは授業料不徴収の意味と解するのが相当である。…憲法の義務教育は無償とするとの規定は、**授業料のほかに、教科書、学用品その他教育に必要な一切の費用まで無償としなければならないことを定めたものと解することはできない**」としている（最大判昭 39. 2. 26）。

以上により、誤っている記述はエとオであり、したがって、正解は肢5となる。

No	科　目	区分	正答率	肢別解答率				
				1	2	3	4	5
1	憲法	全体	90%	1%	1%	3%	5%	90%
		上位 10%	100%	0%	0%	0%	0%	100%

第2問 憲法　違憲審査権　正解 5

ア誤　り。

本記述は、一般の国民が当該規定から具体的場合に当該表現が規制の対象となるかどうかの判断が可能となるような基準を読みとることができない場合であっても、違憲無効であるとの評価を免れることができるとしている点で、誤っている。判例（札幌税関検査事件）は、「表現の自由を規制する法律の規定について限定解釈をすることが許されるのは、その解釈により、規制の対象となるものとそうでないものとが明確に区別され、かつ、合憲的に規制し得るもののみが規制の対象となることが明らかにされる場合でなければならず、また、**一般国民の理解において、具体的場合に当該表現物が規制の対象となるかどうかの判断を可能ならしめるような基準をその規定から読みとることができるものでなければならない**」としている（最大判昭 59. 12. 12）。その理由として、判例は、「かかる制約を付さないとすれば、規制の基準が不明確であるかあるいは広汎に失するため、表現の自由が不当に制限されることとなるばかりでなく、国民がその規定の適用を恐れて本来自由に行い得る表現行為までも差し控えるという効果を生むこととなる」ということを挙げている。

イ誤　り。

本記述は、ある法律が違憲無効であると判断された場合には、その法律は、直ちに効力を失うとしている点で、誤っている。最高裁判所による違憲判決の効力については、本記述のように、①最高裁判所により法律が違憲無効であると判断された場合には、その法律は、直ちに効力を失うとする一般的効力説、②**当該事件に限って適用が排除されるとする個別的効力説**、③法律の定めるところに任せられている問題とする法律委任説がある。**判例、通説は、②個別的効力説を採っている。**その理由として、付随的審査制においては、当該事件の解決に必要な限りで審査が行われるため、違憲判決の効力も当該事件に限って及ぶと解されること等が挙げられている。

ウ誤　り。

本記述は、条約は、裁判所による違憲審査権の対象とならないとしている点で、誤っている。判例（砂川事件）は、「本件安全保障条約は、前述のごとく、主権国としてのわが国の存立の基礎に極めて重大な関係をもつ高度の政治性を有するものというべきであつて、その内容が違憲なりや否やの法的判断は、その条約を締結した内閣およびこれを承認した国会の高度の政治的ないし自由裁量的判断と表裏をなす点がすくなくない。それ故、右違憲なりや否やの法的判断は、純司法的機能をその使命とする司法裁判所の審査には、原則としてなじまない性質のものであり、従つて、**一見極めて明白に違憲無効であると認められない限りは**、裁判所の司法審査権の範囲外のものであつて、それは第一次的には、右条約の締結権を有する内閣およびこれに対して承認権を有する国会の判断に従うべく、終局的には、主権を有する国民の政治的批判に委ねらるべきものであると解するを相当とする」と判示し、条約に対する違憲審査の可能性を認めている（最大判昭 34. 12. 16）。

エ正しい。

最大判昭 37. 11. 28 により、本記述は正しい。判例（第三者所有物没収事件）は、「第三者の所有物を没収する場合において、その没収に関して当該所有者に対し、何ら告知、弁解、防禦の機会を与えることなく、その所有権を奪うことは、著しく不合理であつて、憲法の容認しないところであるといわなければならない。…そして、かかる**没収の言渡を受けた被告人は、たとえ第三者の所有物に関する場合であつても、**被告人に対する附加刑である以上、**没収の裁判の違憲を理由として上告をなしうることは、当然である。**のみならず、被告人としても没収に係る物の占有権を剥奪され、またはこれが使用、収益をなしえない状態におかれ、更には所有権を剥奪された第三者から賠償請求権等を行使される危険に曝される等、利害関係を有することが明らかであるから、上告によりこれが救済を求めることができるものと解すべきである」としている（最大判昭 37. 11. 28）。

オ正しい。

最大判昭 25. 2. 1 により、本記述は正しい。判例は、「憲法は国の最高法規であってその条規に反する法律命令等はその効力を有せず、裁判官は憲法及び法律に拘束せられ、また憲法を尊重し擁護する義務を負うことは憲法の明定するところである。従つて、裁判官が、具体的訴訟事件に法令を適用して裁判するに当り、その法令が憲法に適合するか否かを判断することは、憲法によつて裁判官に課せられた職務と職権であつて、このことは最高裁判所の裁判官であると下級裁判所の裁判官であることを問わない。**憲法 81 条は、最高裁判所が違憲審査権を有する終審裁判所であることを明らかにした規定であつて、下級裁判所が違憲審査権を有することを否定する趣旨をもつているものではない**」としている（最大判昭 25. 2. 1）。

以上により、正しい記述はエとオであり、したがって、正解は肢 5 となる。

No	科　目	区分	正答率	肢別解答率				
				1	2	3	4	5
2	憲法	全体	79%	7%	5%	1%	6%	79%
		上位 10%	97%	0%	0%	0%	3%	97%

第3問 憲法 財政 正解 5

ア正しい。

憲法89条により、本記述は正しい。憲法89条は、「**公金**その他の公の財産**は、…公の支配に属しない慈善**、教育若しくは博愛**の事業に対し、これを支出**し、又はその利用に供し**てはならない。**」と規定している。多数説によれば、その趣旨は、濫費の防止という点にある。

イ正しい。

憲法90条1項により、本記述は正しい。憲法90条1項は、「**国の収入支出の決算は、すべて毎年会計検査院がこれを検査し、内閣は、次の年度に、その検査報告とともに、これを国会に提出しなければならない。**」と規定している。その趣旨は、違法な支出をチェックする点にあるが、国会で決算が否決されても、決算そのものの効力に影響はない。

ウ誤　り。

本記述は、事前にも事後にも国会の承諾を得る必要はないとしている点で、誤っている。予備費の支出に関して、憲法87条2項は、「すべて予備費の支出については、内閣は、**事後に国会の承諾を得なければならない。**」と規定しており、事後に国会の承諾を得る必要がある。

エ正しい。

最大判平18.3.1により、本記述は正しい。判例は、本記述と同様に、「**市町村が行う国民健康保険は**、保険料を徴収する方式のものであっても、強制加入とされ、保険料が強制徴収され、**賦課徴収の強制の度合いにおいては租税に類似する性質を有するものであるから、これについても憲法84条の趣旨が及ぶ**と解すべき」としている（最大判平18.3.1）。

オ誤　り。

本記述は、憲法上予定されていないとしている点で、誤っている。判例は、「普通地方公共団体が課することができる租税の税目、課税客体、課税標準、税率その他の事項については、憲法上、租税法律主義（憲法84条）の原則の下で、法律において地方自治の本旨を踏まえてその準則を定めることが予定されており、これらの事項について法律において準則が定められた場合には、普通地方公共団体の課税権は、これに従ってその範囲内で行使されなければならない。」と判示し、**税目や税率を条例により定めることは憲法上予定されている**（最判平25.3.21）。

以上により、誤っている記述はウとオであり、したがって、正解は肢5となる。

No	科　目	区分	正答率	肢別解答率				
				1	2	3	4	5
3	憲法	全体	83%	10%	3%	2%	3%	83%
		上位10%	97%	3%	0%	0%	0%	97%

第４問 民法　後見、保佐及び補助　正解 1

ア誤　り。

本記述は、行為能力の制限を理由として取り消すことができないとしている点で、誤っている。民法 9 条は、「**成年被後見人の法律行為は、取り消すことができる。ただし、日用品の購入その他日常生活に関する行為については、この限りでない。**」と規定している。当該取消しは、**成年後見人の同意に影響されない**。これは、成年被後見人は通常意思能力を欠くため、同意を与えてまで法律行為をさせる必要性に乏しく、そもそも成年後見人に同意権がないことを理由とする。また、不動産の取得を目的とする売買契約は、日常生活に関する行為に当たらない。よって、成年被後見人が成年後見人の同意を得てした不動産の取得を目的とする売買契約は取り消すことができる。

イ正しい。

民法 799 条、738 条により、本記述は正しい。民法 799 条、738 条は、成年被後見人の養子縁組について、「**成年後見人の同意を要しない**」としている。これは、養子縁組が身分行為であるため、本人の意思を尊重することを理由とする。よって、成年被後見人が養子縁組をするには、成年後見人の同意を得ることを要しない。

ウ誤　り。

本記述は、保佐開始の審判により被保佐人を代表するとしている点で、誤っている。保佐人には、保佐開始の審判（民法 11 条）と同時に同意権（民法 13 条）、取消権（民法 120 条 1 項）、追認権（民法 122 条）が付与される。他方、**代理権を付与するためには、保佐開始の審判とは別個の代理権付与の審判によらなければならない**(民法876条の4第1項)。よって、保佐人は、保佐開始の審判により、被保佐人の財産に関する法律行為について被保佐人を代表することにはならない。

エ正しい。

民法 11 条本文により、本記述は正しい。民法 11 条本文は、**保佐開始の審判について、本人以外の者が請求する場合であっても本人の同意を要求していない**。なお、補助開始の審判については、本人以外の者が請求する場合に本人の同意が必要とされている（民法 15 条 2 項)。

オ正しい。

民法 17 条 1 項本文により、本記述は正しい。**補助人は、**補助開始の審判とともに、又はその審判の後にされる、**同意権付与の審判によって、同意権が付与される**（民法 17 条 1 項本文)。同意権付与の審判により補助人の同意を得なければならないものとすることができる行為は、民法 13 条 1 項に規定する行為の一部に限られており（民法 17 条 1 項ただし書)、借財をすること（民法 13 条 1 項 2 号）は、これに該当する。そして、**補助人に同意権が付与されると、被補助人は、同意権が与えられた法律行為について行為能力の制限を受ける**。本記述では、借財をすることについて補助人の同意を得なければならない旨の審判はない。よって、被補助人は、補助人の同意を得ることなく借財をすることができる。

以上により、誤っている記述はアとウであり、したがって、正解は肢１となる。

No	科 目	区分	正答率	肢別解答率				
				1	2	3	4	5
4	民法	全体	84%	84%	6%	3%	3%	4%
		上位10%	100%	100%	0%	0%	0%	0%

第５問 民法

意思表示

正解 **4**

ア誤　り。

本記述は、Ａが当該事実を告げられたことによって錯誤に陥っていなくても、Ａは、Ｂの詐欺を理由としてＡＢ間の売買契約を取り消すことができるとしている点で、誤っている。**詐欺を理由とする取消しが認められるためには、①詐欺者の故意、②違法な欺罔行為、③欺罔行為による錯誤、④錯誤に基づく意思表示が必要である**（民法96条1項）。本記述において、ＡはＢから告げられた虚偽の事実によって錯誤に陥っておらず、③、④の要件を満たさない。よって、Ａは、Ｂの詐欺を理由としてＡＢ間の売買契約を取り消すことはできない。

イ誤　り。

本記述は、Ｂが当該強迫の事実を知り、又は知ることができたときに限り、Ａは、ＡＢ間の売買契約を取り消すことができるとしている点で、誤っている。民法96条1項は、強迫による意思表示を取り消すことができるとしている。そして、**同条2項は、第三者詐欺について規定しているのみであり、強迫については規定していない。**そのため、**第三者の強迫による意思表示の取消しには、「相手方がその事実を知り、又は知ることができたときに限り」という要件を必要としない。**よって、Ｂが当該強迫の事実を知り、又は知ることができたときでなくても、Ａは、ＡＢ間の売買契約を取り消すことができる。

ウ正しい。

民法125条柱書本文、1号、大判昭8.4.28により、本記述は正しい。民法125条柱書本文、1号は、取消権者が「追認をすることができる時以後に、取り消すことができる行為について」、異議をとどめることなく、「全部又は一部の履行」を行った場合、「追認をしたものとみなす」として法定追認を規定している。そして、判例は、**「全部又は一部の履行」には、取消権者が履行する場合だけでなく、債権者として相手方の履行を受ける場合も含まれる**としている。本記述において、詐欺に係る取消権者Ｂは、ＢＣ間の売買契約を詐欺を理由として取り消すことができることを知った後に、異議をとどめることなくＣから売買代金を受領し、「全部又は一部の履行」を受けているから、Ｂは、ＢＣ間の売買契約を追認したとみなされ、同契約を取り消すことはできない。

エ正しい。

民法96条3項により、本記述は正しい。民法96条3項は、民法96条1項及び2項による「詐欺による意思表示の取消しは、**善意でかつ過失がない第三者に対抗することができない。**」と規定している。本記述において、Ａは、ＡＢ間の売買契約をＢの詐欺を理由として取り消している。そして、取消し前の第三者Ｃは、当該詐欺の事実を知らなかったことについて過失がある。よって、ＡはＣに対し、甲土地の所有権を主張することができる。

オ誤　り。

本記述は、Dがこれを知らなかったとしても、Dは、Aに対し、甲土地の所有権を主張することはできないとしている点で、誤っている。判例は、**民法 94 条 2 項の「第三者」には、直接の第三者だけでなく転得者も含まれる**としている（最判昭 45. 7. 24）。本記述において、Dは、Bから甲土地を譲り受けたCから甲土地を譲り受けており、転得者であるため、「第三者」に当たる。そして、Dは、AB間の売買契約が通謀に基づくことを知らなかったのであるから、「善意」（民法 94 条 2 項）である。よって、Dは、Aに対し、甲土地の所有権を主張することができる。

以上により、正しい記述はウとエであり、したがって、正解は肢 4 となる。

No	科　目	区分	正答率	肢別解答率				
				1	2	3	4	5
5	民法	全体	88%	1%	3%	5%	88%	3%
		上位 10%	100%	0%	0%	0%	100%	0%

第6問 民法　無権代理　正解 4

ア誤　り。

本記述は、期間内に確答しないときは、追認したものとみなされるとしている点で、誤っている。民法 114 条は、「相手方は、本人に対し、相当の期間を定めて、その期間内に追認をするかどうかを確答すべき旨の催告をすることができる。」として、無権代理の相手方の催告権について規定しているところ、その効果については、「**本人がその期間内に確答をしないときは、追認を拒絶したものとみなす。**」と定めている。よって、本人Ｂが、相手方Ｃから催告を受けた後、期間内に確答しない場合には、追認を拒絶したものとみなされる。

イ誤　り。

本記述は、追認の時からその効力を生ずるとしている点で、誤っている。民法 116 条本文は、無権代理行為の追認の効果について、「追認は、別段の意思表示がないときは、**契約の時にさかのぼって**その効力を生ずる。」と規定している。

ウ正しい。

民法 117 条 2 項 3 号により、本記述は正しい。民法 117 条 2 項は、同条 1 項に規定される無権代理人の責任を負わない場合について規定しているところ、同条 2 項 3 号は、**無権代理人が「行為能力の制限を受けていた」場合には無権代理人の責任を負わない**としている。本記述では、無権代理人Ａが成年被後見人として「行為能力の制限を受けていた」場合に当たることから、Ａは無権代理人の責任を負わない。

エ正しい。

民法 113 条 2 項により、本記述は正しい。民法 113 条 1 項は、「本人がその追認」をしなければならないとして、追認権者を定めるとともに、同条 2 項において、「**追認…は、相手方に対してしなければ、その相手方に対抗することができない。ただし、相手方がその事実を知ったときは、この限りでない。**」として、追認の方法を規定している。本記述では、追認権者Ｂが追認をしているものの、相手方Ｃに対して追認がなされておらず、また、Ｃは追認の事実を知らないのであるから、追認をＣに対抗することはできない。

オ誤　り。

本記述は、無権代理人の責任を負わないとしている点で、誤っている。民法 117 条 2 項 2 号本文は、「他人の代理人として契約をした者が代理権を有しないことを**相手方が過失によって知らなかったとき**」は、**原則として、無権代理人は無権代理人の責任を負わない**旨を規定する一方で、同号ただし書は、「**ただし、他人の代理人として契約をした者が自己に代理権がないことを知っていたときは、この限りでない。**」として、例外的に無権代理人が責任を負う旨を規定している。

以上により、正しい記述はウとエであり、したがって、正解は肢 4 となる。

No	科　目	区分	正答率	肢別解答率				
				1	2	3	4	5
6	民法	全体	83%	1%	3%	8%	83%	4%
		上位 10%	100%	0%	0%	0%	100%	0%

第7問 民法　不動産の物権変動　正解 5

ア正しい。

民法899条の2第1項により、本記述は正しい。民法899条の2第1項は、「**相続による権利の承継は、遺産の分割によるものかどうかにかかわらず、次条**〔注：民法900条〕**及び第901条の規定により算定した相続分を超える部分については、登記、登録その他の対抗要件を備えなければ、第三者に対抗することができない。**」と規定している。本記述において、共同相続人であるBは、甲土地の単独所有を第三者Dに対抗するためには、民法899条の2第1項により、自己の法定相続分を超える部分につき登記が必要となるところ、これを有していない。よって、Bは、Dに対し、単独での甲土地の所有権の取得を対抗することができない。

イ正しい。

最判昭25.12.19により、本記述は正しい。判例は、民法177条の「第三者」の意義について、当事者及びその包括承継人以外の者で、不動産に関する物権の得喪及び変更の登記欠缺を主張する正当の利益を有する者と解しているところ（大連判明41.12.15）、**権原なくして他人所有の不動産を占有する不法占有者は、**「正当の利益」を有する者ではなく、**「第三者」に含まれない**（最判昭25.12.19）。本記述において、Cは甲土地について正当な権原なく占有している不法占有者であり、「第三者」に当たらない。よって、Bは所有権の移転の登記をしなくても、Cに対し、甲土地の所有権の取得を対抗することができる。

ウ誤　り。

本記述は、甲土地の所有権の移転の効果は、AからBへの所有権の移転の登記をした時に生ずるとしている点で、誤っている。判例は、不動産所有権の譲渡をもってする代物弁済による効果について、債務消滅の効果は所有権移転登記手続の完了時まで生じないが、**代物弁済による所有権移転の効果は、原則として代物弁済契約の成立時に生じる**としている（最判昭57.6.4）。よって、甲土地の所有権移転の効果は、代物弁済契約の成立時点に生じることになる。

エ誤　り。

本記述は、Aは、Cに対し、甲土地の所有権のAへの復帰を対抗することができるとしている点で、誤っている。判例は、**取消後の第三者との関係では、取消しによる遡及的消滅による物権変動につき、民法177条を適用する**としている（大判昭17.9.30）。よって、詐欺取消し後に出現した第三者であるCは、甲土地の所有権移転登記を有していることから、Aは、Cに対し、甲土地の所有権の復帰を対抗することができない。

オ正しい。

最判平24.3.16により、本記述は正しい。判例は、「不動産の取得時効の完成後、所有権移転登記がされることのないまま、第三者が原所有者から抵当権の設定を受けて抵当権設定登記を了した場合において、上記不動産の時効取得者である占有者が、その後引き続き時効取得に必要な期間占有を継続したときは、上記占有者が上記**抵当権の存在を容認していたなど抵当権の消滅を妨げる特段の事情がない限り、上記占有者は、上記不動産を時効取得し、その結果、上記抵当権は消滅する**と解するのが相当である」としている（最判平24.3.16）。よって、Aは、抵当権の設定の事実を知らずにCによる登記後引き続き時効取得に必要な期間甲土地を占有し、取得時効を援用したのであるから、抵当権の消滅を主張することができる。

以上により、誤っている記述はウとエであり、したがって、正解は肢5となる。

No	科　目	区分	正答率	肢別解答率				
				1	2	3	4	5
7	民法	全体	88%	4%	3%	5%	0%	88%
		上位10%	97%	0%	3%	0%	0%	97%

第8問
民法

囲繞地通行権

正解
1

ア正しい。

最判昭47.4.14により、本記述は正しい。判例は、**袋地の所有権を取得した者は、所有権取得登記を経由しなくても囲繞地所有者に対して囲繞地通行権を主張することができる**としている（最判昭47.4.14）。その理由として、判例は、民法「210条において袋地の所有者が囲繞地を通行することができるとされているのも、相隣関係にある所有権共存の一態様として、囲繞地の所有者に一定の範囲の通行受忍義務を課し、袋地の効用を完からしめようとしているためである。このような趣旨に照らすと、袋地の所有者が囲繞地の所有者らに対して囲繞地通行権を主張する場合は、不動産取引の安全保護をはかるための公示制度とは関係がない」ということを挙げている。

イ誤　り。

本記述は、自動車による通行を前提とする囲繞地通行権を有しないとしている点で、誤っている。判例は、**自動車による通行を前提とする民法210条1項の通行権の成否・具体的内容は、他の土地について自動車による通行を認める必要性、周囲の土地の状況、自動車による通行が認められることにより他の土地の所有者が被る不利益など諸事情を総合考慮して判断される**としている（最判平18.3.16）。よって、自動車による通行を前提とする囲繞地通行権が認められないわけではない。

ウ正しい。

民法211条1項により、本記述は正しい。囲繞地通行権が認められる場合、**通行の場所及び方法は、通行権を有する者のために必要であり、かつ、他の土地のために損害が最も少ないものを選ばなければならない**（民法211条1項）。その趣旨は、隣接土地所有者間の利用を調節して、相互扶助を実現する点にある。

エ誤　り。

本記述は、残余地について特定承継が生じた場合には、消滅するとしている点で、誤っている。判例は、囲繞地通行権は、袋地に付着した物権的権利で残余地に課せられた物権的負担と解すべきとして、**共有物の分割により生じた袋地の所有者が有する残余地の囲繞地通行権**（民法213条1項）**は、残余地について特定承継が生じた場合でも消滅しない**としている（最判平2.11.20）。

オ誤　り。

本記述は、乙土地以外の囲繞地について囲繞地通行権を有することがあるとしている点で、誤っている。判例は、**一筆の土地を分筆したことにより生じた袋地の所有者は分筆前一筆であった残余地についてのみ囲繞地通行権を有するにすぎない**としている（最判昭37.10.30）。よって、本記述のBも、乙土地以外の囲繞地について囲繞地通行権を有していないことになる。

以上により、正しい記述はアとウであり、したがって、正解は肢１となる。

No	科　目	区分	正答率	肢別解答率				
				1	2	3	4	5
8	民法	全体	93%	93%	5%	1%	1%	1%
		上位 10%	100%	100%	0%	0%	0%	0%

第9問 民法 所有権の取得 正解 5

ア正しい。

原始取得とは、ある権利について、人から譲り受けるのではなく、新たに発生した権利を取得することをいう。この点、付合や混和、加工は、所有者の異なる2個以上の物が合わさって1個の物になったり、異なるものが混ざり合って識別不能になったり、また物に他人の工作が加えられたりして新たな物が作り出されることで**新たに権利としての所有権を取得することから、原始取得**と解される。したがって、本解答は正しい。

イ正しい。

民法243条前段により、本解答は正しい。民法243条前段は、「所有者を異にする数個の動産が、付合により、損傷しなければ分離することができなくなったときは、その合成物の所有権は、**主たる動産の所有者に帰属する。**」と規定している。その趣旨は、分離による社会的損失の防止という点にある。

ウ誤　り。

本解答は、動産の付合の規定により決定されるとしている点で、誤っている。判例は、建前に第三者が材料を供して工事を施し独立の不動産である建物に仕上げた場合、その建物の帰属は**民法246条2項の加工の規定によって決定される**としている（最判昭54.1.25）。判例の結論に賛成する学説は、その理由として、建物の建築のような場合には、動産と動産の単純な結合でなく、材料に対して施される工作が特段の価値を有するということを挙げている。

エ正しい。

民法246条1項ただし書により、本解答は正しい。民法246条1項は、「他人の動産に工作を加えた者（以下この条において「加工者」という。）があるときは、その加工物の所有権は、材料の所有者に帰属する。ただし、**工作によって生じた価格が材料の価格を著しく超えるときは、加工者がその加工物の所有権を取得する。**」と規定している。

オ誤　り。

本解答は、主従の区別が可能かどうかにかかわらずとしている点で、誤っている。民法245条。所有者を異にする物が混和して識別することができなくなった場合、**主従の区別をすることができないときは、**その混和の時における価格の割合に応じてその合成物を共有する（民法245条が準用する民法244条）。よって、甲液体と乙液体について主従の区別が不可能なときにAとBとが共有することになる。

以上により、誤っている解答はウとオであり、したがって、正解は肢5となる。

No	科　目	区分	正答率	肢別解答率				
				1	2	3	4	5
9	民法	全体	81%	4%	5%	2%	8%	81%
		上位10%	94%	0%	3%	3%	0%	94%

第10問 民法 共 有 正解 3

ア誤 り。

本記述は、B及びCの同意がなければ、自己の持分を放棄することができないとしている点で、誤っている。**持分は、共有者の自由な意思により放棄でき、他の共有者の同意は不要である。**よって、Aは、B及びCの同意がなくても自己の持分を放棄することができる。

イ正しい。

民法258条2項2号により、本記述は正しい。共有物の分割について共有者間に協議が調わないとき、又は協議をすることができないときは、その分割を裁判所に請求することができる（民法258条1項）。そして、裁判所は、①共有物の現物を分割する方法（同条2項1号）、②**共有者に債務を負担させて、他の共有者の持分の全部又は一部を取得させる方法**（同条2項2号）により、共有物の分割を命ずることができる。よって、裁判所は、Aに債務を負担させて、B及びCの持分全部を取得させる方法による分割を命ずることができる。

ウ正しい。

民法251条2項により、本記述は正しい。本記述において、Aは、甲土地にその形状又は効用の著しい変更を伴う変更を加えようとしているので、これは「共有物」の「変更」に当たる（民法251条1項）。そして、**共有者が他の共有者**を知ることができず、又は**その所在を知ることができないときは、裁判所は、共有者の請求により、当該他の共有者以外の共有者の同意を得て共有物に変更を加える旨の裁判をすることができる**（同条2項）。よって、Aは、裁判所に対し、Bの同意を得てその変更を加えることができる旨の裁判を請求することができる。

エ誤 り。

本記述は、BがDに甲土地の持分を譲渡したときは、Aは、Bに対してその債権を行使することができなくなるとしている点で、誤っている。債権者は債務者に対して履行を請求する権利を有しており、**債務者が共有持分を譲渡した場合には債権者がその共有持分の管理費用の支払を内容とする金銭債権を債務者に対して行使することができなくなるという規定は存在しない。**共有者の1人が共有物について他の共有者に対して有する債権は、その特定承継人に対しても行使できるとされており（民法254条）、共有者への当該債権の請求が認められていることは当然の前提となっている。

オ誤 り。

本記述は、賃貸借の存続期間の長短にかかわらず、B及びCの同意が必要であるとしている点で、誤っている。**共有の土地の5年を超えない賃貸借は、各共有者の持分の価格に従い、その過半数で設定することができる**（民法252条4項2号、1項前段）。よって、賃貸借の存続期間が5年を超えない場合には、B及びCの同意は必要でない。

以上により、正しい記述はイとウであり、したがって、正解は肢３となる。

No	科　目	区分	正答率	肢別解答率				
				1	2	3	4	5
10	民法	全体	86%	0%	0%	86%	8%	5%
		上位10%	100%	0%	0%	100%	0%	0%

第11問 民法　民法上の担保物権　正解 2

ア正しい。

民法 297 条 1 項により、本記述は正しい。**留置権者は、留置物から生ずる果実を収取し、他の債権者に先立って、これを自己の債権の弁済に充当することができる**（民法 297 条 1 項）。その趣旨は、簡易な決済を図るという点にある。

イ誤　り。

本記述は、債務者の総財産について存在するとしている点で、誤っている。動産の売買の先取特権は、動産の代価及びその利息に関し、**その動産について存在する**（民法 321 条）。その趣旨は、公平の確保という点にある。よって、債務者の総財産についてまでは存在しない。

ウ誤　り。

本記述は、質物の隠れた瑕疵によって生じた損害の賠償を担保しないとしている点で、誤っている。**質権は、**元本、利息、違約金、質権の実行の費用、質物の保存の費用及び債務の不履行又は**質物の隠れた瑕疵によって生じた損害の賠償を担保する**。ただし、設定行為に別段の定めがあるときは、この限りでない（民法 346 条）。

エ誤　り。

本記述は、設定行為に別段の定めがあっても、その債権の利息を請求することができないとしている点で、誤っている。民法 359 条前段、358 条。不動産質権者は、質物を使用収益する権利を有する反面（民法 356 条）、その債権の利息を請求することができないのが原則であるが（民法 358 条）、**設定行為に別段の定めがあるときは、その債権の利息を請求することができる**（民法 359 条前段）。

オ正しい。

金銭債権以外の債権の場合であっても、**その債権が不履行によって損害賠償請求権に転化して被担保債権になり得るので、金銭債権には限られない**（不登法 83 条 1 項 1 号かっこ書参照）。したがって、本記述は正しい。

以上により、正しい記述はアとオであり、したがって、正解は肢 2 となる。

No	科　目	区分	正答率	肢別解答率				
				1	2	3	4	5
11	民法	全体	82%	7%	82%	4%	2%	5%
		上位 10%	100%	0%	100%	0%	0%	0%

第12問 民法　留置権　正解 1

ア誤　り。

本解答は、留置している間は、必要費償還請求権の消滅時効は進行しないとしている点で、誤っている。**留置権の行使は、債権の消滅時効の進行を妨げない**（民法 300 条）。留置権の行使は、債権行使それ自体ではないため、時効完成猶予の効力を有しない。その趣旨は、留置権の行使により、目的物を留置していても、それは被担保債権そのものを行使しているとはいえず、債権の不行使の状態が存在していると考えられる点にある。

イ正しい。

民法 299 条 2 項本文により、本解答は正しい。**留置権者は、留置物について有益費を支出したときは、これによる価格の増加が現存する場合に限り、所有者の選択に従い、その支出した金額又は増価額を償還させることができる**（民法 299 条 2 項本文）。

ウ誤　り。

本解答は、留置権は、当然に消滅するとしている点で、誤っている。留置権者は、債務者の承諾を得なければ、留置物を使用し、賃貸し、又は担保に供することができない（民法 298 条 2 項本文）。そして、**留置権者が当該規定に違反したときは、債務者は、留置権の消滅を請求することができる**（民法 298 条 3 項）。留置権は、当然に消滅するわけではない。

エ正しい。

留置権には、優先弁済的効力が認められないため、**物上代位について規定した、民法 304 条を準用する規定は存在しない**。したがって、本解答は正しい。

オ正しい。

最判昭 47. 11. 16 参照により、本解答は正しい。**民法 295 条 1 項の「他人の物」とは、広く占有者以外の人に属する物という意味であり、債務者の物に限られない**ため（最判昭 47. 11. 16 参照）、誰の所有物であっても、民法 295 条の要件を充たせば、その上に留置権が成立する。

以上により、誤っている解答はアとウであり、したがって、正解は肢 1 となる。

No	科　目	区分	正答率	肢別解答率				
				1	2	3	4	5
12	民法	全体	80%	80%	7%	4%	4%	5%
		上位 10%	100%	100%	0%	0%	0%	0%

第13問 民法 先取特権 正解 2

ア誤 り。

本記述は、登記をしなくても、不動産売買の先取特権について登記をした者に優先して当該不動産から弁済を受けることができるとしている点で、誤っている。一般の先取特権は、不動産について登記をしなくても、特別担保を有しない債権者に対抗することができる。ただし、**登記をした第三者に対しては、この限りでない**（民法 336 条）。同条ただし書の場合にまで未登記の一般の先取特権者を優先することは、不動産取引の安全の見地から容認できないためである。既登記の特別の先取特権者は「登記をした第三者」に当たり、本記述においては、**一般の先取特権者が未登記で、不動産売買の先取特権者が既登記であるので、その点からも、不動産売買の先取特権者が優先する**（民法 177 条）。

イ正しい。

民法 332 条により、本記述は正しい。**同一の目的物について同一順位の先取特権者が数人あるときは、各先取特権者は、その債権額の割合に応じて弁済を受ける**（民法 332 条）。「目的物」は債務者の総財産をも包含するので、同条は一般先取特権にも適用される。

ウ誤 り。

本記述は、まず不動産から弁済を受けなければならないとしている点で、誤っている。一般の先取特権者は、**まず不動産以外の財産から弁済を受け**、なお不足があるのでなければ、不動産から弁済を受けることができない（民法 335 条 1 項）。その趣旨は、順序を定めることで、他の債権者に損害が及ばないようにする点にある。

エ正しい。

民法 331 条 2 項により、本記述は正しい。同一の不動産について売買が順次された場合には、売主相互間における不動産売買の先取特権の優先権の順位は、**売買の前後による**（民法 331 条 2 項）。

オ正しい。

民法 340 条により、本記述は正しい。**不動産の売買の先取特権の効力を保存するためには、売買契約と同時に、不動産の代価又はその利息の弁済がされていない旨を登記しなければならない**（民法 340 条）。

以上により、誤っている記述はアとウであり、したがって、正解は肢 2 となる。

No	科 目	区分	正答率	肢別解答率				
				1	2	3	4	5
13	民法	全体	87%	4%	87%	3%	4%	3%
		上位 10%	97%	0%	97%	0%	3%	0%

第 14 問 民法 動産質 正解 2

ア正しい。

民法 350 条、297 条 1 項により、本記述は正しい。民法 350 条により、留置権者による果実の収取の規定である民法 297 条 1 項が準用される。そして、民法 297 条 1 項は、「留置権者は、留置物から生ずる**果実を収取し、他の債権者に先立って、これを自己の債権の弁済に充当することができる。**」と規定している。

イ誤　り。

本記述は、現実に引き渡さなければ、その効力を生じないとしている点で、誤っている。質権の設定は、目的物が債権者に引き渡されることによって効力を生じる（民法 344 条)。もっとも、**引渡しには、**現実の引渡し（民法 182 条 1 項）の他にも**簡易の引渡し**（民法 182 条 2 項）や**指図による占有移転**（民法 184 条）**が含まれる。**よって、質権の設定は、債権者にその目的物を現実に引き渡さなくてもその効力が生じる場合がある。

ウ正しい。

民法 348 条前段により、本記述は正しい。質権者は、その権利の存続期間内において、**自己の責任で、質物について、転質をすることができる**（民法 348 条前段)。

エ誤　り。

本記述は、保存のために質物の使用の必要がない場合において、質権設定者の承諾なく質物を使用することができるとしている点で、誤っている。留置権者による留置物の保管等の規定（民法 298 条）が質権に準用されている（民法 350 条)。そして、民法 298 条 2 項は、「留置権者は、**債務者の承諾を得なければ、**留置物を**使用**し、賃貸し、又は担保に供することが**できない。**ただし、その物の保存に必要な使用をすることは、この限りでない。」と規定している。よって、質権者は、その物の保存に必要がない場合において、質権設定者の承諾なく質物を使用することができない。

オ誤　り。

本記述は、裁判所は、当該請求を棄却するとの判決をするのではなく、被担保債権の弁済と引換えに目的物を引き渡せとの引換給付判決をしなければならないとしている点で、誤っている。判例は、質物の所有者は、まず、被担保債権の弁済をしなければ、その物の引渡しを受けることができないとする（大判大 9.3.29)。よって、本記述においても、**裁判所は当該請求を棄却しなければならない。**

以上により、正しい記述はアとウであり、したがって、正解は肢 2 となる。

No	科　目	区分	正答率	肢別解答率				
				1	2	3	4	5
14	民法	全体	56%	27%	56%	12%	4%	2%
		上位 10%	89%	6%	89%	6%	0%	0%

第 15 問 民法 根抵当権 正解 3

ア誤　り。

本記述は、その満期となった最後の2年分についてのみ、その根抵当権を行使することができるとしている点で、誤っている。民法398条の3第1項は、**根抵当権の被担保債権の範囲について、確定した元本や利息その他の定期金及び債務不履行によって生じた損害賠償の全部について、極度額を限度として、その根抵当権を行使できる**とする。根抵当権には民法375条が適用されない。

イ正しい。

民法398条の4第3項により、本記述は正しい。元本の確定前に根抵当権の担保すべき債権の範囲を変更する場合、**元本の確定前に変更の登記がなされないと、その変更をしなかったものとみなされる**（民法398条の4第3項）。根抵当権の物権としての内容を変更する物権的行為であり、登記がその効力発生要件とされている。

ウ誤　り。

本記述は、元本の確定前において、民法376条1項後段の規定による根抵当権の処分をすることができるとしている点で、誤っている。**元本の確定前においては、根抵当権者は、民法376条1項後段の規定による根抵当権の処分（同一の債務者に対する他の債権者の利益のためにその根抵当権又はその順位を譲渡し、又は放棄する処分）をすることができない**（民法398条の11第1項本文）。確定前の根抵当権は被担保債権が発生と消滅を繰り返すため、被担保債権が弁済されずに存在することを前提とする民法376条1項後段による処分に適さないからである。

エ誤　り。

本記述は、根抵当権者が破産手続開始の決定を受けたときとしている点で、誤っている。民法398条の20第1項4号は、**債務者又は根抵当権設定者が破産手続開始の決定を受けたとき**は、根抵当権の担保すべき元本は確定するとしている。このようなときには、根抵当権を流動性ある状態で利用することが考えられないためである。根抵当権者が破産手続開始の決定を受けたことは、元本確定事由となっていない。

オ正しい。

民法398条の22第1項前段により、本記述は正しい。民法398条の22第1項前段は、「**元本の確定後において現に存する債務の額が根抵当権の極度額を超えるときは、他人の債務を担保するためその根抵当権を設定した者…は、その極度額に相当する金額を払い渡し又は供託して、その根抵当権の消滅請求をすることができる。**」としている。一種の抵当権消滅請求権であり、極度額を超える債権は無担保債権になる。

以上により、正しい記述はイとオであり、したがって、正解は肢3となる。

No	科　目	区分	正答率	肢別解答率				
				1	2	3	4	5
15	民法	全体	82%	3%	1%	82%	5%	10%
		上位 10%	100%	0%	0%	100%	0%	0%

第16問 民法 履行遅滞 正解 1

ア正しい。

民法 412 条 2 項により、本記述は正しい。債務の履行について不確定期限があるときは、債務者は、その**期限の到来した後に履行の請求を受けた時又はその期限の到来したことを知った時のいずれか早い時から**遅滞の責任を負う（民法 412 条 2 項）。不確定期限とは、将来必ず到来するが、それがいつかは不確定なものをいい、本記述のような「Aが死亡したら履行する」というような合意がある場合はこれに当たる。Aが死亡すると、期限が到来して、債務者に対して履行を請求することができるようになる（民法 135 条 1 項）が、その時から直ちに債務者が遅滞に陥るわけではなく、①Aの死亡後に債務者が履行の請求を受けるか、②履行の請求はないが、債務者がAの死亡を知った時のいずれか早い時から履行遅滞となる。

イ誤　り。

本記述は、期限の到来した時から遅滞の責任を負うとしている点で、誤っている。期限の定めのある債務は、期限の到来した時から履行遅滞となる（民法 412 条 1 項）が、**指図証券の債務者は、その債務の履行について期限の定めがあるときであっても、その期限が到来した後に所持人がその証券を提示してその履行の請求をした時から遅滞の責任を負う**（民法 520 条の 9）。

ウ正しい。

最判平 30.12.14 により、本記述は正しい。判例は、詐害行為取消しによる受益者の取消債権者に対する受領済みの金員相当額の支払債務は、「**履行の請求を受けた時に遅滞に陥る**」としている（最判平 30.12.14）。その理由について、判例は、「詐害行為取消しによる受益者の取消債権者に対する受領金支払債務が、詐害行為取消判決の確定より前に遡って生じないとすれば、受益者は、受領済みの金員に係るそれまでの運用利益の全部を得ることができることとなり、相当ではない。したがって、上記受領金支払債務は、詐害行為取消判決の確定により受領時に遡って生ずるものと解すべきである。そして、上記受領金支払債務は期限の定めのない債務であるところ、これが発生と同時に遅滞に陥ると解すべき理由はなく、また、詐害行為取消判決の確定より前にされたその履行の請求も民法 412 条 3 項の『履行の請求』に当たるということができる」ということを挙げている。

エ誤　り。

本記述は、履行の請求を受けた時から遅滞の責任を負うとしている点で、誤っている。消費貸借契約において、当事者が返還の時期を定めなかったときは、貸主は、相当の期間を定めて返還の催告をすることができる（民法 591 条 1 項）。その上で、判例は、相当の期間を明示せず、又は、不相当な期間による催告をした場合であっても、催告の時から借主が返還の準備をするのに相当の期間を経過すれば、貸主は返還請求をすることができ、借主は履行遅滞に陥るとしている（大判昭 5.1.29）。よって、返還期限の定めのない貸金返還債務の債務者は、**催告を受けた時から相当の期間経過後に**、履行遅滞の責任を負う。

オ誤　り。

本記述は、履行の請求を受けた時から遅滞の責任を負うとしている点で、誤っている。法定債務については、原則として期限の定めのない債務として成立すると解されているが、不法行為に基づく損害賠償債務について、判例は、不法行為に基づく損害「賠償債務は、**損害の発生と同時に、なんらの催告を要することなく、遅滞に陥る**ものと解するのが相当である」としている（最判昭 37. 9. 4）。

以上により、正しい記述はアとウであり、したがって、正解は肢1となる。

No	科　目	区分	正答率	肢別解答率				
				1	2	3	4	5
16	民法	全体	58%	58%	18%	21%	2%	1%
		上位 10%	80%	80%	9%	11%	0%	0%

第 17 問 民法 債権者代位権

正解 1

ア正しい。

大判昭 5. 7. 14、最判昭 39. 4. 17 により、本記述は正しい。判例は、**債権者が、債務者に代位してその債務者に属する代位権を行使することを認めている。**よって、本記述においても、Aは、Bが有する債権者代位権を代位行使することができる。

イ誤　り。

本記述は、AはCに対し、甲土地につきCからAへの所有権移転登記手続をすることを請求できるとしている点で、誤っている。**登記又は登録をしなければ権利の得喪及び変更を第三者に対抗することができない財産を譲り受けた者は、**その**譲渡人が第三者に対して有する登記手続又は登録手続をすべきことを請求する権利**を行使しないときは、その権利を**行使することができる**（民法 423 条の 7）。したがって、所有権移転登記手続請求権も債権者代位権行使の対象となるが、これによって直接にCからAに登記名義が移転するのではない。そして、直接請求権を認める民法 423 条の 3 前段は、「債権者は、被代位権利を行使する場合において、**被代位権利が金銭の支払又は動産の引渡しを目的とするものであるとき**は、相手方に対し、その支払又は引渡しを自己に対してすることを求めることができる。」と規定しているところ、本記述における被代位権利であるBのCに対する所有権移転登記手続請求権は、金銭の支払又は動産の引渡しを目的とするものではないので、AはCに対し、甲土地につきCからAへの所有権移転登記手続をすることを請求することはできない。

ウ誤　り。

本記述は、乙債権について、消滅時効の完成は猶予されないとしている点で、誤っている。債権者代位権によって、被代位権利を行使すると、**裁判外の行使であれば、催告**（民法 150 条 1 項）**となり、代位訴訟の提起による裁判上の行使であれば、裁判上の請求**（民法 147 条 1 項 1 号）**となって、被代位権利の消滅時効は、完成が猶予される。**よって、Aが乙債権を代位行使した場合、乙債権について、消滅時効の完成が猶予される。

エ正しい。

民法 423 条の 5 前段により、本記述は正しい。**債権者が被代位権利を行使した場合であっても、債務者は、被代位権利について、自ら取立てその他の処分をすることを妨げられない**（民法 423 条の 5 前段）。そして、債権者は、被代位権利の行使に係る訴えを提起したときは、遅滞なく、債務者に対し、訴訟告知をしなければならない（民法 423 条の 6）が、当該**訴訟告知がなされても債務者は被代位権利について処分権限を失うわけではない。**よって、AがCに対して乙債権の代位行使に係る訴えを提起し、Bに対して訴訟告知をした後であっても、Bは乙債権を第三者のDに譲渡することができる。

オ誤　り。

本記述は、同時履行の抗弁権をもって対抗することはできないとしている点で、誤っている。**債権者が被代位権利を行使したときは、相手方は、債務者に対して主張することができる抗弁をもって、債権者に対抗することができる**（民法423条の4）。よって、相手方であるCは、債務者であるBに対して主張できる同時履行の抗弁権をもって、債権者であるAに対して対抗することができる。

以上により、正しい記述はアとエであり、したがって、正解は肢1となる。

No	科　目	区分	正答率	肢別解答率				
				1	2	3	4	5
17	民法	全体	89%	89%	4%	2%	3%	2%
		上位10%	100%	100%	0%	0%	0%	0%

第 18 問 民法　請 負　正解 2

ア正しい。

民法 633 条本文により、本記述は正しい。請負契約において、報酬は、物の引渡しを要するときは、**引渡しと同時に**（民法 633 条本文）、引渡しを要しないときは、仕事が終了した後に支払わなければならない（同条ただし書、624 条 1 項）。仕事の完成に対して報酬が支払われるという請負の性質から、報酬の後払の原則を定めたものである。

イ誤　り。

本記述は、請負人が仕事を完成した後であっても、注文者はいつでも損害を賠償して契約を解除することができるとしている点で、誤っている。**請負人が仕事を完成しない間は、**注文者は、いつでも損害を賠償して契約の解除をすることができる（民法 641 条）。その趣旨は、請負契約は注文者の利益のためになされるものであるから、注文者が必要ではないとした場合にまで仕事を完成させる必要はないという点、他方、請負人としては、報酬の代わりに損害賠償を得られれば十分であるため、注文者の判断で契約を終了させることを認めてもよいという点にある。よって、**注文者による請負契約の任意解除は、仕事の完成前に限られる。**目的物の引渡しを要する請負契約においては、引渡し前であっても、仕事が完成していれば、注文者は同契約を任意解除することはできない。

ウ誤　り。

本記述は、注文者が破産手続開始の決定を受けたときは、請負人は、仕事を完成した後であっても請負契約を解除することができるとしている点で、誤っている。注文者が破産手続開始の決定を受けたときは、請負人又は破産管財人は、契約の解除をすることができる。ただし、**請負人による契約の解除については、仕事を完成した後は、この限りでない**（民法 642 条 1 項）。同項ただし書の趣旨は、請負契約では、請負人の債務が先履行となるため、仕事完成前に注文者が破産すると、報酬の支払が確保できないにもかかわらず仕事を続行させられるという状況が生じるおそれがあり、これを回避する必要があるのに対して、仕事の完成後はその必要はないことから、請負人の解除権を認めないという点にある。よって、注文者が破産手続開始の決定を受けたときは、請負人は、仕事を完成した後は、請負契約を解除することができない。

エ誤　り。

本記述は、請負人がその材料が不適当であることを知らなかったときでも、注文者が履行の追完の請求をすることができるとしている点で、誤っている。**請負人が**種類又は**品質に関して契約の内容に適合しない仕事の目的物を注文者に引き渡したとき**（その引渡しを要しない場合にあっては、仕事が終了した時に仕事の目的物が種類又は品質に関して契約の内容に適合しないとき）は、**注文者は、注文者の供した材料の性質**又は注文者の与えた指図に**よって生じた不適合を理由として、履行の追完の請求**、報酬の減額の請求、損害賠償の請求及び契約の解除**をすることができない。ただし、請負人がその材料又は指図が不適当であることを知りながら告げなかったときは、この限りでない**（民法 636 条）。同条ただし書の場合には、請負人の注文者に対する通知によって不適合を防ぐことができるため、請負人の責任を認めるのが相当といえるが、材料が不適当であることを知らなかった本記述における請負人はこれに当たらない。

オ正しい。

民法 634 条柱書、同条 2 号により、本記述は正しい。民法 634 条柱書は、「**次に掲げる場合において、請負人が既にした仕事の結果のうち可分な部分の給付によって注文者が利益を受けるときは、その部分を仕事の完成とみなす。この場合において、請負人は、注文者が受ける利益の割合に応じて報酬を請求することができる。**」と規定し、同条 2 号は、「**請負が仕事の完成前に解除されたとき。**」と規定している。

以上により、正しい記述はアとオであり、したがって、正解は肢 2 となる。

No	科　目	区分	正答率	肢別解答率				
				1	2	3	4	5
18	民法	全体	72%	3%	72%	3%	21%	1%
		上位 10%	97%	0%	97%	0%	3%	0%

第19問 民法　委任　正解 4

ア正しい。

民法644条の2第1項により、本記述は正しい。委任においては、受任者個人に対する委任者の信頼が契約の基礎となっていることから、**受任者は、**事務を処理するに当たって、単純な補助者として第三者を使う場合は別として、自ら委任事務を処理しなければならず、**委任者の許諾を得たとき又はやむを得ないときでなければ、復受任者を選任することができない**（民法644条の2第1項）。

イ誤　り。

本記述は、支出の日以後におけるその利息の償還を請求することができないとしている点で、誤っている。受任者は、委任事務を処理するのに必要と認められる費用を支出したときは、委任者に対し、**その費用及び支出の日以後におけるその利息の償還を請求することができる**（民法650条1項）。委任が有償か否かにかかわらず、法定利率による利息を請求できる。

ウ正しい。

民法650条2項前段、最判昭47.12.22により、本記述は正しい。受任者は、委任事務を処理するのに必要と認められる債務を負担したときは、委任者に対し、自己に代わってその弁済をすることを請求することができる（民法650条2項前段）。そして、判例は、「**委任者は、受任者が同法650条2項前段の規定に基づき委任者をして受任者に代わつて第三者に弁済をなさしめうる権利を受働債権とし、委任者が受任者に対して有する金銭債権を自働債権として相殺することはできない**」としている（最判昭47.12.22）。その理由として、判例は、民法650条2項は受任者の負う債務を免れさせるために定めているのであり、受任者の有するこの代弁済請求権は、通常の金銭債権とは異なる目的を有するものであって、委任者が受任者に対して有する金銭債権と同種の目的を有する権利ということはできず、民法505条1項の相殺の要件を欠くこと、また、このような相殺を許すとすれば、受任者に自己資金をもってする費用の立替払を強要する結果となり、民法650条2項を設けた趣旨が完うされないことを挙げている（最判昭47.12.22）。

エ誤　り。

本記述は、その利益が専ら受任者が報酬を得ることによるものであるときであっても、これを解除した委任者は、受任者の損害を賠償する義務を負うとしている点で、誤っている。委任は、各当事者がいつでも解除できる（民法651条1項）。もっとも、「委任者が受任者の利益（**専ら報酬を得ることによるものを除く。**）をも目的とする委任を解除したとき」（民法651条2項2号）は、解除した委任者は、相手方の損害を賠償しなければならない（民法651条2項本文）。よって、受任者の利益をも目的とする委任契約において、受任者の利益が専ら受任者が報酬を得ることによるものであるときは、これを解除した委任者は、受任者の損害を賠償する義務を負わない。

オ正しい。

民法 652 条、620 条前段により、本記述は正しい。民法 652 条が準用する民法 620 条前段により、**委任契約の解除は将来に向かってのみその効力を生ずる**。継続的契約関係である委任の解除には、遡及効がない。

以上により、誤っている記述はイとエであり、したがって、正解は肢 4 となる。

No	科　目	区分	正答率	肢別解答率				
				1	2	3	4	5
19	民法	全体	56%	4%	4%	33%	56%	3%
		上位 10%	83%	0%	3%	14%	83%	0%

第20問 民法 養 子 正解 4

ア誤 り。

本記述は、普通養子縁組の届出をするには、証人を要しないとしている点で、誤っている。縁組は、戸籍法の定めるところにより届け出ることによって、その効力を生ずる（民法799条・739条1項)。当該届出は、当事者双方及び**成年の証人2人以上**が署名した書面で、又はこれらの者から口頭でしなければならない（民法799条・739条2項)。

イ誤 り。

本記述は、父の同意が不要であるとしている点で、誤っている。養子となる者が15歳未満であるときは、その法定代理人が、これに代わって、縁組の承諾をすることができる（民法797条1項)。法定代理人が当該承諾をするには、養子となる者の父母でその監護すべき者であるものが他にあるときは、その同意を得なければならない(民法797条2項前段)。また、**養子となる者の父母で親権を停止されているものがあるときも、その同意を得なければならない**（民法797条2項後段)。

ウ正しい。

民法817条の5第1項後段により、本記述は正しい。特別養子縁組を成立させる旨の請求時に15歳に達している者は、養子となることができない（民法817条の2第1項、817条の5第1項前段)。また、**特別養子縁組が成立するまでに18歳に達した者についても同様**である（民法817条の5第1項後段)。

エ誤 り。

本記述は、養子縁組の日から、養子の子と養親及びその血族との間において、血族間におけるのと同一の親族関係が生ずるとしている点で、誤っている。養子と養親及びその血族との間においては、養子縁組の日から、血族間におけるのと同一の親族関係を生ずる（民法727条)。**養子縁組は、養親側に養子だけを取り込む制度であり、縁組より前に養子に生じている身分関係は、養親には関係がない**。判例も、養子縁組より前に生まれた養子の直系卑属と養親との間には親族関係を生じないとしている(大判昭7.5.11)。したがって、縁組前の養子の子と養親及びその血族間に親族関係は生じない。

オ正しい。

民法811条6項により、本記述は正しい。**縁組の当事者の一方が死亡した後に生存当事者が離縁をしようとするときは、家庭裁判所の許可を得て、これをすることができる**（民法811条6項)。家庭裁判所の許可を要求する趣旨は、財産の持ち逃げを許すような事態を防ぐという点にある。

以上により、正しい記述はウとオであり、したがって、正解は肢4となる。

No	科 目	区分	正答率	肢別解答率				
				1	2	3	4	5
20	民法	全体	51%	18%	23%	2%	51%	5%
		上位10%	86%	0%	11%	0%	86%	3%

第21問 民法　未成年後見　正解 2

ア正しい。

民法839条1項ただし書により、本記述は正しい。未成年者に対して最後に親権を行う者は、遺言で、未成年後見人を指定することができる。ただし、**管理権を有しない者は、この限りでない**（民法839条1項）。

イ誤　り。

本記述は、職権で未成年後見人を選任することができるとしている点で、誤っている。**家庭裁判所による未成年後見人の選任には未成年被後見人等の請求を要するとされ、家庭裁判所の職権による選任は認められていない**（民法840条1項）。なお、未成年後見人がある場合においても、家庭裁判所は、必要があると認めるときは、未成年後見人・未成年被後見人・その親族・利害関係人の請求又は職権で、更に未成年後見人を選任することができる（民法840条2項）。また、成年後見人については、職権で選任する（民法843条1項）。

ウ誤　り。

本記述は、各未成年後見人は未成年被後見人の身上監護権を単独で行使することができるとしている点で、誤っている。**未成年後見人が数人あるとき**（民法840条2項参照）**は、共同してその権限を行使する**（民法857条の2第1項）。よって、各未成年後見人は、未成年被後見人の身上の監護に関する権限を単独で行使することはできない。

エ正しい。

民法840条3項かっこ書参照により、本記述は正しい。民法840条3項は、「未成年後見人を選任するには、未成年被後見人の年齢、心身の状態並びに生活及び財産の状況、未成年後見人となる者の職業及び経歴並びに未成年被後見人との利害関係の有無（**未成年後見人となる者が法人であるときは、**その事業の種類及び内容並びにその法人及びその代表者と未成年被後見人との利害関係の有無）、未成年被後見人の意見その他一切の事情を考慮しなければならない。」と規定しており、家庭裁判所は、法人を未成年後見人に選任することができる。

オ誤　り。

本記述は、親権を喪失した父又は母は、未成年後見人の選任を家庭裁判所に請求することができないとしている点で、誤っている。父若しくは母が親権若しくは管理権を辞し、又は**父若しくは母について親権喪失**、親権停止若しくは管理権喪失**の審判があったことによって未成年後見人を選任する必要が生じたときは、その父又は母は、遅滞なく未成年後見人の選任を家庭裁判所に請求しなければならない**（民法841条）。

以上により、正しい記述はアとエであり、したがって、正解は肢2となる。

No	科　目	区分	正答率	肢別解答率				
				1	2	3	4	5
21	民法	全体	23%	5%	23%	62%	1%	9%
		上位10%	29%	0%	29%	63%	3%	6%

第22問 民法 相続の限定承認 正解 2

ア誤　り。

本記述は、受遺者と相続債権者との、弁済の順序が逆になっている点で、誤っている。限定承認者は、**相続債権者に弁済した後でなければ**、受遺者に弁済をすることができない（民法931条）。

イ正しい。

民法935条により、本記述は正しい。民法935条は、「**第927条第1項の期間内に同項の申出をしなかった相続債権者及び受遺者で限定承認者に知れなかったものは、残余財産についてのみその権利を行使することができる。ただし、相続財産について特別担保を有する者は、この限りでない。**」と規定している。なお、同条ただし書の「特別担保を有する」場合とは、相続財産の一部又は全部の上に担保権、具体的には先取特権、質権、抵当権などの優先弁済権を有する場合である。

ウ正しい。

民法936条1項により、本記述は正しい。民法936条1項は、「**相続人が数人ある場合には、家庭裁判所は、相続人の中から、相続財産の清算人を選任しなければならない。**」と規定している。なお、従来「相続財産の管理人」とされてきたものが、改正により「相続財産の清算人」と改められた。

エ正しい。

民法929条本文、930条1項により、本記述は正しい。民法929条本文は、「第927条第1項の期間が満了した後は、限定承認者は、相続財産をもって、その期間内に同項の申出をした相続債権者その他知れている相続債権者に、それぞれその債権額の割合に応じて弁済をしなければならない。」と規定している。そして、民法930条1項は、「**限定承認者は、弁済期に至らない債権であっても、前条**〔注：民法929条〕**の規定に従って弁済をしなければならない。**」と規定している。

オ誤　り。

本記述は、共同相続人の全員に対し、その相続分に応じて権利を行使することができるとしている点で、誤っている。限定承認をした共同相続人の1人又は数人が、相続財産を処分したときは、相続債権者は、相続財産をもって弁済を受けることができなかった債権額について、**当該共同相続人に対し**、その相続分に応じて権利を行使することができる（民法937条、921条1号）。民法921条1号に該当する者以外の相続人には限定承認の効果が維持されるが、当該共同相続人は単純承認した場合と同等の責任を負う。

以上により、誤っている記述はアとオであり、したがって、正解は肢2となる。

No	科　目	区分	正答率	肢別解答率				
				1	2	3	4	5
22	民法	全体	24%	38%	24%	11%	4%	22%
		上位10%	43%	37%	43%	6%	0%	14%

第23問 民法

遺言

正解 2

ア正しい。

最判昭46.11.16により、本記述は正しい。判例は、「**被相続人が、生前、その所有にかかる不動産を推定相続人の1人に贈与したが、その登記未了の間に、他の推定相続人に右不動産の特定遺贈をし、その後相続の開始があつた場合、右贈与および遺贈による物権変動の優劣は、対抗要件たる登記の具備の有無をもつて決する**と解するのが相当であり、この場合、受贈者および受遺者が、相続人として、被相続人の権利義務を包括的に承継し、受贈者が遺贈の履行義務を、受遺者が贈与契約上の履行義務を承継することがあつても、このことは右の理を左右するに足りない」としている。

イ誤　り。

本記述は、遺言は、2人以上の者が同一の証書ですることもできるとしている点で、誤っている。**遺言は、2人以上の者が同一の証書ですることができない**（民法975条）。その趣旨は、2人以上の者が互いに関連のあるものとして遺言をすれば、各自の遺言の自由や遺言撤回の自由を制約することになるので、それを禁止する点にある。

ウ誤　り。

本記述は、受遺者は、遺言者の死亡前であっても、遺贈の放棄をすることができるとしている点で、誤っている。民法986条1項は、「受遺者は、**遺言者の死亡後**、いつでも、遺贈の放棄をすることができる。」と規定している。よって、受遺者は、遺言者の死亡前に遺贈の放棄をすることはできない。

エ誤　り。

本記述は、当該遺言は、自筆証書による遺言の方式を具備しているときであっても、自筆証書による遺言として有効とはならないとしている点で、誤っている。民法971条は、「**秘密証書による遺言は、前条に定める方式に欠けるものがあっても、第968条**〔注：自筆証書遺言〕**に定める方式を具備しているときは、自筆証書による遺言としてその効力を有する。**」と規定している（無効行為の転換）。よって、秘密証書による遺言に方式に欠けるものがある場合でも、当該遺言が自筆証書による遺言の方式を具備しているときは、自筆証書による遺言として有効となる。

オ正しい。

民法976条4項により、本記述は正しい。民法976条4項は、「**前3項の規定によりした遺言**〔注：死亡の危急に迫った者の遺言〕**は、遺言の日から20日以内に、証人の1人又は利害関係人から家庭裁判所に請求してその確認を得なければ、その効力を生じない。**」と規定している。死亡の危急に迫った者の遺言においては、遺言者が遺言内容を口授するのみで遺言証書の作成に関与しないため、家庭裁判所による確認を要求している。

以上により、正しい記述はアとオであり、したがって、正解は肢2となる。

No	科 目	区分	正答率	肢別解答率				
				1	2	3	4	5
23	民法	全体	79%	1%	79%	3%	1%	15%
		上位 10%	100%	0%	100%	0%	0%	0%

第24問 刑法　刑法の適用範囲　正解 3

ア正しい。

刑法1条1項により、本記述は正しい。刑法は、日本国内において罪を犯したすべての者に適用される（刑法1条1項）。**「日本国内において罪を犯した」とは、構成要件の一部をなす行為が日本国内で行われた場合、又は、構成要件の一部である結果が日本国内で発生した場合を指す**。本記述では、外国人Aは、外国人Bから日本での絵画の買付けを依頼され、その代金として日本国内の銀行に開設したAの銀行口座に振り込まれた金銭を、日本国内において、業務のため預かり保管中、これを払い出して、日本人Cに対する自己の借金の返済に費消している。すなわち、Aは、日本国内において、業務上横領罪の構成要件の一部をなす実行行為を行い、かつ、同罪の構成要件の一部である結果も発生させている。よって、Aは「日本国内において罪を犯した」といえるため、Aには、刑法が適用され、業務上横領罪が成立する。

イ誤　り。

本記述は、Aには、我が国の刑法の適用はなく、強盗罪は成立しないとしている点で、誤っている。自国又は自国民の利益を保護する観点から、犯人の国籍及び犯罪地のいかんを問わず、自国の刑法を適用する立法主義を保護主義という。日本国民の利益を保護するという保護主義の観点から、刑法3条の2は、**日本国外において日本国民に対して一定の罪を犯した日本国民以外の者に刑法を適用する**と規定し、同条6号は、「**第236条（強盗）**」が掲げられている。本記述では、外国人Aは、外国のホテルの客室内において、日本人Bに対し、けん銃を突きつけて脅した上で、ロープでBを緊縛し、Bの反抗を抑圧した状態で現金等在中の財布を強奪している。すなわち、外国人であるAは、日本国外において、日本国民であるBに対して、強盗（刑法236条1項）の罪を犯している。よって、Aは「日本国外において日本国民に対して」「第236条（強盗）」の「罪を犯した日本国民以外の者」といえるため、Aには、刑法が適用され、強盗罪が成立する。

ウ正しい。

刑法2条6号により、本記述は正しい。日本の国益を保護するという保護主義の観点から、刑法2条は、**日本国外において一定の罪を犯したすべての者に刑法を適用する**と規定し、同条6号には、「**第162条（有価証券偽造等）**」が掲げられている。本記述では、外国人Aは、日本国内で使用する目的で、外国において、日本国内で流通する有価証券を偽造している。すなわち、Aは、日本国外において、有価証券偽造（刑法162条1項）の罪を犯している。よって、Aは「日本国外において」「第162条（有価証券偽造等）」の「罪を犯した」といえるため、有価証券偽造罪が成立する。

エ誤　り。

本記述は、Aには、我が国の刑法の適用はなく、現住建造物等放火罪は成立しないとしている点で、誤っている。自国の国民によって犯された犯罪については、その犯罪地のいかんを問わず、自国の刑罰法規を適用する立法主義を（積極的）属人主義という。そのような属人主義の観点から、刑法３条は、**日本国外において一定の罪を犯した日本国民に刑法を適用する**と規定している。そして、同条１号には、「**第 108 条（現住建造物等放火）**」が掲げられている。本記述では、日本人Ａは、外国において、現に外国人Ｂが住居として使用する木造家屋に放火して、これを全焼させている。すなわち、日本国民であるＡは、日本国外において、現住建造物等放火（刑法 108 条）の罪を犯している。よって、Ａは「日本国外において」「第 108 条（現住建造物等放火）」の「罪を犯した日本国民」といえるため、Ａには、刑法が適用され、現住建造物等放火罪が成立する。

オ正しい。

刑法２条、３条、３条の２、４条、４条の２参照により、本記述は正しい。**国外犯（犯罪地が国内にない場合）は、国外犯処罰規定**（刑法２条、３条、３条の２、４条、４条の２）**がない限り、処罰の対象とならない。**本記述の犯罪のうち、私文書偽造、同行使については、外国人Ａが、外国において、外国人Ｃ名義の保証書を偽造してこれを行使したという態様であるため、日本国の社会的法益とは関係がなく、刑法１条ないし４条に照らして、刑法が適用される犯罪ではない。本記述の犯罪のうち、詐欺罪（刑法 246 条１項）については、日本国民以外の者の日本国民に対する国外犯であるため、刑法１条、３条及び４条は適用されない。刑法２条は、日本国外において一定の罪を犯したすべての者に刑法が適用されると規定しているが、同条各号に詐欺罪は掲げられていない。よって、刑法２条の適用もない。刑法３条の２は、日本国外において日本国民に対して一定の罪を犯した日本国民以外の者に刑法が適用されると規定しているが、ここにも詐欺罪は掲げられていない。よって、刑法３条の２の適用もない。なお、刑法４条の２は、条約による国外犯にも刑法が適用される旨を規定しているが、本記述のような一般的な詐欺事犯に関する条約もないため、同条の適用もない。以上のことから、本記述の事案において、Ａに刑法は適用されない。

以上により、誤っている記述はイとエであり、したがって、正解は肢３となる。

No	科　目	区分	正答率	肢別解答率				
				1	2	3	4	5
24	刑法	全体	62%	4%	3%	62%	25%	5%
		上位 10%	80%	0%	0%	80%	20%	0%

第25問 刑法 共犯 正解 5

1誤　り。

本記述は、教唆犯は成立しないとしている点で、誤っている。刑法61条2項は、「教唆者を教唆した者についても、前項と同様とする。」と規定しており、同条1項は、「人を教唆して犯罪を実行させた者には、正犯の刑を科する。」と規定している。すなわち、**教唆犯を教唆した者も、教唆犯として処罰される。**このような類型を、間接教唆という。よって、本記述の場合には教唆犯が成立する。

2誤　り。

本記述は、唆された者が実際に当該犯罪の実行に着手しなくても、教唆犯が成立するとしている点で、誤っている。本記述のように、唆された者が実際に当該犯罪の実行に着手しなかった場合を、教唆の未遂という。教唆の未遂については、教唆行為がなされれば、教唆者の反社会性や犯罪的な危険性が発現しているといえることから、その時点で未遂犯（刑法43条）として処罰できるとする見解（実行独立性説）と、未遂犯が成立する要件としては実行の着手が必要であり、それは結果発生の現実的危険が生じたときに認められることから、まさに正犯、すなわち**被教唆者が実行に着手してはじめて教唆犯が成立すると考える見解（実行従属性説）**とがある。この点、**判例は、一貫して実行従属性説を採用**している（大判明44.12.18、大判昭11.11.6等）。よって、判例の趣旨に照らすと、本記述の場合には教唆犯は成立しない。

3誤　り。

本記述は、拘留又は科料のみに処すべき罪を教唆した者は、特別の規定がなくても、教唆犯として処罰されるとしている点で、誤っている。刑法64条は、「**拘留又は科料のみに処すべき罪の教唆者**及び従犯**は、特別の規定がなければ、罰しない。**」と規定している。よって、本記述の場合には、特別の規定がなければ教唆犯として処罰されない。

4誤　り。

本記述は、不作為による幇助犯は成立しないとしている点で、誤っている。正犯の犯罪を容易にさせる行為を「幇助」（刑法62条）というが、**判例は、作為義務があることを前提に、不作為による幇助を認めている**（大判昭3.3.9、大判昭19.4.30、最判昭29.3.2等）。また、下級審の裁判例でも、「不作為による幇助犯は、正犯者の犯罪を防止しなければならない作為義務のある者が、一定の作為によって正犯者の犯罪を防止することが可能であるのに、そのことを認識しながら、右一定の作為をせず、これによって正犯者の犯罪の実行を容易にした場合に成立し、以上が作為による幇助犯の場合と同視できることが必要と解される」としている（札幌高判平12.3.16）。

5正しい。

大判大14.1.22により、本記述は正しい。幇助犯は、正犯の犯罪を容易にさせれば成立するため、共同正犯とは異なり、幇助者と正犯との間に意思の連絡は必ずしも必要ではなく、正犯が幇助者の行為を認識している必要もない。このような類型を、片面的幇助という。判例も、他人が賭場を開張している際に、被告人がこれを幇助するため、一方的に賭客をその賭場に誘引したという事案において、「**従犯成立の主観的要件としては従犯者において正犯の行為を認識しこれを幇助するの意思あるをもって足り従犯者と正犯者との間に相互的の意思連絡あることを必要とせるをもって正犯者が従犯の幇助行為を認識するの必要なきものとす**」として、片面的幇助を認めている。よって、判例の趣旨に照らすと、本記述の場合には幇助犯が成立する。

No	科　目	区分	正答率	肢別解答率				
				1	2	3	4	5
25	刑法	全体	76%	1%	5%	11%	6%	76%
		上位10%	100%	0%	0%	0%	0%	100%

第 26 問 刑法　親族間の犯罪に関する特例　正解 4

1誤　り。

本記述は、Aは、証拠隠滅罪の刑が免除されるとしている点で、誤っている。刑法 105 条は、「前 2 条〔注：103 条（犯人蔵匿等）、104 条（証拠隠滅等）〕の罪については、**犯人又は逃走した者の親族がこれらの者の利益のために犯したときは、**その刑を免除することが**できる。**」と規定している。その趣旨は、犯人等の親族によって証拠隠滅罪等が犯された場合は、期待可能性が低く責任が減少することから、刑の任意的免除を可能にするという点にある。なお、「親族」の範囲については、民法 725 条に規定されている。本記述では、Aは、親族であるBと他人であるCが起こした強盗事件に関する証拠であるＩＣレコーダーを破壊、隠匿しているが、これは、専ら親族ではないCの利益のために行っている。そのため、Aは、親族の「利益のために」証拠隠滅罪を犯したとはいえず、刑法 105 条は適用されない。よって、Aの刑は免除されない。なお、仮に、本記述において、AがBの利益のためにする意思を有していたとしても、親族であるBと同時に他人であるCの刑事事件に関する証拠を、そのことを認識しながら隠滅する場合には、やはり刑法 105 条は適用されない（大判昭 7. 12. 10）。また、刑法 105 条が規定しているのは任意的免除であることには注意が必要である。必ず刑が免除されるわけではない。

2誤　り。

本記述は、Aについて、窃盗罪の刑が免除されるとしている点で、誤っている。刑法 244 条 1 項は、「配偶者、直系血族又は同居の親族との間で第 235 条の罪、第 235 条の 2 の罪又はこれらの罪の未遂罪を犯した者は、その刑を免除する。」と規定している。その趣旨は、「法は家庭に入らず」というように、家庭内の紛争については国家が刑罰権の行使を差し控え、親族間の自律に委ねる方が望ましいという法政策にあり、本規定は、行為の違法性や責任とは無関係の一身的な処罰阻却事由を定めたものと解されている。そして、刑法 244 条 3 項は、「**前 2 項の規定は、親族でない共犯については、適用しない。**」と規定している。本記述では、BとCは直系血族（あるいは同居の親族）の関係にあることから、Bについては、刑法 244 条 1 項が適用され、刑が免除されることになるが、AとCには親族関係がないため、Aは「親族でない共犯」として、同条 3 項に従い、同条 1 項が適用されない。よって、Aの刑は免除されない。

3誤　り。

本記述は、内縁の妻Bが所有する宝石を盗んだ場合であっても、Aは、窃盗罪の刑が免除されるとしている点で、誤っている。判例は、「**内縁の配偶者に適用又は類推適用されることはない**」としている（最決平 18. 8. 30）。その理由として、判例は、「刑法 244 条 1 項は、刑の必要的免除を定めるものであって、免除を受ける者の範囲は明確に定める必要がある」ということを挙げている（最決平 18. 8. 30）。よって、Aの刑は免除されない。

4正しい。

最決昭38.11.8により、本記述は正しい。刑法257条1項は、「配偶者との間又は直系血族、同居の親族若しくはこれらの者の配偶者との間で前条〔注：256条（盗品譲受け等)〕の罪を犯した者は、その刑を免除する。」と規定している。その趣旨は、盗品等関与罪の事後従犯的性格から、親族間でなされる場合には、期待可能性が低く責任が減少することにある。そうすると、**刑法257条1項所定の身分関係は、盗品等関与罪の犯人と財物領得罪の本犯者との間に存することが必要となり、盗品等関与罪の犯人相互の間にこの身分関係があったとしても、本規定は適用されない**。判例も、「刑法257条1項は、本犯と賍物〔注：現盗品等、以下同じ。〕に関する犯人との間に同条項所定の関係がある場合に、賍物に関する犯人の刑を免除する旨を規定したものであるから、原判決が、たとい賍物に関する犯人相互の間に右所定の配偶者たる関係があつてもその刑を免除すべきでない旨を判示したのは正当である」としている（最決昭38.11.8)。本記述では、共に盗品等関与罪の犯人であるAとBとの間には直系血族（あるいは同居の親族）の関係があるが、Aと本犯者であるCとの間には、刑法257条1項所定の身分関係がない。そのため、本規定は適用されない。よって、Aの刑は免除されない。

5誤　り。

本記述は、Aは、業務上横領罪の刑が免除されるとしている点で、誤っている。刑法255条は、「第244条の規定は、この章の罪について準用する。」と規定しており、横領の罪についても同様の規律となっている。その上で、判例は、「**成年後見人が業務上占有する成年被後見人所有の財物を横領した場合、成年後見人と成年被後見人との間に刑法244条1項所定の親族関係があっても、同条項を準用して刑法上の処罰を免除することができないことはもとより、その量刑に当たりこの関係を酌むべき事情として考慮するのも相当ではないというべきである**」としている（最決平24.10.9)。その理由として、判例は、「家庭裁判所から選任された成年後見人の後見の事務は公的性格を有するものであって、成年被後見人のためにその財産を誠実に管理すべき法律上の義務を負っている」ということを挙げている（最決平24.10.9)。よって、刑法244条1項は準用されず、Aの刑は免除されない。

No	科　目	区分	正答率	肢別解答率				
				1	2	3	4	5
26	刑法	全体	77%	4%	2%	12%	77%	4%
		上位10%	94%	3%	0%	3%	94%	0%

第27問 会社法 株式会社の設立 正解 4

ア誤　り。

本解答は、株式会社の設立時の資本金の額は、300 万円を下回ることができないとしている点で、誤っている。平成 17 年の会社法制定前においては、資本金の最低額について、株式会社は 1000 万円、有限会社は 300 万円とする規制があった。しかし、起業の妨げになるとの批判が強かったため、会社法制定と同時に当該規制は撤廃された。よって、**株式会社の設立時の資本金の額は、300 万円を下回ることができる**。

イ誤　り。

本解答は、会社法上、未成年者は発起人となることができないとしている点で、誤っている。**発起人の資格については、会社法上、特に制限が設けられていない**。そのため、自然人・法人いずれであってもよく、また、未成年者その他の制限行為能力者も発起人になり得る。よって、会社法上、未成年者は発起人となることができる。なお、制限行為能力者である場合には、民法の定める要件を満たして行為をする必要がある。

ウ正しい。

会社法 63 条 1 項は、「設立時募集株式の引受人は、…設立時募集株式の払込金額の全額の払込みを行わなければならない。」と規定しており、発起人とは異なり、**設立時募集株式の引受人には現物出資を認めていない**。よって、募集設立の場合、設立時募集株式の引受人は、現物出資をすることができない。

エ誤　り。

本解答は、発起人は、発起設立の場合も、払込取扱機関に対し、払い込まれた金額に相当する金銭の保管に関する証明書の交付を請求することができるとしている点で、誤っている。**募集設立の場合**、発起人は、払込みの事実を確認するため、**払込取扱金融機関に払込金保管証明書の交付を請求することができる**（会社法 64 条 1 項）。これは、設立時募集株式の引受人となる一般投資者の保護のためである。他方、発起設立には、設立手続の円滑な遂行のために、同様の規定は置かれていない。そのため、**発起設立の場合**には、発起人は、**払い込まれた金額に相当する金銭の保管に関する証明書の交付を請求することはできない**。

オ正しい。

会社法 49 条により、本解答は正しい。会社法 49 条は、「**株式会社は、その本店の所在地において設立の登記をすることによって成立する。**」と規定している。

以上により、正しい解答はウとオであり、したがって、正解は肢 4 となる。

No	科　目	区分	正答率	肢別解答率				
				1	2	3	4	5
27	会社法	全体	92%	0%	1%	1%	92%	5%
		上位 10%	100%	0%	0%	0%	100%	0%

第28問 会社法 株式会社の定款

正解 **5**

ア正しい。

会社法2条5号により、本記述は正しい。会社法2条5号は、公開会社を「その発行する全部又は一部の株式の内容として譲渡による当該株式の取得について株式会社の承認を要する旨の定款の定めを設けていない株式会社」と規定している。そのため、**一部の株式に譲渡制限を設けていない会社も会社法上の公開会社である。**

イ正しい。

最決平29.2.21により、本記述は正しい。会社法上の公開会社でない取締役会設置会社においては、株主総会の決議事項は、会社法が規定する事項及び定款で定めた事項に限られる（会社法295条2項）。もっとも、判例は、この定款で定める事項の内容を制限する明文の規定がないこと、取締役会にも代表取締役の選定・解職権限（会社法362条2項3号）が残されていることで監督権限の実効性を失わせるものではないことを理由に、「**取締役会設置会社である非公開会社における、取締役会の決議によるほか株主総会の決議によっても代表取締役を定めることができる旨の定款の定めは有効である**」としている（最決平29.2.21）。

ウ誤 り。

本記述は、出席した当該株主の議決権の過半数をもって行うことができる旨を定款で定めることができるとしている点で、誤っている。定款の変更を目的とする株主総会の決議は、特別決議によるのが原則である（会社法309条2項11号、466条）。特別決議の要件は、定款に別段の定めがないときは、①当該株主総会において議決権を行使することができる株主の議決権の過半数を有する株主が出席し、**②出席した当該株主の議決権の3分の2以上に当たる賛成**である（会社法309条2項柱書前段）。①の要件（定足数）については定款で加重し、又は3分の1まで軽減することが可能だが、**②の要件については**、定款で加重することは可能だが、**軽減することはできない**（会社法309条2項柱書前段括弧書）。よって、定款の変更を目的とする株主総会の決議について、議決権の3分の1以上の出席で足りる旨を定款で定めることはできるが、出席した当該株主の議決権の過半数をもって行うことができる旨を定款で定めることはできない。

エ正しい。

資本金の額は登記事項ではあるが（会社法911条3項5号）、**定款の絶対的記載事項及び相対的記載事項のいずれでもない**（会社法27条、29条参照）。そのため、資本金の額は、定款で定める必要はない。したがって、本記述は正しい。

オ誤 り。

本記述は、株式会社の債権者が当該株式会社の定款の閲覧の請求をする場合には、当該請求の理由を明らかにしてしなければならないとしている点で、誤っている。会社法31条2項は、**株式会社の成立後、債権者は、株式会社の営業時間内は、いつでも、定款の閲覧請**

求をすることができる旨を規定しているが、その際に当該請求の理由を明らかにしなければならないとする規定はない。よって、株式会社の債権者が定款の閲覧請求をする場合、請求の理由を明らかにしてする必要はない。なお、株式会社の債権者が、当該株式会社の株主名簿・新株予約権原簿の閲覧の請求をする場合には、当該請求の理由を明らかにしてしなければならないとされている（会社法125条2項柱書後段、252条2項柱書後段）。

以上により、誤っている記述はウとオであり、したがって、正解は肢5となる。

No	科　目	区分	正答率	肢別解答率				
				1	2	3	4	5
28	会社法	全体	79%	5%	2%	5%	8%	79%
		上位10%	94%	0%	0%	0%	6%	94%

第29問 会社法　異なる種類の株式　正解 4

ア誤　り。

本記述は、一株につき複数個の議決権を有することを内容とする種類の株式を発行することができるとしている点で、誤っている。会社法108条1項は、限定列挙であるから、他の事項を内容とする種類株式を発行することはできない。議決権制限に関わる種類株式（同項3号）については、特定の事項につき議決権を付与しない形で内容を変えることのみが認められる。とすると、**ある種類の株式の株主が一株につき複数個の議決権を有することを内容とする種類の株式は**、同項以外の事項の内容を付与するものであるため、**発行することはできない**。

イ正しい。

株式会社は、定款の定めにより、株主総会において議決権を行使することができる事項につき制限のある株式を発行することができる（議決権制限株式、会社法108条1項3号、115条）。そして、株主総会の全ての決議事項について議決権のない株式（無議決権株式）を発行することも可能である。他方で、**無議決権株式の株主であっても、種類株主総会においては議決権を有する**。これは、会社法が株主総会と種類株主総会を区別しており、後者が前者に包含されるものではないからである。したがって、本記述は正しい。

ウ誤　り。

本記述は、毎事業年度の終了後一定の時期に招集しなければならないとしている点で、誤っている。**定時株主総会は、毎事業年度の終了後一定の時期に招集しなければならないが**（会社法296条1項）、**当該規定は種類株主総会について準用されていない**（会社法325条括弧書）。

エ正しい。

株式会社は、一の種類の株式を**取得条項付株式**とし、その内容として、**当該種類の株式一株を取得するのと引換えに他の種類の株式を交付することを定めることができる**（会社法108条2項6号ロ）。したがって、本記述は正しい。

オ誤　り。

本記述は、一の種類の株式については株券を発行し、他の種類の株式については株券を発行しない旨を定款で定めることができるとしている点で、誤っている。**株式会社は、種類株式発行会社にあっては、株券の発行を定款で定める場合、発行する全部の種類の株式について株券を発行する旨を定款で定めることしかできない**（会社法214条）。よって、二以上の種類の株式を発行する会社は、ある種類の株式のみについて株券を発行する旨を定めることはできない。

以上により、正しい記述はイとエであり、したがって、正解は肢4となる。

No	科目	区分	正答率	肢別解答率				
				1	2	3	4	5
29	会社法	全体	86%	1%	3%	5%	86%	5%
		上位10%	100%	0%	0%	0%	100%	0%

第30問 会社法 株主総会 正解 1

ア正しい。

会社法297条1項、2項により、本記述は正しい。**公開会社でない株式会社において、総株主の議決権の100分の3以上の議決権を有する株主は、取締役に対し、株主総会の目的である事項（当該株主が議決権を行使することができる事項に限る。）及び招集の理由を示して、株主総会の招集を請求することができる**（会社法297条1項、2項）。

イ正しい。

会社法303条2項により、本記述は正しい。株主は、取締役に対し、一定の事項（当該株主が議決権を行使することができる事項に限る。）を株主総会の目的とすることを請求することができる（会社法303条1項）。もっとも、公開会社は取締役会設置会社であるところ（会社法327条1項1号）、**取締役会設置会社においては、総株主の議決権の100分の1以上の議決権又は300個以上の議決権を6か月前から引き続き有する株主に限り、取締役に対し、一定の事項を株主総会の目的とすることを請求することができる。**この場合において、その請求は、株主総会の日の8週間前までにしなければならない（会社法303条2項）。

ウ誤　り。

本記述は、議案を提出することができないとしている点で、誤っている。**株主は、株主総会において、株主総会の目的である事項（当該株主が議決権を行使することができる事項に限る。）につき議案を提出することができる**（会社法304条本文）。なお、当該議案が法令若しくは定款に違反する場合又は実質的に同一の議案につき株主総会において総株主（当該議案について議決権を行使することができない株主を除く。）の議決権の10分の1（これを下回る割合を定款で定めた場合にあっては、その割合）以上の賛成を得られなかった日から3年を経過していない場合は、議案を提出することはできない（会社法304条ただし書）。

エ誤　り。

本記述は、総株主の議決権の100分の1以上の議決権及び300個以上の議決権のいずれも有しない株主は、取締役に対し、議案の要領を株主に通知することを請求することができるとしている点で、誤っている。**株主は、取締役に対し、株主総会の日の8週間前までに、株主総会の目的である事項につき当該株主が提出しようとする議案のうち10を超えないものの要領を株主に通知することを請求することができる**（会社法305条1項本文、4項）。もっとも、公開会社は取締役会設置会社であるところ（会社法327条1項1号）、**取締役会設置会社においては、総株主の議決権の100分の1以上の議決権又は300個以上の議決権を6か月前から引き続き有する株主に限り、当該請求をすることができる**（会社法305条1項ただし書）。

オ誤 り。

本記述は、これを 6 か月前から引き続き有する場合に限りとしている点で、誤っている。公開会社でない株式会社においては、定款に別段の定めがある場合を除き、**総株主の議決権の 100 分の 1 以上の議決権を有する株主は、株主総会に係る招集の手続及び決議の方法を調査させるため、当該株主総会に先立ち、裁判所に対し、検査役の選任の申立てをすることができる**（会社法 306 条 1 項）。公開会社においては、100 分の 1 以上の議決権を 6 か月前から引き続き有する必要があるが、公開会社でない株式会社においてはこのような要件はない（会社法 306 条 2 項参照）。

以上により、正しい記述はアとイであり、したがって、正解は肢 1 となる。

No	科 目	区分	正答率	肢別解答率				
				1	2	3	4	5
30	会社法	全体	70%	70%	4%	20%	4%	1%
		上位 10%	94%	94%	0%	6%	0%	0%

第31問 会社法

議事録の閲覧・謄写

正解 5

ア正しい。

会社法318条4項1号により、本記述は正しい。株主総会議事録が書面をもって作成されている場合、株主及び**債権者は**、株式会社の営業時間内は、いつでも、**株主総会議事録又はその写しの閲覧又は謄写の請求をすることができる**（会社法318条4項1号）。債権者がかかる請求をする場合について、裁判所の許可を得なければならない旨は規定されていない（会社法318条5項参照）。

イ正しい。

会社法318条5項、4項1号により、本記述は正しい。株主総会議事録が書面をもって作成されている場合、**親会社社員は**、その権利を行使するために必要があるときは、**裁判所の許可を得て、株主総会議事録又はその写しの閲覧又は謄写の請求をすることができる**（会社法318条5項、4項1号）。

ウ誤　り。

本記述は、裁判所の許可を得ることを要しないとしている点で、誤っている。監査役会設置会社は取締役会設置会社であるところ（会社法327条1項2号）、取締役会議事録が書面をもって作成されている場合、取締役会設置会社の**債権者は**、役員又は執行役の責任を追及するため必要があるときは、**裁判所の許可を得て、取締役会議事録の閲覧又は謄写の請求をすることができる**（会社法371条4項、2項1号）。

エ正しい。

会社法371条5項、4項、2項1号により、本記述は正しい。監査役会設置会社は取締役会設置会社であるところ（会社法327条1項2号）、取締役会議事録が書面をもって作成されている場合、取締役会設置会社の**親会社社員は**、役員又は執行役の責任を追及するため必要があるときは、**裁判所の許可を得て、取締役会議事録の閲覧又は謄写の請求をすることができる**（会社法371条5項、4項、2項1号）。

オ誤　り。

本記述は、裁判所の許可を得ることを要しないとしている点で、誤っている。監査役会議事録が書面をもって作成されている場合、監査役会設置会社の**株主は**、その権利を行使するため必要があるときは、**裁判所の許可を得て、監査役会議事録の閲覧又は謄写の請求をすることができる**（会社法394条2項1号）。

以上により、誤っている記述はウとオであり、したがって、正解は肢5となる。

No	科　目	区分	正答率	肢別解答率				
				1	2	3	4	5
31	会社法	全体	74%	11%	1%	7%	7%	74%
		上位10%	97%	3%	0%	0%	0%	97%

第 32 問 会社法 持分会社 正解 5

ア正しい。

会社法 618 条 2 項ただし書により、本記述は正しい。**持分会社の社員は、当該持分会社の営業時間内は、いつでも、計算書類の閲覧の請求をすることができる**（会社法 618 条 1 項）。この請求を定款で制限することも可能である（会社法 618 条 2 項本文）。しかし、**定款をもってしても、社員が事業年度の終了時にかかる請求をすることを制限する旨を定めることはできない**（会社法 618 条 2 項ただし書）。

イ正しい。

会社法 622 条 2 項により、本記述は正しい。持分会社の社員の損益分配の割合については、これについて定款の定めがないときは、その割合は、各社員の出資の価額に応じて定められる（会社法 622 条 1 項）。**利益又は損失の一方についてのみ分配の割合についての定めを定款で定めたときは、その割合は、利益及び損失の分配に共通であるものと推定される**（会社法 622 条 2 項）。

ウ正しい。

会社法 615 条 2 項により、本記述は正しい。**持分会社は、会計帳簿の閉鎖の時から 10 年間、その会計帳簿及びその事業に関する重要な資料を保存しなければならない**（会社法 615 条 2 項）。

エ誤　り。

本記述は、計算書類の閲覧の請求をすることができるとしている点で、誤っている。計算書類が書面をもって作成されている場合、持分会社の社員は、当該持分会社の営業時間内は、いつでも、計算書類の閲覧又は謄写の請求をすることができる（会社法 618 条 1 項 1 号）。また、**持分会社のうち合同会社に限り、その債権者は、当該合同会社の営業時間内は、いつでも、計算書類**（作成日から 5 年以内のものに限る。）**の閲覧又は謄写の請求をすることができるとされている**（会社法 625 条）。しかし、合名会社又は合資会社の債権者について、計算書類の閲覧等に係る請求を認める規定はない。

オ誤　り。

本記述は、資本金の額の減少について異議を述べることができるとしている点で、誤っている。合同会社が資本金の額を減少する場合には、当該合同会社の債権者は、当該合同会社に対し、資本金の額の減少について異議を述べることができる（会社法 627 条 1 項）。しかし、合名会社又は**合資会社が資本金の額を減少する場合について、債権者が異議を述べることができる旨の規定はない。**

以上により、誤っている記述はエとオであり、したがって、正解は肢 5 となる。

No	科　目	区分	正答率	肢別解答率				
				1	2	3	4	5
32	会社法	全体	70%	3%	14%	6%	6%	70%
		上位 10%	97%	0%	3%	0%	0%	97%

第 33 問 会社法　社債　正解 5

ア正しい。

会社法 680 条 2 号により、本記述は正しい。総額引受契約（会社法 679 条）により募集社債の総額を引き受けた者は、その者が引き受けた募集社債の社債権者となる（会社法 680 条 2 号)。この規定に基づき、総額引受契約の相手方は、総額引受契約が成立した時に社債権者となるものとされている。また、総額引受契約によらずに募集社債の引受けの申込みをした者については、会社が割当てをした時に社債権者となる（会社法 680 条 1 号、677 条、678 条)。総額引受契約か否かにかかわらず、**募集社債の場合、払込みを待たずに社債の発行の効力は生じる**。この点で、募集株式の場合に、申込者又は総数引受契約の相手方は、株主ではなく、募集株式の引受人となり（会社法 206 条 1 項)、引受人は出資の履行によって株主となる（会社法 209 条 1 項）こととは異なる。

イ正しい。

会社法 694 条 1 項柱書、2 項により、本記述は正しい。**社債発行会社に対して、質権に関する所定の事項を社債原簿に記載し、又は記録することを請求できる者は、社債券を発行する旨の定めがない社債**（会社法 694 条 2 項）**の質権設定者**（同条 1 項柱書）**に限られる。**よって、社債券を発行する旨の定めがある社債に質権を設定した者は、質権に関する所定の事項を社債原簿に記載し、又は記録することを請求することができない。

ウ正しい。

会社法 701 条 1 項により、本記述は正しい。会社法 701 条 1 項は、「**社債の償還請求権は、これを行使することができる時から 10 年間行使しないときは、時効によって消滅する。**」と規定している。

エ誤　り。

本記述は、各社債の金額が 1 億円以上であるときは、社債管理者を定めなければならないとしている点で、誤っている。会社法 702 条本文は、「会社は、社債を発行する場合には、社債管理者を定め、社債権者のために、…社債の管理を行うことを委託しなければならない。」と規定し、社債権者の保護を図っている。他方で、同条ただし書で、「各社債の金額が 1 億円以上である場合…は、この限りでない。」と規定している。これは、債権額が 1 億円以上の債権者であれば自らの権利は自ら保全・実行できるであろうと考えられるからである。よって、**各社債の金額が 1 億円以上であるときは、社債管理者を定める必要はない。**

オ誤　り。

本記述は、裁判所の認可を受けなくても、その効力を生ずるとしている点で、誤っている。社債管理者が、社債の全部について支払の猶予をするためには、社債権者集会の決議を得る必要がある（会社法 706 条 1 項 1 号)。そして、当該決議は、議決権者の議決権の総額の 5 分の 1 以上で、かつ、出席した議決権者の議決権の総額の 3 分の 2 以上の議決権を有する者の同意が必要とされる（会社法 724 条 2 項柱書）。また、**社債権者集会の決議は、裁判所の認可を受けて初めて効力を生じる**（会社法 734 条 1 項）。これらの規定は、社債権者の利益を保護することを趣旨としている。よって、本記述においては、社債権者集会の決議は、裁判所の認可を受けなければ、その効力を生じない。なお、会社法 735 条の 2 第 1 項の規定により議決権者全員の同意によって社債権者集会の決議があったものとみなされた場合、その決議は、裁判所の認可がなくてもその効力を生じる（会社法 735 条の 2 第 4 項）。

以上により、誤っている記述はエとオであり、したがって、正解は肢 5 となる。

No	科 目	区分	正答率	肢別解答率				
				1	2	3	4	5
33	会社法	全体	66%	7%	3%	18%	6%	66%
		上位 10%	97%	0%	0%	3%	0%	97%

第34問 会社法 会社の合併 正解 5

ア誤　り。

吸収合併（会社法2条27号）**は、あらゆる種類の会社があらゆる種類の会社との間ですることができる**（会社法748条前段）。よって、株式会社を吸収合併存続会社とし、合名会社を吸収合併消滅会社とする吸収合併もすることができる。したがって、本記述は誤っている。なお、清算会社（会社法474条1号、643条1号）及び特例有限会社（整備法37条）が吸収合併存続会社となることはできない。

イ誤　り。

本記述は、知れている債権者に対して各別に催告することを要しないとしている点で、誤っている。吸収合併消滅株式会社の債権者は、消滅株式会社に対し、当該吸収合併について異議を述べることができる（会社法789条1項1号）。この場合、消滅株式会社は、1か月以上の期間を置いて一定の事項を官報に公告し、かつ、知れている債権者には、各別にこれを催告しなければならない（会社法789条2項）。もっとも、消滅株式会社が、上記**公告を官報のほか、会社が定款で定める公告方法**である日刊新聞紙（会社法939条1項2号）又は電子公告（同3号）**によりするときは、各別の催告を省略することができる**（会社法789条3項）。本記述では、吸収合併消滅株式会社は、公告方法として官報に掲載する方法のみを定款で定めているから、官報のほか時事に関する事項を掲載する日刊新聞紙に合併に関する公告を行ったとしても、知れている債権者に対する各別の催告を省略することはできない。

ウ誤　り。

本記述は、吸収合併の対価として、当該吸収合併存続株式会社の子会社の株式を交付することはできないとしている点で、誤っている。吸収合併存続会社が株式会社であるときは、吸収合併契約において吸収合併消滅株式会社の株主に対して、吸収合併存続会社の株式等（株式、社債、新株予約権のことをいう。（会社法107条2項3号ホ））以外の財産を交付するときは、当該財産の内容及び数若しくは額又はこれらの算定方法を定めなければならない（会社法749条1項2号ホ）。すなわち、**吸収合併消滅株式会社の株主に交付することができる対価は、吸収合併存続株式会社の株式等に限定されていない**。そのため、吸収合併存続株式会社は、当該会社の子会社の株式を対価として交付することもできる。

エ正しい。

新設型組織再編（新設合併、新設分割及び株式移転）には、吸収型組織再編とは異なり、会社法上の効力発生日という概念はない。**新設型組織再編の効力は、設立の登記をすることによって生ずる**（会社法814条、49条）。したがって、本記述は正しい。

オ正しい。

会社法828条1項7号、2項7号により、本記述は正しい。吸収合併の無効は、当該行為の効力が生じた日において吸収合併をする会社の株主等若しくは社員等であった者又は吸収合併後存続する会社の株主等、社員等、破産管財人若しくは吸収合併について承認をしなかった債権者において、その効力が生じた日から6か月以内に、訴えをもってのみ主張することができる（会社法828条1項7号、2項7号）。「吸収合併後存続する会社の株主等」とあるように、吸収合併の効力発生日において当事会社（消滅会社又は存続会社）の株主だった者だけではなく、**吸収合併の効力発生後、提訴の時の吸収合併存続株式会社の株主にも原告適格が認められている**。よって、吸収合併の効力発生後に存続会社の株主となった者は、訴えをもって当該吸収合併の無効を主張することができる。

以上により、正しい記述はエとオであり、したがって、正解は肢5となる。

No	科　目	区分	正答率	肢別解答率				
				1	2	3	4	5
34	会社法	全体	63%	2%	1%	4%	29%	63%
		上位10%	91%	0%	0%	0%	9%	91%

第35問 商法　商号　正解 2

ア誤　り。

商人（会社及び外国会社を除く。）は、その氏、氏名その他の名称をもってその商号とすることができる（商法11条1項）。そして、商法に明文はないが、**1個の営業には1個の商号のみが許される**（商号単一の原則）。1個の営業に数個の商号を認めると取引に関し誤認させやすく、他人の商号選定自由の妨げにもなるからである。したがって、本記述は誤っている。

イ正しい。

商法14条、最判昭43.6.13により、本記述は正しい。商法14条は、「自己の商号を使用して営業又は事業を行うことを他人に許諾した商人は、当該商人が当該営業を行うものと誤認して当該他人と取引をした者に対し、当該他人と連帯して、当該取引によって生じた債務を弁済する責任を負う。」と規定している。また、判例は、「現に一定の商号をもつて営業を営んでいるか、または、従来一定の商号をもつて営業を営んでいた者が、その**商号を使用して営業を営むことを他人に許諾した場合に右の責任を負うのは、特段の事情のないかぎり、商号使用の許諾を受けた者の営業がその許諾をした者の営業と同種の営業であることを要する**ものと解するのが相当である」としている。

ウ誤　り。

本記述は、その商号を登記しなければ、不正の目的をもって自己と誤認されるおそれのある商号を使用する者に対し、営業上の利益の侵害の停止を請求することができないとしている点で、誤っている。商法12条1項は、「何人も、不正の目的をもって、他の商人であると誤認されるおそれのある名称又は商号を使用してはならない。」と規定し、同条2項は、1項に「違反する…商号の使用によって営業上の利益を侵害され、又は侵害されるおそれがある商人は、その営業上の利益を侵害する者又は侵害するおそれがある者に対し、その侵害の停止又は予防を請求することができる。」と規定し、**請求者の商号の登記は要件としていない。**

エ正しい。

商法15条2項により、本記述は正しい。商人の商号は、営業とともにする場合又は営業を廃止する場合に限り、譲渡することができ（商法15条1項）、**当該規定による商号の譲渡は登記をしなければ第三者に対抗することができない**（商法15条2項）。

オ正しい。

商法17条2項により、本記述は正しい。営業を譲り受けた商人が譲渡人の商号を引き続き使用する場合、その譲受人も譲渡人の営業によって生じた債務を弁済する責任を負う（商法17条1項）。もっとも、**営業を譲渡した後、遅滞なく、譲受人が譲渡人の債務を弁済する責任を負わない旨を登記した場合には、当該規定は適用されない**（商法17条2項前段）。

以上により、誤っている記述はアとウであり、したがって、正解は肢２となる。

No	科　目	区分	正答率	肢別解答率				
				1	2	3	4	5
35	商法	全体	72%	17%	72%	5%	5%	2%
		上位 10%	94%	3%	94%	3%	0%	0%

解説

択一式
午後の部

民事訴訟法

●

民事保全法

●

民事執行法

●

司法書士法

●

供託法

●

不動産登記法

●

商業登記法

令和５年本試験　択一式・午後の部　正答表

No	科目	タイトル	正解	正誤	復習 過去問	出題類型				
						条文	判例	先例	学説	他
1	民事訴訟法	管　轄	5		H27-4	5				
2	民事訴訟法	共同訴訟	4		H22-2	2	3			
3	民事訴訟法	訴訟費用	4		H29-2	5				
4	民事訴訟法	証人尋問・当事者尋問	5		H24-4	5				
5	民事訴訟法	督促手続	5		H16-5	5				
6	民事保全法	民事保全	3		H29-6	5				
7	民事執行法	不動産の強制競売	5		H19-7	5				
8	司法書士法	懲　戒	3		H30-8	5				
9	供 託 法	払渡請求手続	3		H29-9	5				
10	供 託 法	供託の通知	4		H29-9	3	2			
11	供 託 法	弁済供託の受諾	4		R1-9			5		
12	不動産登記法	登記をすることができるもの	4		H30-22	1		4		
13	不動産登記法	電子申請	1		R1-12	5				
14	不動産登記法	登記事項	4		R1-14			5		
15	不動産登記法	一の申請情報	5		H25-13	2		2		1
16	不動産登記法	判決による登記	4		R1-14	2		3		
17	不動産登記法	所有権の保存の登記	2		H30-20	1		3		1
18	不動産登記法	共有不動産の登記	4		H28-19			3		2
19	不動産登記法	所有権の移転の登記	2		H26-20			2		3
20	不動産登記法	買戻特約の登記	5		H29-21			3		2
21	不動産登記法	区分建物に関する登記	2		H24-19	1		4		
22	不動産登記法	地上権の登記	2		H18-17			5		
23	不動産登記法	抵当権の設定の登記	1		H21-25			5		
24	不動産登記法	根抵当権の登記	2		H26-23	3		2		
25	不動産登記法	法令における期間の定め	5		H20-17	2		1		1
26	不動産登記法	原本還付	2		R2-26	4		1		
27	不動産登記法	登録免許税	5		H29-15	3				2
28	商業登記法	印鑑の提出等	1		H30-28	5				
29	商業登記法	株式会社の設立の登記	5		H29-28	5				
30	商業登記法	新株予約権の登記	3		R1-31	4				1
31	商業登記法	役員変更の登記等	5		H28-30	2	1	2		
32	商業登記法	資本金の額の変更の登記	5		H28-32	4		1		
33	商業登記法	株式交付	1			4		1		
34	商業登記法	外国会社の登記	4		H20-29	5				
35	商業登記法	一般社団法人の登記	5		R3-34	4		1		

第1問 民訴法　管轄　正解 5

ア誤　り。

本記述は、応訴管轄が生ずるとしている点で、誤っている。**応訴管轄は、被告が管轄違いの抗弁を提出しないで「本案について」弁論をし、又は、弁論準備手続での申述をした場合に、その裁判所が管轄権を有する**というものである（民訴法 12 条）。本記述では、本案についての弁論又は申述はなされていない。

イ誤　り。

本記述は、口頭弁論終結の時としている点で、誤っている。**管轄の標準時は、訴えの提起時である**（民訴法 15 条）。

ウ正しい。

民訴法 14 条により、本記述は正しい。**裁判所は、管轄に関する事項について、職権で証拠調べをすることができる**（民訴法 14 条）。

エ誤　り。

本記述は、不動産に関する訴えとしている点で、誤っている。**不動産の売買代金の請求の訴えは、「不動産に関する訴え」には含まれない**（民訴法 5 条 12 号）。

オ正しい。

民訴法 274 条 1 項により、本記述は正しい。**簡易裁判所に提起された本訴に対し、被告が反訴で地方裁判所の管轄に属する請求をした場合において、相手方の申立てがあるときは、簡易裁判所は、決定で、本訴及び反訴を地方裁判所に移送しなければならない**（民訴法 274 条 1 項）。

以上により、正しい記述はウとオであり、したがって、正解は肢 5 となる。

No	科　目	区分	正答率	肢別解答率				
				1	2	3	4	5
1	民訴法	全体	86%	6%	3%	3%	3%	86%
		上位 10%	100%	0%	0%	0%	0%	100%

第2問 民訴法　共同訴訟　正解 4

ア正しい。

民訴法 39 条により、本記述は正しい。**共同訴訟人の一人の訴訟行為、共同訴訟人の一人に対する相手方の訴訟行為及び共同訴訟人の一人について生じた事項は、他の共同訴訟人に影響を及ぼさない**（共同訴訟人独立の原則、民訴法 39 条）。

イ誤　り。

本記述は、事実認定の資料とすることはできないとしている点で、誤っている。**共同訴訟人独立の原則に対する例外として、共同訴訟人間の証拠共通が認められている**（最判昭 45. 1. 23）。

ウ正しい。

最判平 12. 7. 7 により、本記述は正しい。**必要的共同訴訟において、共同訴訟人の一人が上訴を提起した場合は、原判決の確定が遮断され、訴訟が全体として控訴審に移審し、控訴審の判決の効力は控訴をしなかった共同訴訟人にも及ぶ**（最判平 12. 7. 7）。

エ正しい。

民訴法 41 条 1 項により、本記述は正しい。**同時審判申出共同訴訟では、弁論及び裁判の分離が禁じられる**（民訴法 41 条 1 項）。

オ誤　り。

本記述は、訴えの取下げの効力が生ずるとしている点で、誤っている。**必要的共同訴訟のうち、固有必要的共同訴訟における共同被告の一部に対する訴えの取下げは無効である**（最判平 6. 1. 25）。

以上により、誤っている記述はイとオであり、したがって、正解は肢 4 となる。

No	科　目	区分	正答率	肢別解答率				
				1	2	3	4	5
2	民訴法	全体	69%	3%	2%	17%	69%	9%
		上位 10%	89%	0%	0%	11%	89%	0%

第3問 民訴法 訴訟費用 正解 4

ア誤 り。

本記述は、当事者の申立てがない場合には、訴訟費用の負担の裁判をする必要はないとしている点で、誤っている。**裁判所は、「職権で」、訴訟費用負担の裁判をしなければならない**（民訴法67条1項本文）。

イ正しい。

民訴法 61 条により、本記述は正しい。**原則として、訴訟費用は、敗訴の当事者の負担となる**（敗訴者負担の原則、民訴法61条）。

ウ誤 り。

本記述は、一部しか敗訴していない被告に、訴訟費用の全部を負担させることはできないとしている点で、誤っている。**一部敗訴の場合における各当事者の訴訟費用の負担について、裁判所は、事情により、当事者の一方に訴訟費用の全部を負担させることができる**（民訴法64条ただし書）。

エ正しい。

民訴法 68 条により、本記述は正しい。**当事者が裁判において和解をした場合において、和解の費用又は訴訟費用の負担について特別の定めをしなかったときは、その費用は、各自が負担する**（民訴法68条）。

オ誤 り。

本記述は、即時抗告をすることができるとしている点で、誤っている。**訴訟費用の負担の裁判に対して即時抗告ができる旨の規定はない**（民訴法282条参照）。

以上により、正しい記述はイとエであり、したがって、正解は肢4となる。

No	科 目	区分	正答率	肢別解答率				
				1	2	3	4	5
3	民訴法	全体	77%	5%	3%	7%	77%	9%
		上位10%	97%	0%	0%	3%	97%	0%

第4問 民訴法　証人尋問・当事者尋問　正解 5

ア誤　り。

本記述は、証明すべき事実を特定しなくても、することができるとしている点で、誤っている。**証拠の申出は、証明すべき事実を特定してしなければならない**(民訴法 180 条 1 項)。この規定は、同法第 4 章証拠の第 1 節総則に規定されていることから、**当事者尋問にも適用**がある。

イ誤　り。

本記述は、裁判長の許可を受けなくとも、書類に基づいて陳述をすることができるとしている点で、誤っている。**証人は、書類に基づいて陳述することができない。ただし、裁判長の許可を受けたときは、この限りでない**(民訴法 203 条)。同条は、同法 210 条により**当事者尋問に準用**される。

ウ正しい。

民訴法 278 条により、本記述は正しい。**裁判所は、相当と認めるときは、証人若しくは当事者本人の尋問又は鑑定人の意見の陳述に代え、書面の提出をさせることができる**(民訴法 278 条)。

エ誤　り。

本記述は、宣誓をさせることができるとしている点で、誤っている。**16 歳未満の者を証人として尋問する場合には、宣誓をさせることができない**(民訴法 201 条 2 項)。また、本記述のように、法定代理人の同意があれば、宣誓を許す規定もない。

オ正しい。

民訴法 194 条 1 項により、本記述は正しい。**裁判所は、正当な理由なく出頭しない証人の勾引を命ずることができる**(民訴法 194 条 1 項)。

以上により、正しい記述はウとオであり、したがって、正解は肢 5 となる。

No	科　目	区分	正答率	肢別解答率				
				1	2	3	4	5
4	民訴法	全体	85%	7%	2%	2%	4%	85%
		上位 10%	100%	0%	0%	0%	0%	100%

第5問 民訴法　督促手続　正解 5

ア正しい。

民訴法383条1項により、本記述は正しい。支払督促の申立ては、債務者の普通裁判籍の所在地を管轄する簡易裁判所の裁判所書記官に対してする（民訴法383条1項）。そして、**支払督促の申立ては、その対象である請求の価額にかかわらず、債務者の普通裁判籍所在地**（民訴法4条）**を管轄する簡易裁判所の裁判所書記官に対してする。**

イ正しい。

民訴法382条により、本記述は正しい。**金銭その他の代替物又は有価証券の一定の数量の給付を目的とする請求については、裁判所書記官は、債権者の申立てにより、支払督促を発することができる。ただし、日本において公示送達によらないでこれを送達することができる場合に限る**（民訴法382条）。

ウ誤　り。

本記述は、管轄違いを理由に移送することができるとしている点で、誤っている。**支払督促の申立てが民事訴訟法382条若しくは383条の規定に違反するとき、又は申立ての趣旨から請求に理由がないことが明らかなときは、その申立てを却下しなければならない**（民訴法385条1項前段）。そして、**管轄違いによる移送の規定**（民訴法16条1項）**は準用されない。**

エ正しい。

民訴法392条により、本記述は正しい。**債権者が仮執行の宣言の申立てをすることができる時から30日以内にその申立てをしないときは、支払督促は、その効力を失う**（民訴法392条）。

オ誤　り。

本記述は、価額にかかわらず、簡易裁判所に訴えの提起があったものとみなされるとしている点で、誤っている。**適法な督促異議の申立てがあったときは、督促異議に係る請求については、その目的の価額に従い、支払督促の申立ての時に、支払督促を発した裁判所書記官の所属する簡易裁判所又はその所在地を管轄する地方裁判所に訴えの提起があったものとみなす**（民訴法395条前段）。

以上により、誤っている記述はウとオであり、したがって、正解は肢5となる。

No	科　目	区分	正答率	肢別解答率				
				1	2	3	4	5
5	民訴法	全体	70%	6%	7%	7%	10%	70%
		上位10%	97%	0%	0%	0%	3%	97%

第6問 民保法 民事保全 正解 3

ア正しい。

民保法 20 条 1 項により、本記述は正しい。**仮差押命令は、金銭の支払を目的とする債権について、強制執行をすることができなくなるおそれがあるとき、又は強制執行をするのに著しい困難を生ずるおそれがあるときに発することができる**（民保法 20 条 1 項）。

イ誤　り。

本記述は、仮処分解放金を定めなければならないとしている点で、誤っている。**裁判所は、保全すべき権利が金銭の支払を受けることをもってその行使の目的を達することができるものであるときに限り、債務者が供託すべき金銭の額を仮処分命令において定めることができる**（民保法 25 条 1 項）。必ずしも仮処分解放金の額を定めることを強制していない。

ウ誤　り。

本記述は、債権者であっても事件記録の閲覧請求ができないとしている点で、誤っている。債権者を含む**利害関係を有する者は、裁判所書記官に対し、事件の記録の閲覧を請求することができる**（民保法 5 条本文）。ただし、**債権者以外の者にあっては、保全命令の申立てに関し口頭弁論若しくは債務者を呼び出す審尋の期日の指定があり、又は債務者に対する保全命令の送達があるまでの間は、この限りではない**として、債権者以外の者についての例外を定めている（民保法 5 条ただし書）。

エ正しい。

民保法 16 条ただし書により、本記述は正しい。**保全命令の申立てについての決定には、理由を付さなければならない**（民保法 16 条本文）。ただし、**口頭弁論を経ないで決定をする場合には、理由の要旨を示せば足りる**（民保法 16 条ただし書）。

オ正しい。

民保法 17 条により、本記述は正しい。**保全命令は、当事者に送達しなければならない**（民保法 17 条）。債権者は「当事者」に含まれる。

以上により、誤っている記述はイとウであり、したがって、正解は肢 3 となる。

No	科　目	区分	正答率	肢別解答率				
				1	2	3	4	5
6	民保法	全体	49%	2%	10%	49%	25%	14%
		上位 10%	86%	0%	0%	86%	11%	3%

第7問 民執法 不動産の強制競売 正解 5

ア誤　り。

本記述は、債務者を審尋しなければならないとしている点で、誤っている。**執行裁判所は、執行処分をするに際し、必要があると認めるときは、利害関係を有する者その他参考人を審尋することができる**（民執法 5 条）。執行裁判所に対し債務者の審尋を強制するものではない。

イ誤　り。

本記述は、更に強制競売の開始決定をすることができないとして、二重開始決定を否定している点で、誤っている。**強制競売又は担保権の実行としての競売の開始決定がされた不動産について強制競売の申立てがあったときは、執行裁判所は、更に強制競売の開始決定をする**（民執法 47 条 1 項）。

ウ誤　り。

本記述は、差押えの登記がされる前に不動産強制競売の開始決定が債務者に送達された場合であっても、差押えの効力を登記時としている点で、誤っている。**差押えの効力は、強制競売の開始決定が債務者に送達されたときに生ずる**（民執法 46 条 1 項本文）。ただし、**差押えの登記がその開始決定の送達前にされたときは、登記がされた時に生ずる**（民執法 46 条 1 項ただし書）。

エ正しい。

民執法 45 条 3 項により、本記述は正しい。**強制競売の申立てを却下する裁判に対しては、執行抗告をすることができる**（民執法 45 条 3 項）。

オ正しい。

民執法 48 条 1 項により、本記述は正しい。**強制競売の開始決定がされたときは、裁判所書記官は、直ちに、その開始決定に係る差押えの登記を嘱託しなければならない**（民執法 48 条 1 項）。同条は、裁判所書記官が職権により登記嘱託をする旨を規定している。

以上により、正しい記述はエとオであり、したがって、正解は肢 5 となる。

No	科　目	区分	正答率	肢別解答率				
				1	2	3	4	5
7	民執法	全体	74%	2%	8%	3%	13%	74%
		上位 10%	97%	0%	0%	0%	3%	97%

第8問 司書法 懲戒 正解 3

ア正しい。

司書法49条1項により、本記述は正しい。**何人も、司法書士又は司法書士法人にこの法律又はこの法律に基づく命令に違反する事実があると思料するときは、法務大臣に対し、当該事実を通知し、適当な措置をとることを求めることができる**（司書法49条1項）。

イ誤　り。

本記述は、業務のうちの一部に限って業務を停止する処分をすることはできないとしている点で、誤っている。司法書士法人がこの法律又はこの法律に基づく命令に違反したときは、法務大臣は、当該司法書士法人に対し、**①戒告、②2年以内の業務の全部又は一部の停止、③解散の処分をすることができる**（司書法48条1項）。

ウ誤　り。

本記述は、社員である司法書士が重ねて懲戒処分を受けることはないとしている点で、誤っている。司法書士法人は、社会的・経済的な実体として、依頼者との契約の主体となることなどから、その違法な行為の防止をする必要がある。そのため、**社員である司法書士に対する懲戒制度**（司書法47条）**とは別に、司法書士法人に対する懲戒制度が設けられている**（司書法48条）。

エ正しい。

司書法49条3項により、本記述は正しい。法務大臣は、第47条第1号若しくは第2号又は前条第1項第1号若しくは第2号に掲げる処分をしようとするときは、行政手続法（平成5年法律第88号）第13条第1項の規定による**意見陳述のための手続の区分にかかわらず、聴聞を行わなければならない**（司書法49条3項）。

オ正しい。

司書法47条、48条1項、23条、46条1項により、本記述は正しい。司法書士法は、司法書士会及び日本司法書士会連合会の会則の遵守義務を定めており、**司法書士会及び日本司法書士会連合会の会則違反も、司法書士法違反として懲戒事由となる**（司書法47条、48条1項、23条、46条1項）。

以上により、誤っている記述はイとウであり、したがって、正解は肢3となる。

No	科　目	区分	正答率	肢別解答率				
				1	2	3	4	5
8	司書法	全体	87%	2%	4%	87%	6%	1%
		上位10%	100%	0%	0%	100%	0%	0%

第9問 供託法 払渡請求手続 正解 3

ア正しい。

供託規23条により、本記述は正しい。**同一人が数個の供託について同時に供託物の還付を受け、又は取戻しをしようとする場合において、払渡請求の事由が同一であるときは、一括してその請求をすることができる**（供託規23条）。

イ誤　り。

本記述は、訂正、加入又は削除をしてはならないとしている点で、誤っている。**供託物払渡請求書に記載した払渡請求金額については、訂正、加入又は削除をすることができる**（供託規6条6項参照）。

ウ誤　り。

本記述は、添付することを要しないとしている点で、誤っている。**代理人によって供託物の払渡しを請求する場合には、代理人の権限を証する書面を供託物払渡請求書に添付しなければならない**（供託規27条1項本文）。

エ正しい。

供託規30条2項により、本記述は正しい。配当その他官庁又は公署の決定によって供託物の払渡しをすべき場合には、当該官庁又は公署は供託所に支払委託書を送付し、払渡しを受けるべき者に支払証明書を交付する（供託規30条1項）。そして、**供託物の払渡しを受ける者は、支払委託書の記載から供託物の払渡しを受けるべき者であることが明らかとならないときは、供託物払渡請求書に支払証明書を添付する必要がある**（供託規30条2項）。

オ正しい。

供託規43条1項、38条1項2号により、本記述は正しい。**電子情報処理組織を使用して供託金の払渡請求をする場合、小切手の交付を受ける方法によることはできず、預貯金振込みの方法又は国庫金振替の方法によらなければならない**（供託規43条1項、38条1項2号）。

以上により、誤っている記述はイとウであり、したがって、正解は肢3となる。

No	科目	区分	正答率	肢別解答率				
				1	2	3	4	5
9	供託法	全体	71%	11%	4%	71%	5%	8%
		上位10%	100%	0%	0%	100%	0%	0%

第10問 供託法　供託の通知　正解 4

ア誤　り。

本記述は、供託は無効となるとしている点で、誤っている。**供託の通知がされない場合の弁済供託であっても、通知がなされないことによりその効力に影響を及ぼすものではない**（大判大 13.4.21）。

イ正しい。

供託規 16 条 1 項前段により、本記述は正しい。金銭債権の一部が差し押さえられたことを原因として、当該金銭債権の全額に相当する金銭を供託した場合には、その差押金額を超過する部分は、差押えの効力が及ばず、弁済供託の性質を有する（民法 494 条参照）。そして、弁済供託がなされた場合には、供託者は、遅滞なく、債権者に供託の通知をしなければならず（民法 495 条 3 項）、**供託者は、供託官に対し、被供託者に供託通知書を発送することを請求することができる**（供託規 16 条 1 項前段）。

ウ誤　り。

本記述は、供託通知書を添付しなければならないとしている点で、誤っている。平成 17 年供託規則一部改正により、**供託物の還付を受けようとする場合において義務付けられていた供託物払渡請求書への供託書正本又は供託通知書の添付は、不要とされた**（供託規 24 条参照）。

エ誤　り。

本記述は、供託通知書を添付しなければならないとしている点で、誤っている。従前、供託する時において、供託通知書及び郵券等付きの封筒の添付が義務づけられ、供託官が被供託者に対して供託通知書を発送していた。平成 17 年に供託規則が改正され、供託規則 16 条 1 項において、供託者が被供託者に供託の通知をしなければならない場合には、供託者は、供託官に対し、被供託者に供託通知書を発送することを請求することができるとされた。これに伴い、**供託者は、自ら供託通知書を発送するか、供託官に供託通知書の発送を請求するかいずれかを選ぶこととなり、供託通知書の発送の請求があった場合においては、供託官は、供託の種類に従い、供託通知書を調製しなければならない**（供託規 16 条 4 項）。

オ正しい。

最判昭 39.10.29 により、本記述は正しい。行政訴訟の対象となる処分とは、「**公権力の主体たる国または公共団体が行う行為のうち、その行為によって、直接国民の権利義務を形成しまたはその範囲を確定することが法律上認められているものをいう**」（最判昭 39.10.29）。これに対し、**供託通知書の送付は、本来供託者自身が行うが**（民法 495 条 3 項）、**供託通知を確実に行わせるため供託者の請求により供託官が行うとしたものである**（供託規 16 条 1 項）。また、**供託通知は供託の有効要件とはされていない**（民法 494 条）。よって、供託者から発送請求を受けて供託官が行う供託通知書の送付は、行政訴訟の対象となる処分ではない。

以上により、正しい記述はイとオであり、したがって、正解は肢４となる。

No	科 目	区分	正答率	肢別解答率				
				1	2	3	4	5
10	供託法	全体	60%	4%	4%	24%	60%	9%
		上位10%	91%	0%	0%	6%	91%	3%

第11問 供託法 弁済供託の受諾 正解 4

ア正しい。

昭38.2.4民甲351により、本記述は正しい。供託受諾の意思表示を有効にできる者は、還付請求権の譲受人、差押債権者、転付債権者、取立債権者及び一般債権者（債権者代位による）であり、**還付請求権の仮差押債権者は、還付請求権の処分を禁ずる地位を有するにすぎないので、供託受諾の意思表示をできる者ではない**（昭38.2.4民甲351）。

イ誤　り。

本記述は、供託物の取戻請求をすることができるとしている点で、誤っている。**被供託者が供託所に対して供託物還付請求権の譲渡の通知をした場合、当該通知に供託を受諾する旨が積極的に明示されていなくても、被供託者において供託を受諾した上で当該債権を譲渡したものと認められる場合がある。**この場合、供託者は、供託物の取戻請求をすることができなくなる（昭36.10.20民甲2611）。

ウ正しい。

昭41.12.8民甲3321により、本記述は正しい。**供託を受諾する旨を記載した書面には、印鑑証明書を添付することを要しない**（昭41.12.8民甲3321）。当該書面は、権利者本人が自己において権利を行使するという意思を表示するという性質上、第三者が名義を冒用することは想定しづらく、また本人性の確認は、還付請求の際に行えば足りると考えられるからである。

エ正しい。

昭37.10.22民甲3044により、本記述は正しい。**供託の受諾をした後は、これを撤回することができない**とされている（昭37.10.22民甲3044）。

オ誤　り。

本記述は、自らが債権者であることを証明しなければならないとしている点で、誤っている。先例は、**債権者不確知供託において、供託書に記載された債権者のうちの1人が供託金のうち自己の債権額に相当する部分について供託を受諾する旨の供託受諾書を提出したときは、これを受理すべきであるとし、被供託者が自らを真実の債権者であることを確定的に証明していない場合においても、供託受諾として受理すべきである**としている（昭31.4.10民甲767）。

以上により、誤っている記述はイとオであり、したがって、正解は肢4となる。

No	科　目	区分	正答率	肢別解答率				
				1	2	3	4	5
11	供託法	全体	70%	10%	5%	8%	70%	7%
		上位10%	94%	3%	0%	3%	94%	0%

第12問 不登法 登記をすることができるもの 正解 4

アできない。

不動産工事の先取特権の保存の登記においては、工事費用の予算額が登記事項となる（不登法85条、83条1項1号)。不動産工事の先取特権は、工事を始める前にその費用の予算額を登記することを要し、工事の費用が予算額を超えるときは、その超過額については存在せず（民法338条1項)、本記述のように**予算額ではなく、実際に要した費用を登記することはできない**。

イできる。

借地借家法23条3項の規定により公正証書によって同条1項に規定する借地権（賃借権）を設定する契約がされたが、その旨の登記がされないまま土地の所有権の移転の登記がされている場合において、同契約に基づく賃借権の設定の登記について、賃借権者を登記権利者、土地の所有権の登記名義人を登記義務者とし、**前所有者との間における契約の日を登記原因の日付（登記原因証明情報は、借地借家法23条3項の公正証書）とする賃借権の設定の登記を申請することができる**（平17.7.28民2.1690)。

ウできない。

一筆のうちの一部に地上権を設定するという約定は可能であるが、区分地上権を除き地上権の範囲が登記事項ではないため（不登法78条参照)、**地上権の設定の登記は一筆の土地の一部についてはすることができない**(昭35.3.31民甲712)。当該通達の趣旨に鑑みれば、分筆の登記が未了である以上、土地の一部について、地上権の設定の**仮登記を申請することはできない**と解される。

エできない。

胎児は、相続については、既に生まれたものとみなされる（民法886条)。登記実務も、胎児名義の相続登記を認めている(明31.10.19民刑1406、昭29.6.15民甲1188、令和5.3.28民二538)。そして、**胎児は、遺贈についても、既に生まれたものとみなされる**（民法965条、886条)。しかし、**胎児に対する贈与については、そのような規定や通達は存在しない**。

オできる。

工場財団に属するものは、これを譲渡し又は所有権以外の権利、差押え、仮差押え若しくは仮処分の目的となすことができないが、抵当権者の同意を得れば賃借権を設定することは可能であり(工場抵当法13条2項ただし書)、その登記をすることができる(昭41.12.20民3.851、登研130P.43)。

以上により、登記をすることができる記述はイとオであり、したがって、正解は肢4となる。

No	科目	区分	正答率	肢別解答率				
				1	2	3	4	5
12	不登法	全体	54%	8%	27%	7%	54%	3%
		上位10%	91%	0%	9%	0%	91%	0%

第13問 不登法　電子申請　正解 1

ア誤　り。

本記述は、申請人は、申請情報に電子署名を行わなければならないとしている点で、誤っている。電子情報処理組織を使用する方法により登記を申請するときは、申請人又はその代表者若しくは代理人は、申請情報に電子署名を行わなければならない（不登令12条1項）。すなわち、**代理人が電子申請をする場合には、代理人が申請情報に電子署名を行う必要がある。**

イ正しい。

不登規44条2項により、本記述は正しい。電子申請の申請人が法人である場合、申請情報に電子署名を行った代表者が電子認証登記所の登記官が作成した電子証明書（不登規43条1項2号）を提供したときは、**当該電子証明書の提供をもって、当該申請人の会社法人等番号の提供に代えることができる**（不登規44条2項）。

ウ誤　り。

本記述は、代理人が電子署名を行ったものを添付情報として提供して申請することができるとしている点で、誤っている。**電子情報処理組織を使用する方法により登記を申請する場合における添付情報は、作成者による電子署名が行われているものでなければならない**（不登令12条2項）。

エ正しい。

登免法24条の2第1項本文、24条1項により、本記述は正しい。**登記等を受ける者又は官庁若しくは公署が電子情報処理組織を使用して当該登記等の申請又は嘱託を行う場合には、登記等を受ける者は、当該登記等につき課されるべき登録免許税の額に相当する登録免許税を国に納付し、当該納付に係る領収証書を当該登記機関の定める書類に貼付して登記官署等に提出する方法によることができる**（登免法24条の2第1項本文、24条1項）。

オ正しい。

不登令12条1項、不登規60条2項1号により、本記述は正しい。電子申請による登記における申請の補正は、法務大臣の定めるところにより電子情報処理組織を使用して申請の補正をする方法によらなければならない（不登規60条2項1号）。そして、**電子情報処理組織を使用する方法により登記を申請するときは、申請人又はその代表者若しくは代理人は、申請情報に電子署名を行わなければならない**（不登令12条1項）とする趣旨に鑑みれば、**電子申請による補正においても、電子署名が必要**であると解される。

以上により、誤っている記述はアとウであり、したがって、正解は肢1となる。

No	科　目	区分	正答率	肢別解答率				
				1	2	3	4	5
13	不登法	全体	59%	59%	17%	12%	4%	8%
		上位10%	97%	97%	0%	3%	0%	0%

第14問 不登法 登記事項 正解 4

ア正しい。

記録例199により、本記述は正しい。相続登記をした後、相続放棄の申述受理の審判が取り消され、放棄していた相続人を加入させる更正の登記の**登記原因は、「相続放棄取消」**である（記録例199）。**日付は相続放棄の申述受理の審判が取り消された日**となるため、本記述の登記原因及びその日付は、「令和5年4月4日相続放棄取消」となる。

イ誤　り。

本記述は、令和5年4月4日としている点で、誤っている。農地の売買につき、買戻の意思表示は買戻期間内になされたが、買戻による所有権移転についての農地法3条の許可が買戻期間経過後にあった場合の買戻による所有権移転の登記の申請は、受理すべきである。この場合の登記原因の**日付は、農地法3条の許可が到達した日**である（昭42.2.8民甲293）。そして、買戻権の行使があった場合の**登記原因は、「買戻」**である（記録例515）。したがって、本記述の登記原因及びその日付は、「令和5年5月10日買戻」である。

ウ正しい。

令2.3.30民2.324により、本記述は正しい。配偶者居住権者の死亡による配偶者居住権の抹消の**登記原因は、「死亡による消滅」**である（令2.3.30民2.324）。**日付は死亡した日**となるため、本記述の登記原因及びその日付は、「令和5年4月4日死亡による消滅」となる。

エ誤　り。

本記述は、氏名変更としている点で、誤っている。胎児名義の登記がされた後、胎児が生きて生まれた場合における、登記名義人の氏名等の変更の**登記の原因は、「出生」**である（令5.3.28民2.538）**日付は出生の日**となるため、本記述の登記原因及びその日付は、「令和5年4月4日出生」となる。なお、問題文は、氏名の変更の登記としているが、本記述の場合、氏名のほか、住所の変更も必要となる（令5.3.28民2.538）。

オ正しい。

記録例405により、本記述は正しい。抵当権の利息の定めの廃止の登記の**登記原因は、「変更」**である（記録例405）。**日付は利息の定めを廃止した日**となるため、本記述の登記原因及びその日付は、「令和5年4月4日変更」となる。

以上により、第1欄に掲げる登記を申請する場合に、第2欄に掲げる登記原因及びその日付が誤っている記述はイとエであり、したがって、正解は肢4となる。

No	科　目	区分	正答率	肢別解答率				
				1	2	3	4	5
14	不登法	全体	56%	5%	8%	27%	56%	4%
		上位10%	66%	6%	0%	20%	66%	9%

第15問 不登法　一の申請情報　正解 5

ア正しい。

不登法104条1項により、本記述は正しい。**信託財産に属する不動産に関する権利が移転、変更又は消滅により信託財産に属しないこととなった場合における信託の登記の抹消の申請は、当該権利の移転の登記若しくは変更の登記又は当該権利の登記の抹消の申請と同時にしなければならない**（不登法104条1項）。

イ正しい。

昭37.4.19民甲1173により、本記述は正しい。登記識別情報の提供の有無という違いはあるが、**各登記についての登記の目的と登記原因は同一であるので、一の申請情報で申請することができる**（昭37.4.19民甲1173）。

ウ正しい。

昭46.10.4民甲3230により、本記述は正しい。**共同担保である根抵当権の一部譲渡の登記の申請は、各不動産についての登記原因の日付が異なる場合であっても、これを一の申請情報ですることができる**（昭46.10.4民甲3230）。

エ誤　り。

本記述は、一の申請情報によって申請しなければならないとしている点で、誤っている。同一の不動産について申請する2以上の権利に関する登記の、登記の目的並びに登記原因及びその日付が同一であるときは、一の申請情報によって申請することができるとされている（不登規35条9号）。しかし、**根抵当権の元本の確定の登記と根抵当権の代位弁済による移転の登記とは、登記の目的を異にするため、一の申請情報によって申請することはできない**。

オ誤　り。

本記述は、一の申請情報によって申請することができるとしている点で、誤っている。**A単有名義及びA、B共有名義の各不動産について、A、Bの住所移転による登記名義人の住所の変更の登記を申請する場合、A、Bの登記原因及びその日付が同一であっても、一の申請情報によって申請することはできない**（登研519 P.187）。

以上により、誤っている記述はエとオであり、したがって、正解は肢5となる。

No	科　目	区分	正答率	肢別解答率				
				1	2	3	4	5
15	不登法	全体	71%	4%	3%	4%	18%	71%
		上位10%	89%	0%	3%	0%	9%	89%

第16問 不登法 判決による登記 正解 4

ア正しい。

不登法 62 条により、本記述は正しい。口頭弁論終結後に、登記権利者に相続が生じた場合には、**相続人からの登記に準じて**（不登法 62 条）、**相続人であることを証する情報を提供して判決による所有権の移転登記を申請することができる。**

イ正しい。

平 13. 3. 30 民 2. 874 により、本記述は正しい。**真正な登記名義の回復を登記原因とする所有権の移転の登記は、死者名義にする場合も認められる。**よって、Bの死亡後、B名義への真正な登記名義の回復を原因とする所有権の移転の登記手続を命じる確定の給付判決を得たCは、単独でその登記の申請をすることができる（平 13. 3. 30 民 2. 874）。

ウ誤　り。

本記述は、Cは、自らを登記権利者として単独で当該判決による当該抵当権の設定の登記の抹消を申請することができるとしている点で、誤っている。**詐害行為取消判決が確定した場合、債権者は所有権の登記名義人（債務者）に代位して、単独で、当該確定判決の主文で命じられた抵当権設定登記の抹消を申請することができる**（昭 38. 3. 14 民甲 726）。Cは代位して登記の抹消を申請できるに過ぎず、自らを登記権利者とすることはできない。

エ正しい。

民執法 27 条 1 項、昭 40. 6. 19 民甲 1120 により、本記述は正しい。**農地法所定の許可を条件として所有権移転の登記手続を命ずる判決に基づき原告が単独でその登記を申請する場合、執行文の付与を必要とする**（民執法 27 条 1 項、昭 40. 6. 19 民甲 1120）。

オ誤　り。

本記述は、Cに対する承継執行文の付与を受けることなく申請することができるとしている点で、誤っている。**登記義務者につき口頭弁論終結後、相続による所有権移転登記がなされているときは、相続人にも登記申請手続を命ずる判決の執行力は及び**（民訴法 115 条 1 項 3 号）、**当該判決に相続人に対する承継執行文の付与を受け、相続登記を抹消せずに、相続登記を受けた相続人を登記義務者として相続人から登記権利者への所有権移転の登記を申請することができる。**

以上により、誤っている記述はウとオであり、したがって、正解は肢 4 となる。

No	科　目	区分	正答率	肢別解答率				
				1	2	3	4	5
16	不登法	全体	66%	9%	5%	9%	66%	11%
		上位 10%	74%	11%	0%	6%	74%	9%

第17問 不登法 所有権の保存の登記 正解 2

ア正しい。

平2.3.28民3.1147により、本記述は正しい。所有権を有することが確定判決によって確認された者は、所有権保存登記の申請適格を有する（不登法74条1項2号）。そして、**表題部所有者が死亡している場合、表題部所有者の相続人との間の判決に基づき所有権保存登記を申請することができる**（平2.3.28民3.1147）。

イ誤　り。

本記述は、自己の相続分についてのみ相続による所有権の保存の登記を申請することができるとしている点で、誤っている。**相続人のうちの一人が自己の持分のみの所有権保存登記を申請することは認められていない**（登研132P.44）。

ウ誤　り。

本記述は、所有権の保存の登記を申請することができるとしている点で、誤っている。**表題部所有者が数人いる場合に申請書に添付すべき判決は、その全員を被告とするものでなければならない**（平10.3.20民3.552）。

エ誤　り。

本記述は、所有権の保存の登記を代位によって申請することができるとしている点で、誤っている。**敷地権付き区分建物の表題部所有者が、敷地権付き区分建物を売り渡し、その売渡代金について抵当権を設定した場合において、当該売主は抵当権設定登記請求権を代位原因として、不動産登記法74条2項の規定により買主名義への所有権保存登記の代位の登記を申請することはできない**（昭63.1.19民3.325）。

オ正しい。

昭32.10.18民甲1953により、本記述は正しい。表題部所有者が不動産を売却した後、所有権保存の登記をしないまま死亡した場合、表題部所有者の相続人は、相続により当該不動産の所有権を取得しないので、自己名義で所有権保存の登記をすることはできない。この場合、**相続人は買受人名義の登記の前提として、死亡した表題部所有者の名義で所有権保存の登記をすることができる**（昭32.10.18民甲1953）。

以上により、正しい記述はアとオであり、したがって正解は肢2となる。

No	科　目	区分	正答率	肢別解答率				
				1	2	3	4	5
17	不登法	全体	64%	12%	64%	2%	2%	20%
		上位10%	86%	3%	86%	0%	0%	11%

第18問 不登法 共有不動産の登記

正解 4

ア誤 り。

本記述は、甲土地の登記を申請する場合の登記原因を、共有物分割による交換としている点で、誤っている。甲土地については、共有物分割協議により甲土地をAの単有にする。この場合、**共有物分割を原因とするB持分全部移転の登記を申請する**（記録例223）。

イ正しい。

共有物分割禁止の定めの申請手続は合同申請であり、所有権保存の申請手続は単独申請であるため申請構造が異なる。したがって、本記述は正しい。

ウ誤 り。

本記述は、BからCへの持分移転の登記を申請することができるとしている点で、誤っている。**AB共有名義の不動産につき、Aの持分について共有名義でないCのために「持分放棄」を登記原因とする共有物持分移転登記はできない**（昭60.12.2民3.5441）。

エ誤 り。

本記述は、直接AからDへの所有権移転登記を申請することができるとしている点で、誤っている。**共有相続人全員が相続分を第三者に譲渡し、被相続人から第三者への移転登記はできない**（登研491P.107）。

オ正しい。

昭37.1.23民甲112により、本記述は正しい。**本記述のように、Aの持分のみを目的としてCの差押えの登記がされている場合において、A及びBがDにこの不動産を売却したときは、一の申請情報でA及びBの持分をDに移転することができず、2件に分けて申請しなければならない**（昭37.1.23民甲112）。

以上により、正しい記述はイとオであり、したがって、正解は肢4となる。

No	科 目	区分	正答率	肢別解答率				
				1	2	3	4	5
18	不登法	全体	72%	6%	11%	4%	72%	7%
		上位10%	97%	3%	0%	0%	97%	0%

第19問 不登法　所有権の移転の登記　正解 2

ア正しい。

登研 603P.135 により、本記述は正しい。**時効取得による所有権移転登記の登記原因の日付について、権利者の出生前の日付であっても差し支えない**（登研 603P.135）。

イ誤　り。

本記述は、Cの持分の移転登記を申請することができないとしている点で、誤っている。B及びCの共有の土地についてAが時効取得したがBが登記申請に協力しないため、AとCの共同申請により**時効取得を登記原因としてC持分のみ移転登記の申請をすることができる**（登研 548P.167）。

ウ正しい。

登研 455P.89 により、本記述は正しい。**時効による所有権移転登記の前提としての相続による所有権移転の要否について時効の起算日前に、土地の所有者Bが死亡しその相続登記が未了の場合には、Aの時効取得による所有権移転登記の前提としてBの相続人への相続による所有権移転の登記を要する**（登研 455P.89）。

エ誤　り。

本記述は、抹消した上で、移転登記を申請しなければならないとしている点で、誤っている。**Bが死亡し相続人であるCに相続を原因とする所有権移転の登記がされている甲土地をAが時効により取得した場合は、相続登記を抹消することなく、相続登記をした相続人から所有権移転の登記申請があった場合でも受理して差し支えない**（昭37.3.8民甲638）。本来の登記の方法としては、相続登記を抹消して被相続人名義に戻した上で、第三者に移転すべきであるが、抹消することを省略して、相続登記を受けた現在の登記名義人から直接第三者名義に移転する登記であってもよい。

オ誤　り。

本記述は、AがCと共同して時効取得を登記原因とする所有権の移転の登記を申請することができるとしている点で、誤っている。**取得時効による不動産の所有権の取得についても、登記なくしては、時効完成後当該不動産につき旧所有者から所有権を取得し登記を経た第三者に対して、その善意たると否とを問わず、時効による所有権の取得を対抗し得ない**（最判昭33.8.28）。

以上により、正しい記述はアとウであり、したがって、正解は肢2となる。

No	科　目	区分	正答率	肢別解答率				
				1	2	3	4	5
19	不登法	全体	82%	10%	82%	1%	4%	3%
		上位10%	97%	0%	97%	0%	0%	3%

第20問 不登法 買戻特約の登記 正解 5

ア誤　り。

本記述は、合意により定めた金額を申請情報の内容とすることはできないとしている点で、誤っている。買戻権を行使する際に売主が返還すべき金銭の範囲について、改正前民法579条は、代金及び契約の費用に限定しており、当事者間の合意で定めることを認めていなかったが、合理性に乏しいことから、合意により定めた金額及び契約の費用とすることもできるとされた（民法579条）。それに伴い、不動産登記法も**買戻特約の登記事項につき、買主が支払った代金（民法579条の別段の合意をした場合にあっては、その合意により定めた金額）**と改正された（不登法96条）。なお、その場合、「合意金額」として登記される（令2.3.31民2.328）。

イ誤　り。

本記述は、甲土地及び乙土地で一括して定めた売買代金及び契約費用を申請情報の内容とすることができるとしている点で、誤っている。**数個の不動産を一括して売買し、買戻しの特約の登記を申請する場合、売買代金及び契約費用を一括して登記することはできない**（昭43.2.21民甲335）。

ウ正しい。

記録例512により、本記述は正しい。**地上権移転の登記と同時に買戻特約の登記が申請されたときは、地上権移転につき付記登記、買戻特約の登記は当該付記登記に付記して実行される**（記録例510）。**さらに売買を原因として当該買戻権の移転の登記が申請する場合、登記の目的を「何番地上権付記1号の付記1号買戻権移転」として申請**すべきである（記録例512）。なお、当該登記は付記1号の付記1号の付記1号で実行される。

エ誤　り。

本記述は、買戻し期間を10年と引き直して買戻しの特約の登記がされるとしている点で、誤っている。**買戻しの期間を15年と特約して、買戻しの特約の登記が申請された場合、当該登記の申請を却下すべきである**（登研187P.77）。

オ正しい。

登研689P.291により、本記述は正しい。**売買契約において所有権の移転日の特約が定められたことにより、所有権の移転の登記と買戻しの特約の登記の原因日付が異なった場合の登記の申請は、所有権の移転の登記の登記原因の日付を代金完済日とし、買戻しの特約の登記の登記原因の日付を特約の日として、同時に申請する**（登研689P.291）。

以上により、正しい記述はウとオであり、したがって、正解は肢5となる。

No	科　目	区分	正答率	肢別解答率				
				1	2	3	4	5
20	不登法	全体	59%	2%	6%	8%	25%	59%
		上位10%	86%	0%	0%	0%	14%	86%

第21問 不登法　区分建物に関する登記　正解 2

ア正しい。

昭58.11.10民3.6400により、本記述は正しい。**敷地権付き区分建物についての処分禁止の仮処分の登記は、当該敷地権が生じた後に当該仮処分がされた場合であっても、当該区分建物のみ又は当該敷地権の目的である土地のみを目的とすることができる**（昭58.11.10民3.6400）。建物のみ、あるいは土地のみについて、権利の帰属につき争いが生じる可能性があるためである。

イ誤　り。

本記述は、敷地権の種類及び割合を申請情報の内容とすることを要しないとしている点で、誤っている。敷地権付き区分建物についての所有権、一般の先取特権、質権又は抵当権に関する登記（不登法73条3項ただし書に規定する登記を除く。）を申請するときは、①敷地権の目的となる土地の所在する市、区、郡、町、村及び字並びに当該土地の地番、地目及び地積、**②敷地権の種類及び割合**を申請情報の内容としなければならない（不登令3条11号へ）。しかし、不動産番号を申請情報の内容としたときは、①を申請情報の内容とすることを要しない（不登令6条1項3号、不登規34条2項）。**②が省略可能である旨までは、規定されていない。**

ウ誤　り。

本記述は、区分地上権の設定の登記を申請することはできないとしている点で、誤っている。**敷地権の目的たる土地について、区分地上権の設定の登記を申請することができる**（昭58.11.10民3.6400）。

エ正しい。

昭59.9.1民3.4675により、本記述は正しい。**敷地権発生前に土地を目的として抵当権設定の登記がされていた場合において、敷地権発生後の日を登記原因日付とする当該抵当権の被担保債権と同一の債権の担保として区分建物のみを目的として抵当権の追加設定の登記の申請をすることができる**（昭59.9.1民3.4675）。

オ誤　り。

本記述は、賃借権の設定の登記を申請することはできないとしている点で、誤っている。**敷地権の登記後に登記原因が生じた場合であっても、賃借権の設定の登記は、土地のみ又は建物のみを目的とするものとして申請することができる**（昭58.11.10民3.6400）。

以上により、正しい記述はアとエであり、したがって、正解は肢2となる。

No	科　目	区分	正答率	肢別解答率				
				1	2	3	4	5
21	不登法	全体	57%	4%	57%	28%	6%	5%
		上位10%	100%	0%	100%	0%	0%	0%

第22問 不登法 地上権の登記

正解 2

ア誤　り。

本記述は、A及びBの持分につき地上権を設定する登記を申請することができるとしている点で、誤っている。**共有持分を目的とする採石権等の用益権の設定の登記は、他の共有者の同意を証する情報の添付の有無にかかわらず、不登令20条8号の規定により却下される**（昭37.3.26民甲844）。

イ正しい。

平2.11.8民3.5000により、本記述は正しい。地上権設定の保全仮登記に係る仮処分の債権者は、不動産の使用若しくは収益をする権利（所有権を除く）又はその権利を目的とする権利の取得に関する登記で、仮処分に後れるものを抹消することができる（民保法58条4項）。**不動産質権は不動産を使用収益する権利ではあるが、その本質は担保権であるため、民事保全法58条4項の「抹消することができる権利」には該当しない**（平2.11.8民3.5000）。

ウ正しい。

昭41.11.14民甲1907により、本記述は正しい。**区分地上権を地上権に変更する登記は、区分地上権者を権利者、設定者を義務者として申請することができる**（昭41.11.14民甲1907）。

エ正しい。

記録例264により、本記述は正しい。地上権の持分を売買により取得した者が、その持分の一部を更に売却した場合に申請する登記の目的は、「**何番地上権何某持分一部移転**」である（記録例264）。

オ誤　り。

本記述は、裁判所書記官の嘱託によってされるとしている点で、誤っている。**法定地上権が設定されたとみなされた場合、その設定登記は当事者の申請による**（昭55.8.28民3.5267）。

以上により、誤っている記述はアとオであり、したがって、正解は肢2となる。

No	科　目	区分	正答率	肢別解答率				
				1	2	3	4	5
22	不登法	全体	59%	20%	59%	8%	4%	10%
		上位10%	97%	3%	97%	0%	0%	0%

第23問 不登法　抵当権の設定の登記　正解 1

ア誤　り。

本記述は、A及びCを抵当権者とする抵当権の設定登記を一の申請情報によって申請することができるとしている点で、誤っている。これを認めると、AとCがそれぞれ**他人の債権について抵当権を取得**する、という状態になってしまうからである（昭 35.12.27 民甲 3280）。

イ正しい。

昭 31.3.14 民甲 506 により、本記述は正しい。**後順位者に優先額を公示するため、不明確な定めを登記することはできない**（昭 31.3.14 民甲 506）。

ウ誤　り。

本記述は、抵当権設定登記を申請することができないとしている点で、誤っている。**清算中の会社は抵当権設定契約の時点がその解散前であると否とを問わず、右の契約による抵当権設定の登記の申請をすることができる**（昭 41.11.7 民甲 3252）。

エ正しい。

昭 24.7.19 民甲 1663 により、本記述は正しい。**強制執行による差押えの登記がされていたとしても、抵当権設定の登記は受理される**（昭 24.7.19 民甲 1663）。

オ正しい。

昭 38.4.9 民甲 965 により、本記述は正しい。**本記述のX、Y、Z債権は債権者が同一であるため、共同抵当の設定が可能である。それぞれが既に別個の不動産に担保されている場合でも、新たに追加担保として乙土地に1件で申請することができる**（昭 38.4.9 民甲 965）。

以上により、誤っている記述はアとウであり、したがって、正解は肢1となる。

No	科　目	区分	正答率	肢別解答率				
				1	2	3	4	5
23	不登法	全体	74%	74%	13%	3%	2%	8%
		上位10%	94%	94%	6%	0%	0%	0%

第24問 不登法 根抵当権の登記 正解 2

ア正しい。

昭48.11.14民3.8573により、本記述は正しい。**根抵当権の担保すべき債権の範囲を一定の種類の取引をもって定める場合、信託取引とすることは差し支えない**（昭48.11.14民3.8573）。

イ誤　り。

本記述は、Bを根抵当権者とする合意の登記を申請することができないとしている点で、誤っている。**相続による根抵当権の移転の登記の申請の場合、①申請情報と併せて提供された特別受益証明書**（民法903条参照）**又は遺産分割協議書等に既発生の債権を相続しない旨及び②民法398条の8第1項の合意による指定を受ける意思のない旨が明らかに記載されている者は相続人とならない**（昭46.12.27民3.960）。よって、①のみでは、遺産分割協議書に既発生の債権を相続しない旨を記載した相続人の1人を指定根抵当権者とする合意の登記を申請することができないわけではない。

ウ誤　り。

本記述は、Aを登記権利者、Bを登記義務者としている点で、誤っている。**根抵当権の優先の定めの登記の申請は、優先の定めをする当該根抵当権の登記名義人が共同してしなければならない**（不登法89条2項）。

エ誤　り。

本記述は、単独で当該根抵当権の抹消の登記を申請することができるとしている点で、誤っている。**民法398条の22の根抵当権の消滅請求による根抵当権の抹消の登記は、登記権利者による単独申請を認める規定が存在しないため、原則どおり、共同申請によること**になる（不登法60条）。

オ正しい。

旧根抵当権においては、存続期間の定めあるいは取引期間の定めがされ、その登記も認められていたが、当該定めは、根抵当権自体の存続期間を定めるものではなく、当該根抵当権の担保すべき元本債権は、その期間内に生じたものに限られるとする趣旨で定められていたものであって、その機能において確定期日と変わるところはなかった。現根抵当権は、期間ではなく、**根抵当権の確定すべき特定の日を定める**（民法398条の6第1項）ことによって、これと同様の効果を生じさせることができることとした（新根抵当法P.105）。したがって、本記述は正しい。

以上により、正しい記述はアとオであり、したがって、正解は肢2となる。

No	科　目	区分	正答率	肢別解答率				
				1	2	3	4	5
24	不登法	全体	54%	12%	54%	8%	13%	13%
		上位10%	94%	3%	94%	0%	0%	3%

第25問 不登法　法令における期間の定め　正解 5

ア誤　り。

新築した建物又は区分建物以外の表題登記がない建物の所有権を取得した者は、その所有権の取得の日から1月以内に、表題登記を申請しなければならない（不登法47条1項）とする規定が存在するが、**所有権の保存の登記については、一定の期間内に登記を申請しなければならない旨の規定は存在しない。**したがって、本記述は誤っている。

イ誤　り。

本記述は、保管の申出の日から10年としている点で、誤っている。**法定相続情報一覧図つづり込み帳の保存期間は、作成の年の翌年から5年間となる**（不登規28条の2第6号）。

ウ誤　り。

本記述は、作成後3か月以内のものでなければならないとしている点で、誤っている。**承諾を証する情報を記載した書面への記名押印等について規定した不動産登記令19条には、不動産登記令16条3項、18条3項のような、作成後3月以内のものでなければならないとする規定は存在しない。**

エ正しい。

登研146P.42により、本記述は正しい。**不動産登記令別表22の添付情報において、作成後3月以内のものでなければならないとする規定は存在しない**（登研146P.42）。

オ正しい。

昭48.11.17民3.8525により、本記述は正しい。**国外在住の日本人が登記を申請する場合において、印鑑証明書に代えて、在外公館により作成される署名証明書を添付するときは、当該証明書は、作成後3か月以内のものであることを要しない**（昭48.11.17民3.8525）。

以上により、正しい記述はエとオであり、したがって、正解は肢5となる。

No	科　目	区分	正答率	肢別解答率				
				1	2	3	4	5
25	不登法	全体	70%	2%	11%	7%	9%	70%
		上位10%	80%	0%	14%	3%	3%	80%

第26問 不登法 原本還付 正解 2

ア誤 り。

本記述は、申請人の住所を証する書面について原本と相違ない旨の記載のある謄本の提供をすることなく原本還付を請求することができるとしている点で、誤っている。住所を証する書面として住民票の写しについては、原本還付請求することができ（不登規55条1項本文）、**原本の還付を請求する申請人は、原本と相違ない旨を記載した謄本を提出しなければならない**（不登規55条2項）。なお、相続を証する情報である戸籍謄本又は抄本及び除籍謄本の原本還付を請求する場合に限って、当該書面の謄本として相続関係説明図を提供することができる（平17.2.25民2.457）が、住所を証する書面の原本還付を請求する場合においては、その謄本として相続関係説明図を提供することができるとはされていない。

イ正しい。

不登規55条1項本文により、本記述は正しい。**登記識別情報が提供できない場合に提供する資格者代理人が提出する本人確認情報に添付した司法書士の職印に係る印鑑証明書については、原本の還付を請求することができる**（不登規55条1項本文）。

ウ正しい。

不登規55条1項ただし書により、本記述は正しい。**「当該申請のためにのみ作成された」登記原因証明情報については、原本還付を請求することができない**（不登規55条1項ただし書）。

エ正しい。

不登規55条1項ただし書、不登令19条2項により、本記述は正しい。**仮登記の権利者が仮登記を単独で申請する場合**（不登法107条1項）**の登記義務者の承諾書**（不登令7条1項5号ハ）**に添付した印鑑証明書**（不登令19条2項）**は、書面申請における原本還付請求について定める不動産登記規則55条1項ただし書において除外されている。**よって、当該印鑑証明書については、原本の還付を請求することはできない。

オ誤 り。

本記述は、申請の受付後、直ちに原本還付をしなければならないとしている点で、誤っている。登記官は、添付書面の還付請求があった場合には、調査完了後（つまり原本と相違ない旨を記載した謄本と当該請求に係る書面の原本を照合し、これらの内容が同一であることを確認した上で）、これを還付する（不登規55条3項前段）。そして、**登記官は、謄本に原本還付の旨を記載し**（不登準則30条参照）、**これに登記官印を押印し**（不登規55条3項後段）、**登記完了後、申請書類綴り込み帳に綴り込む**ものとする（同条4項）。なお、調査完了後でなければ還付請求できないので、窓口での還付請求はできない。

以上により、誤っている記述はアとオであり、したがって、正解は肢2となる。

No	科 目	区分	正答率	肢別解答率				
				1	2	3	4	5
26	不登法	全体	48%	8%	48%	7%	33%	4%
		上位10%	71%	0%	71%	0%	26%	3%

第27問 不登法　登録免許税　正解 5

ア誤　り。

本記述は、非課税としている点で、誤っている。**抵当権の順位変更の登記の申請において、申請人の一部の者に非課税法人が含まれている場合であっても、その者の分について非課税とすることはできない**（昭48.10.31民3.8188）。

イ誤　り。

本記述は、1500円としている点で、誤っている。**地役権の設定の登記の登録免許税の額は、承役地の不動産1個につき1500円である**（登免法別表1.1.(4)）。本記述は承役地の不動産が2個であるので、3000円となる。

ウ誤　り。

本記述は、不動産の個数1個につき1000円としている点で、誤っている。**根抵当権の信託の仮登記の登録免許税の額は、極度額に1000分の1を乗じた額である**（登免法別表1.1.(12).ホ(2)）。

エ正しい。

登免法別表1.1.(7)により、本記述は正しい。**根抵当権の一部譲渡による移転の登記の登録免許税の額は、一部譲渡後の共有者の数で極度金額を除して計算した金額に1000分の2を乗じた額である**（登免法別表1.1.(7)）。本記述の登録免許税の額は、極度額1500万円を3で除した500万円に1000分の2を乗じた1万円となる。

オ正しい。

登研579P.169により、本記述は正しい。所有権の更正の登記は、原則として不動産の個数につき1000円である（登免法別表1.1.(14)）。しかし、**移転する持分が増加する所有権移転登記の登録免許税は、増加する持分の価格について、所有権一部移転の登記の登記原因に応じた登録免許税を納付することを要する**（登研579P.169）。本記述の場合、更正登記によって増加する持分2分の1の不動産価格（500万円）を課税標準として算出した贈与による所有権移転登記の登録免許税法所定の税額（×1000分の20）に相当する登録免許税である10万円を納付することを要する。なお、本記述の申請には別に付記登記の登録免許税を納付することを要しないものとされる。

以上により、正しい記述はエとオであり、したがって、正解は肢5となる。

No	科　目	区分	正答率	肢別解答率				
				1	2	3	4	5
27	不登法	全体	62%	3%	16%	10%	8%	62%
		上位10%	91%	3%	3%	3%	0%	91%

第28問 商登法　印鑑の提出等　正解 1

ア正しい。

商登規９条７項により、本記述は正しい。印鑑を提出した者が、印鑑の廃止の届出をする場合には、印鑑届出事項のほか、氏名等を記載し、当該印鑑を押印した書面でしなければならない（商登規９条７項前段）。しかし、**印鑑カードを提示するときは、押印を要しない**（商登規９条７項後段）。

イ正しい。

印鑑カードを紛失し、新たな印鑑カードの交付を受ける場合、印鑑カードの廃止届及び印鑑カード交付申請が必要となる（商登規９条の４、９条の５参照）。したがって。本記述は正しい。

ウ誤　り。

本記述は、電子情報処理組織を使用してすることができないとしている点で、誤っている。**印鑑の提出又は廃止の届出は、オンラインによる登記と同時にする場合に限り、情報通信技術活用法第６条第１項の規定により、同項に規定する電子情報処理組織を使用する方法によってすることができる**（商登規101条１項２号、令3.1.29民商10）。

エ誤　り。

本記述は、書面を提出して請求することができないとしている点で、誤っている。**電子証明書の発行の請求は、書面を提出する方法によってすることができる**（商登規33条の6第１項）。なお、電子情報処理組織を使用する方法によってもすることができる（商登規101条１項３号）。

オ誤　り。

本記述は、委任による代理人によりすることができないとしている点で、誤っている。**電子証明書の発行の請求は、委任による代理人によりすることができる**（商登規33条の6第３項参照）。

以上により、正しい記述はアとイであり、したがって、正解は肢１となる。

No	科　目	区分	正答率	肢別解答率				
				1	2	3	4	5
28	商登法	全体	54%	54%	25%	17%	2%	2%
		上位10%	86%	86%	11%	3%	0%	0%

第29問 商登法 株式会社の設立の登記 正解 5

ア誤　り。

本記述は、発起人となる当該会社の登記事項証明書を添付し、又は発起人となる当該会社の会社法人等番号を記載しなければならないとしている点で、誤っている。発起人について資格制限はないため、会社も他の会社の発起人となることができる。この場合、設立の登記に際して、**発起人となるべき会社の登記事項証明書の添付や会社法人等番号の記載を要求する規定はない**（商登法 47 条 2 項参照）。

イ誤　り。

本記述は、発起人の過半数の同意があったことを証する書面を添付しなければならないとしている点で、誤っている。電子公告を公告方法とする株式会社においては、定款には電子公告を公告方法とする旨を定めれば足り（会社法 939 条 3 項前段）、ウェブページのアドレス（会社法 911 条 3 項 28 号イ、会社施行規 220 条 1 項 2 号）は、別途定めることになる。**設立手続におけるウェブページのアドレスの決定は、発起人代表が適宜行い、この決定に係る特段の添付書面を要しない**と解されている。

ウ誤　り。

本記述は、当該創立総会の議事録を添付して変更後の商号による設立の登記を申請することができるとしている点で、誤っている。株式会社の創立総会では、その決議によって原始定款を変更することも認められるが（会社法 96 条）、その決議は、**①当該創立総会において議決権を行使することができる設立時株主の議決権の過半数**であって、**②出席した当該設立時株主の議決権の 3 分の 2 以上**に当たる多数をもって行う必要がある（会社法 73 条 1 項）。本記述のように議決権を行使することができる設立時株主の 3 分の 2 を有する設立時株主が出席し、出席した当該設立時株主の議決権の 3 分の 2 に当たる多数の賛成があったという場合、**②の要件は充足しているが、当該創立総会において議決権を行使することができる設立時株主の議決権の過半数に達しない 9 分の 4 の賛成しか得られていないので、①の要件を充足していない**。よって、このような創立総会議事録を添付して変更後の商号による設立の登記を申請することはできない。

エ正しい。

会社法 32 条 1 項 2 号、商登法 47 条 3 項により、本記述は正しい。**発起人が設立時発行株式と引換えに払い込む金銭の額は、発起人全員の同意により定められる**（会社法 32 条 1 項 2 号）。よって、発起人全員の同意があったことを証する書面の添付を要する（商登法 47 条 3 項）。

オ正しい。

商登法 47 条 2 項 3 号ハ、平 18.3.31 民商 782 により、本記述は正しい。**現物出資財産等について定款に記載され、又は記録された価額が相当であることについて税理士の証明を受けた場合には、検査役の調査を要しない**（会社法 33 条 10 項 3 号）。**この場合、税理士**

の証明を記載した書面及びその附属書類の添付を要する（商登法 47 条 2 項 3 号ハ、平 18. 3. 31 民商 782）。そして、当該税理士が設立しようとする会社の設立時会計参与であったとしても、現物出資財産等の価額が相当であることの証明をすることは禁止されていない（会社法 33 条 11 項 3 号参照）。

以上により、正しい記述はエとオであり、したがって、正解は肢５となる。

No	科 目	区分	正答率	肢別解答率				
				1	2	3	4	5
29	商登法	全体	40%	14%	5%	4%	37%	40%
		上位 10%	51%	0%	3%	3%	43%	51%

第30問 商登法 新株予約権の登記 正解 3

ア誤　り。

本記述は、条件が成就しないことが確定したことを証する書面を添付しなければならないとしている点で、誤っている。**新株予約権は、これがどの者との関係においてもおよそ新株予約権として行使することが不可能になった場合、消却の手続**（会社法276条）**を経ずに消滅**する（会社法 287 条）。このような場合における新株予約権の消滅による変更の登記の申請書の添付書面については、**これを求める法の規定がないから、委任状**（商登法18条）**以外の書面の添付を要しない**。よって、条件が成就しないことが確定したことを証する書面の添付を要しない。

イ正しい。

会社法911条3項12号により、本記述は正しい。株式会社が新株予約権を発行する際に、**譲渡による当該新株予約権の取得について当該株式会社の承認を要するとする旨の定め**があるときは、当該定めを当該新株予約権の内容としなければならない（会社法236条1項 6 号）。しかし、**当該定めは、募集新株予約権の発行における変更の登記における登記すべき事項とはされていない**（会社法911条3項12号参照）。

ウ誤　り。

本記述は、新株予約権の無償割当てによる変更の登記の申請をしなければならないとしている点で、誤っている。**新株予約権の無償割当てをしたことにより自己新株予約権のみを交付したときは、登記事項に変更は生じない**ので、新株予約権の無償割当てによる変更の登記の申請をすることを要しない。

エ誤　り。

本記述は、登記すべき事項として当該定めを記載しなければならないとしている点で、誤っている。**株式会社が新株予約権を行使した新株予約権者に交付する株式の数に一株に満たない端数がある場合において、これを切り捨てるものとするときは、当該定めを当該新株予約権の内容としなければならない**（会社法236条1項9号）。しかし、**当該定めは、募集新株予約権の発行における変更の登記における登記すべき事項とはされていない**（会社法911条3項12号参照）。

オ正しい。

会社法236条1項5号、商登法46条2項により、本記述は正しい。**新株予約権の募集事項の決定の際に、資本金として計上しない額を定めた場合**（会社法236条1項5号）、**新株予約権の行使による変更の登記の申請書には、その決定機関である株主総会議事録等を添付することを要する**（商登法46条2項、平18.3.31民商782）。

以上により、正しい記述はイとオであり、したがって、正解は肢3となる。

No	科　目	区分	正答率	肢別解答率				
				1	2	3	4	5
30	商登法	全体	75%	8%	7%	75%	4%	5%
		上位10%	97%	0%	0%	97%	0%	3%

第31問 商登法 役員変更の登記等 正解 5

ア正しい。

昭40.7.13民甲1747により、本記述は正しい。**取締役を3名置く株式会社の代表取締役である取締役の死亡に伴い、残りの2名の取締役で開いた取締役会において代表取締役を選定したことによる代表取締役の就任による変更の登記の申請をすることができる**（昭40.7.13民甲1747）。

イ正しい。

商登規61条6項3号により、本記述は正しい。代表取締役の就任による変更の登記の申請書には、取締役会の決議によって代表取締役を選定した場合、出席した取締役及び監査役が取締役会の議事録に押印した印鑑につき市区町村長の作成した証明書を添付しなければならない。ただし、当該印鑑と変更前の代表取締役が登記所に提出している印鑑とが同一であるときは、この限りでない（商登規61条6項柱書ただし書）。そして、**監査役の監査の範囲が会計に関するものに限定されている旨の定款の定めのある会社の監査役については、原則として取締役会への出席義務はないものの、出席した以上は、当該議事録への記名押印の義務が生じることとなり、商業登記規則61条6項3号の規定も、出席義務の有無を問わずに、現に出席した取締役及び監査役について適用される。**

ウ誤 り。

本記述は、成年被後見人の同意書を添付することを要しないとしている点で、誤っている。**成年被後見人が取締役に就任するには、その成年後見人が、成年被後見人の同意（後見監督人がある場合にあっては、成年被後見人及び後見監督人の同意）を得た上で、成年被後見人に代わって就任の承諾をしなければならない**ため（会社法331条の2第1項）、**成年被後見人の同意書（後見監督人がある場合にあっては、成年被後見人及び後見監督人の同意書）及び成年後見に係る登記事項証明書**も必要となる（令3.1.29民商14）。

エ正しい。

商登規61条1項、登研671P.94により、本記述は正しい。**会社法112条1項の規定により取締役選任権付種類株式の定めが廃止されたものとみなされた場合、当該定款の定めが廃止されたものとみなされた時から2週間以内に、発行する各種類の株式の内容の変更の登記を申請しなければならない**（会社法915条1項、911条3項7号括弧書、平14.12.27民商3239、『商業登記ハンドブック第4版』P.260）。このような場合における登記の申請書の添付書面については、**法令上特に規定がないが、取締役の員数について法令と異なる定めをしているときは、定款を添付**すべきものとされている（商登規61条1項、登研671P.94）。

オ誤 り。

本記述は、登記の抹消を申請することができるとしている点で、誤っている。判例は、解任された取締役についての辞任の登記の有効性について、「**登記面は、役員資格消滅の事**

由については真実でないが、資格消滅の身分変動については結局真実に合致しており、登記としては有効」としており、登記の抹消を申請することはできない（最判昭 25. 6. 13）。

以上により、誤っている記述はウとオであり、したがって、正解は肢 5 となる。

No	科　目	区分	正答率	肢別解答率				
				1	2	3	4	5
31	商登法	全体	63%	3%	8%	14%	12%	63%
		上位 10%	89%	0%	3%	0%	9%	89%

第32問 商登法 資本金の額の変更の登記

正解 5

ア誤 り。

本記述は、株主総会の議事録を添付しなければならないとしている点で、誤っている。**株式の発行と同時に準備金の額を減少する場合において、当該準備金の額の減少の効力発生日後の準備金の額が当該日前の準備金の額を下回らないときは、取締役の決定（取締役会設置会社にあっては、取締役会の決議）でよい**（会社法448条3項）とされており、この場合の登記申請では、当該決議等をした取締役の過半数の一致を証する書面又は取締役会議事録を添付する（商登法46条1項、2項）。

イ誤 り。

本記述は、株主総会の議事録を添付しなければならないとしている点で、誤っている。株式会社は、株主総会の決議によって資本金の額を減少することができる（会社法447条1項）が、**株式会社が株式の発行と同時に資本金の額を減少する場合において、当該資本金の額の減少の効力が生ずる日後の資本金の額が当該日前の資本金の額を下回らないときは、取締役の過半数の決定（取締役会設置会社にあっては、取締役会の決議）によって、資本金の額を減少することができる**（会社法447条3項）。この場合において資本金の額の減少の登記をするには、株主総会議事録に代えて、取締役の過半数の一致を証する書面又は取締役会議事録を添付することができる。

ウ正しい。

平18.3.31民商782、会社法450条2項、309条1項により、本記述は正しい。会社法は、**剰余金の額を減少して資本金の額を増加する場合は、定時株主総会に限らず臨時株主総会の普通決議によりすることができる**としている（平18.3.31民商782、会社法450条2項、309条1項）。

エ誤 り。

本記述は、臨時株主総会の議事録を添付して、資本金の額の減少の変更の登記を申請することができるとしている点で、誤っている。**定時株主総会において資本金の額を減少する場合で、減少する資本金の額が当該決議に係る定時株主総会の日における欠損の額として法務省令で定める方法により算定される額を超えない場合には、普通決議により決議できる**（会社法309条2項9号イ、ロ）。この場合の登記申請では、当該決議を行った普通決議による株主総会議事録を添付する（商登法46条2項）。

オ正しい。

会社法448条1項2号により、本記述は正しい。**会社法は、準備金の額を減少して資本金の額を増加する場合は、株主総会の決議によりすることができる**としている（会社法448条1項2号）。この場合の登記申請では、**当該決議を行った普通決議による株主総会議事録を添付**する（商登法46条2項）。

以上により、正しい記述はウとオであり、したがって、正解は肢５となる。

No	科　目	区分	正答率	肢別解答率				
				1	2	3	4	5
32	商登法	全体	64%	4%	11%	15%	5%	64%
		上位10%	97%	0%	3%	0%	0%	97%

第33問 商登法　株式交付　正解 1

ア正しい。

会社法2条32号の2、会社施行規4条の2により、本記述は正しい。株式交付とは、A株式会社が、B株式会社をその議決権の過半数を有する子会社とするために、B株式会社の株式を譲り受け、当該株式の譲渡人に対してその対価としてA株式会社の株式を交付する制度である(会社法2条32号の2、会社施行規4条の2)。そのため、**既に議決権の過半数を有する他の株式会社を株式交付子会社とする株式交付はすることができない**。よって、そのような株式交付による変更登記を申請することはできない。

イ誤　り。

本記述は、合同会社を株式交付親会社とする株式交付による変更登記を申請することができるとしている点で、誤っている。**株式交付親会社となることができる会社の種類は、株式会社に限られる**（会社法2条32号の2、774条の2前段参照)。

ウ正しい。

登免法別表1.24.(1)ニ、令3.1.29民商14により、本記述は正しい。**株式交付による変更の登記の登録免許税の額は、資本金の増加の登記分として、増加した資本金の額（課税標準金額）の1000分の7（これによって計算した税額が3万円に満たないときは、3万円)**であり、**発行済株式の総数の変更の登記については、登録免許税を別途納付する必要はない**（登免法別表1.24.(1)ニ、令3.1.29民商14)。よって、本記述の場合、増加した資本金の額1000万円に1000分の7を乗じて得た7万円が登録免許税の額になる。

エ誤　り。

本記述は、債権者保護手続を行ったことを証する書面を添付しなければならないとしている点で、誤っている。**株式交付においては、原則として債権者保護手続を要しないが、対価として株式交付親会社の株式以外の財産を交付する場合には、株式交付親会社は債権者保護手続を行う必要がある**(会社法816条の8)。本記述では、株式交付親会社の株式のみを交付しているため、債権者保護手続を行う必要はなく、これを行ったことを証する書面（商登法90条の2第4号）の添付を要しない。

オ誤　り。

本記述は、新株予約権証券の提出に関する公告をしたことを証する書面の添付を要するとしている点で、誤っている。**株式交付子会社の株式・新株予約権については、当該株式・新株予約権を有する者の譲渡しの申込み等に基づき、株式交付親会社がこれらを譲り受けるものであり、株式交付子会社において株券・新株予約権証券の提出に関する公告をする場合は存在しない**（会社法219条1項・293条1項参照)。そのため、株式交付による変更の登記の申請書について、これらの公告をしたことを証する書面の添付を求める規定もない（商登法90条の2参照)。

以上により、正しい記述はアとウであり、したがって、正解は肢１となる。

No	科　目	区分	正答率	肢別解答率				
				1	2	3	4	5
33	商登法	全体	56%	56%	17%	13%	5%	10%
		上位10%	91%	91%	6%	3%	0%	0%

第34問 商登法 外国会社の登記 正解 4

ア登記事項である。

「外国会社の設立の準拠法」は、外国会社の登記における登記事項である（会社法933条2項1号）。

イ登記事項である。

外国会社の登記においては、日本における同種の会社又は最も類似する会社の種類に従い、会社法911条3項各号又は912条から914条までの各号に掲げる事項（株式会社、合名会社、合資会社又は合同会社の設立の登記事項）を登記しなければならない（会社法933条2項柱書）。**いずれの会社についても、本店の所在場所は登記事項であるから**（会社法911条3項3号、912条3号、913条3号、914条3号）、**「外国会社の本店の所在場所」は外国会社の登記における登記事項である。**

ウ登記事項ではない。

「日本における代表者の権限の範囲」は外国会社の登記における登記事項ではない（会社法933条2項参照）。

エ登記事項である。

外国会社は、公告方法として、①官報に掲載する方法、②時事に関する事項を掲載する日刊新聞紙に掲載する方法又は③電子公告のいずれかを定めることができる（会社法939条2項、1項各号）。そして、この規定による**公告方法についての定めがあるときは、その定めが外国会社の登記における登記事項となる**（会社法933条2項5号）。よって、「公告方法として、時事に関する事項を掲載する日刊新聞紙に掲載する方法を定めた場合における当該公告方法」は外国会社の登記における登記事項である。

オ登記事項ではない。

「日本における代表清算人の氏名及び住所」は、外国会社の登記における登記事項ではない。なお、日本にある外国会社の財産の全部について清算の開始が命じられた場合は、裁判所によって清算人が選任され（会社法822条2項）、外国会社の申請により清算人の登記をすることになるが（会社法933条4項、928条3項）、本記述にいう「日本における代表清算人」はこの場合の清算人を指すものではないと解している。

以上により、登記事項でない記述はウとオであり、したがって、正解は肢4となる。

No	科目	区分	正答率	肢別解答率				
				1	2	3	4	5
34	商登法	全体	68%	4%	7%	15%	68%	5%
		上位10%	80%	0%	0%	20%	80%	0%

第35問 商登法 一般社団法人の登記 正解 5

ア正しい。

法登規3条、商登規61条7項により、本記述は正しい。設立の登記の申請書には、設立時取締役が就任を承諾したことを証する書面に記載した取締役等の氏名及び住所が記載されている市町村長その他の公務員が職務上作成した証明書を添付しなければならない。ただし、登記の申請書に当該取締役等の印鑑につき市町村長の作成した証明書を添付する場合はこの限りではない（商登規61条7項)。この規定は、**一般社団法人の設立登記にも準用**されている（法登規3条)。

イ正しい。

法登規3条、商登規61条8項により、本記述は正しい。**印鑑を提出している代表理事の辞任届についての押印、印鑑証明書の添付についても、商業登記規則が準用**されている（商登規61条8項、法登規3条)。

ウ正しい。

法登規3条、商登規81条の2第1項前段により、本記述は正しい。会社の代表者は、役員又は清算人の旧氏を登記簿に記録するよう申し出ることができる（商登規81条の2第1項前段)。これは**一般社団法人の登記にも準用**されている（法登規3条)。

エ誤　り。

本記述は、申請することができないとしている点で、誤っている。理事又は社員が社員総会の目的である事項について提案をした場合において、当該提案につき社員の全員が書面又は電磁的記録により同意の意思表示をしたときは、当該提案を可決する旨の社員総会の決議があったものとみなされる（法人法58条1項)。この場合、**決議があったものとみなされた事項等を内容とする社員総会議事録を作成**することになる（法人法施行規11条4項1号)。本記述の場合、このような社員総会議事録を、**登記すべき事項につき社員総会の決議があったものとみなされる場合に該当することを証する書面**（法人法317条1項）**として添付して、理事の変更の登記を申請することができる**（平20.9.1民商2351)。

オ誤　り。

本記述は、申請することができないとしている点で、誤っている。一般社団法人の理事は、社員総会の決議によって解任することができる（法人法70条1項、)。**理事を解任する決議の要件は、監事を解任する場合と異なり、総社員の議決権の過半数を有する社員が出席し、出席した当該社員の議決権の過半数をもってする普通決議で足りる**（法人法49条1項、2項2号)。よって、本記述のような内容の社員総会議事録を添付して、理事の解任による変更の登記を申請することができる。

以上により、誤っている記述はエとオであり、したがって、正解は肢5となる。

No	科 目	区分	正答率	肢別解答率				
				1	2	3	4	5
35	商登法	全体	70%	4%	15%	5%	6%	70%
		上位 10%	97%	0%	3%	0%	0%	97%

解説

記述式

○第 36 問
（午後の部・不動産登記）

●第 37 問
（午後の部・商業登記）

第 36 問・解答例

第１欄

		(1)	(2)	(3)	(4)
登記の目的		２番所有権抹消	１番所有権登記名義人住所変更	所有権移転	登記不要
申請事項等	登記原因及びその日付	令和２年８月８日譲渡担保契約解除	令和３年２月１０日住所移転	令和４年２月１８日売買	
	上記以外の申請事項等	権利者　Ｓ 義務者　Ｔ	変更後の事項 住所　東京都台東区上野三丁目１番１９号 申請人　Ｓ	権利者　Ａ 義務者　Ｓ 登記識別情報を提供することができない理由　失念	
添付情報		ア、キ（平成２６年３月３日受付第８０号のもの）、シ、セ、ソ	セ、ソ	エ、サ、ス、ソ、タ（Ｕのもの）、ツ（Ｒの本人確認をしたもの）	
登録免許税額		金１０００円	金１０００円	金１５万２５００円	

第２欄

結論	できない。
理由	不動産が二重譲渡された場合、民法 177 条の物権変動の対抗要件の問題として、登記を備えた者が優先する。 そして、譲渡担保契約の解除により所有権が設定者に復帰することは、物権変動として 177 条の対抗要件の問題にあたる。 本問では、Ｓが登記を備える前にａが登記を備えた。したがって、甲土地の所有権について、ａがＳに優先する。

第３欄

		(1)	(2)	(3)	(4)
登記の目的		１番抵当権変更	１番抵当権変更	１番抵当権の効力を所有権全部に及ぼす変更（付記）	２番、３番順位変更
申請事項等	登記原因及びその日付	令和４年１２月４日連帯債務者Ａの相続	令和５年５月２１日連帯債務者Ｃ、Ｄの免責的債務引受	平成２８年７月１日金銭消費貸借 令和５年６月１２日設定	令和５年６月１４日合意
	上記以外の申請事項等	変更後の事項 連帯債務者 水戸市三の丸一丁目３番５号 Ｂ 水戸市小吹町２０００番地　Ｃ 水戸市小吹町２０００番地　Ｄ 権利者　Ｘ 義務者　Ｂ	変更後の事項 連帯債務者 水戸市三の丸一丁目３番５号 Ｂ 権利者　Ｘ 義務者　Ｂ	権利者　Ｘ 義務者　Ｂ	変更後の順位 第１　２番抵当権 第１　３番根抵当権 申請人　Ｙ 　　　　Ｚ
添付情報		オ、キ（平成２２年１１月１９日受付第８００号のもの）	オ、キ（平成２２年１１月１９日受付第８００号のもの）	ウ、キ（Ｂが乙土地の甲区４番で通知を受けたもの）、ク、チ（Ｙ及びＺのもの）	カ、キ（平成３０年４月９日受付第１８０号のもの、令和１年８月６日受付第４３０号のもの）
登録免許税額		金１０００円	金１０００円	金１５００円（登録免許税法第１３条第２項）	金２０００円

第４欄（1）

配当額	Ｘ３００万円、Ｙ２００万円、Ｚ１００万円

第４欄（2）

①登記の形式	付記登記
②登記の目的	１番抵当権代位
③登記の原因及びその日付	令和６年２月１４日民法第３９２条第２項による代位
④申請人	代位者　Ｙ 義務者　Ｘ

第 36 問の答案構成シート

➢答案構成シートⅠ

［事実関係］

	年月日	事実	注意点及び申請すべき登記
①	R2.8.8 R3.2.10 R4.2.18 R4.2.28	令和2年8月8日、甲土地甲区1番Sと甲区2番Tは譲渡担保契約を解除した。 令和3年2月10日、甲土地甲区1番Sは、東京都千代田区から台東区に住所を移転した。 令和4年2月18日、甲土地甲区1番の名義人Sは、Aに同土地を売った。同日Aは、売買代金全額を支払った。 令和4年2月28日、司法書士鈴木一郎は、甲土地について必要な登記の申請を行った。	・登録免許税額を最少とするため、移転ではなく抹消による。 ⇒甲土地につき、「令和2年8月8日譲渡担保契約解除」を原因とするTの2番所有権抹消の登記を解答し、S名義の登記とする（第1欄(1)）。 ・SからAへの売買を原因とする所有権移転登記の前提として、Sの住所変更の登記を申請しなければならない。 ⇒甲土地につき、「令和3年2月10日住所移転」を原因とする1番所有権登記名義人住所変更の登記を解答する（第1欄(2)）。 ⇒甲土地につき、「令和4年2月18日売買」を原因とするAへの所有権移転登記を解答する（第1欄(3)）。
②	R4.12.4 R5.5.19 R5.5.21 R5.6.12 R5.6.14 R5.6.22	令和4年12月4日、甲土地の登記名義人、及び乙土地2分の1の登記名義人及び乙土地乙区1番抵当権の連帯債務者の一人であるAが死亡した。相続人はB、C、Dである。 令和5年5月19日、Aの相続人全員において甲土地の全部、及び乙土地のA持分全部を相続人Bが取得する旨の遺産分割	・別紙4より、法定相続分による相続登記を経由することなく、遺産分割協議により相続財産を取得することとなったBへの相続登記を申請することができる。 ⇒甲土地につき、「令和4年12月4日相続」を原因とするBへの所有権移転の登記を申請する（問1は令和4年2月28日における申請が問われているため解答不要）。 ⇒乙土地につき、「令和4年12月4日相続」を原因とするBへのA持分全部移転の登記を申請する（問3は所有権以外の申請が問われているため解答不要）。 ・Aの共同相続人全員であるB、C、Dを連帯債務者とする変更登記を申請する。

		協議が成立した。 令和5年5月19日、B、C、Dは、Aの負担していた乙土地乙区1番抵当権の債務について、Bが免責的に引き受け、C及びDは債務を免れる旨の免責的債務引受契約を締結した。 令和5年5月21日、乙土地乙区1番抵当権者Xは、当該免責的債務引受契約を承諾した。 令和5年6月12日、乙土地乙区1番抵当権者X、及び甲土地と乙土地の所有者Bは、甲土地及び乙土地のBが新たに取得した持分全部に共同担保として抵当権を追加設定する旨の契約を締結した。 令和5年6月14日、乙土地乙区2番抵当権者Y、3番根抵当権者Zは、その順位を同順位とする旨の契約を締結した。 令和5年6月22日、司法書士鈴木一郎は、甲土地及び乙土地の登記の申請手続に必要な全ての書類を受領して登記原因証明情報等の必要書類を作成し、関係当事者全員から登記の申請手続等について代理することの依頼を受け、同日、必要な登記の申請を行った。	⇒乙土地につき、「令和4年12月4日連帯債務者Aの相続」を原因とする1番抵当権変更の登記を解答する（第3欄(1)）。 ・民法472条3項により、免責的債務引受契約の効力発生は令和5年5月21日である。 ⇒乙土地につき、「令和5年5月21日連帯債務者C、Dの免責的債務引受」を原因とする1番抵当権変更の登記を解答する（第3欄(2)）。 ・乙土地のBが新たに取得した持分にXの既存抵当権を及ばせるためには、設定登記ではなく、「及ぼす変更」の登記による。 ⇒乙土地につき、「平成28年7月1日金銭消費貸借令和5年6月12日設定」を原因とする1番抵当権の効力を所有権全部に及ぼす変更（付記）の登記を解答する（第3欄(3)）。 ⇒甲土地につき、「平成28年7月1日金銭消費貸借令和5年6月12日設定」を原因とする抵当権設定登記を申請する（問1は令和4年2月28日における申請、問3は乙土地についての申請が問われているため解答不要）。 ・（根）抵当権自体の順位を同順位とする契約という問題文の記載から、抵当権の順位放棄の登記よりも順位変更の登記を申請すべきである。 ⇒乙土地につき、「令和5年6月14日合意」を原因とする2番、3番順位変更の登記を解答する（第3欄(4)）。

➢答案構成シートⅡ［申請する登記と登記記録］

◆甲土地

甲区				
申請すべき登記	事実関係	名義人	登記の目的　原因	順位
1 番所有権登記名義人住所変更 R3.2.10 住所移転	R3.2.10Sの住所移転	S	所有権移転 H22.1.11 相続	1
		－	1 番所有権登記名義人住所変更 R3.2.10 日住所移転	1-1
2 番所有権抹消 R2.8.8 譲渡担保契約解除	R2.8.8 譲渡担保契約解除	T	所有権移転 H26.3.3 譲渡担保	2
所有権移転 R4.2.18 売買	R4.2.18SからAへの売買	S	2 番所有権抹消 R2.8.8 譲渡担保契約解除	3
所有権移転 R4.12.4 相続	R4.12.4A死亡 R5.5.19 遺産分割協議によりBが所有権を取得	A	所有権移転 R4.2.18 売買	4
		B	所有権移転 R4.12.4 相続	5

乙区				
順位	登記の目的　原因	名義人	事実関係	申請すべき登記
			R5.6.12 抵当権の追加設定	抵当権設定 H28.7.1 金銭消費貸借R5.6.12 設定
1	抵当権設定 H28.7.1 金銭消費貸借R5.6.12 設定 共同担保　目録(あ)第16号	X		

◆乙土地

甲区

申請すべき登記	事実関係	名義人	登記の目的　原因	順位
		J	所有権移転 S49.8.3 相続	1
		2分の1J 2分の1B	所有権一部移転 H22.11.5 売買	2

乙区

順位	登記の目的　原因	名義人	事実関係	申請すべき登記
1	B持分抵当権設定 H28.7.1 金銭消費貸借同日設定	X	R4.12.4 連帯債務者Aの死亡、相続人BCD	1番抵当権変更 R4.12.4 連帯債務者Aの相続
1-1	1番抵当権変更 R4.12.4 連帯債務者Aの相続	–	R5.5.21 BがCDの債務を免責的に引き受けた	1番抵当権変更 R5.5.21 連帯債務者C、Dの免責的債務引受
1-2	1番抵当権変更 R5.5.21 連帯債務者C、Dの免責的債務引受	–	R5.6.12 抵当権の追加設定	1番抵当権の効力を所有権全部に及ぼす変更 H28.7.1 金銭消費貸借R5.6.12 設定
1-3	1番抵当権の効力を所有権全部に及ぼす変更 H28.7.1 金銭消費貸借R5.6.12 設定	–	R5.6.12 甲土地追加担保	職権
1-4	1番抵当権担保追加 共同担保　目録(あ)第16号 R5.6.22 付記	–		

A持分全部移転 R4.12.4相続	R4.12.4A死亡 R5.5.19 遺産分割協議によりBが持分取得	2分の1A 2分の1B	J持分全部移転 H28.11.7売買	3					
					2	抵当権設定 H30.4.9 金銭消費貸借同日設定	Y	R5.6.14 順位変更契約	2番、3番順位変更 R5.6.14合意
					3	根抵当権設定 R1.8.6設定	Z		
		B	A持分全部移転 R4.12.4相続	4					
					4	2番、3番順位変更 R5.6.14合意	−		

➢答案構成シートの見方

事実関係を要約
または、別紙から読み取れる事実関係の要約

	年月日	事実	注意点及び申請すべき登記
①	R2.7.1	中村登は、甲土地を石川洋平に遺贈する旨の遺言書を作成し（別紙 2-4）、令和 2 年 7 月 1 日に死亡した（事実関係 2）。	・甲土地の所有権は、中村登の死亡により石川洋平に移転することとなる。 ⇒甲土地につき、「令和 2 年 7 月 1 日遺贈」を原因とする所有権移転の登記を申請する（第 1 欄(2)）。
②	H26.2.3	乙建物の表題部所有者は中村英二である（別紙 1-2）。	・乙建物の所有権保存登記を行うこととなるが、数次に相続があったときでも、直接、現在の相続人名義で所有権保存の登記を申請することができる（登研 443

この欄の登記の申請情報を解答欄に記載していくことになる。

◆甲土地

申請すべき登記	事実関係	名義人	登記の目的　原因	順位	乙区 順位	登記の目的　原因	名義人	事実関係	申請すべき登記
1 番所有権登記名義人住所変更 H23.3.1 住所移転	H22.9.1、H23.3.1 中村登住所移転	中村登	所有権移転 H1.2.3 売買	1					
所有権移転 R2.7.1 遺贈	R2.7.1 中村登の死亡 甲土地を石川洋平に遺贈する旨の遺言	–	1 番所有権登記名義人住所変更 H23.3.1 住所移転	1-1					
		石川洋平	所有権移転 R2.7.1 遺贈	2					

事実から導き出した登記が登記記録に記録されたものを視覚化する。何番で登記されるのかがこれで分かる。

事実関係から導き出した申請すべき登記がメモされている。実際にどのように登記されていくのかを視覚化することで利害関係人の判断や、登記識別情報の特定のミスを抑えられる。

◆

第36問・解説

Ⅰ．譲渡担保契約解除を原因とする所有権抹消の登記について（問1）
Ⅱ．不動産の物権変動と登記（問2）
Ⅲ．抵当権の変更（債務者の相続、免責的債務引受による債務者変更）、抵当権の効力を所有権全部に及ぼす変更、(根)抵当権の順位変更（問3）
Ⅳ．共同抵当における代価の配当と登記（問4）

Ⅰ．譲渡担保契約解除を原因とする所有権抹消の登記について

1．譲渡担保契約解除の登記

譲渡担保を登記原因として債権者への所有権移転の登記がされた後に当該譲渡担保契約が解除された場合における登記手続について、判例は、譲渡担保契約解除を登記原因として、①所有権移転の登記を抹消する方法、②再度、所有権移転の登記を申請する方法、のいずれによってもよいとする（大判大7.4.4、登研342P.77）。

2．登記名義人の表示変更

⑴　意義

登記名義人とは、登記記録の権利部に、所有権等の権利について、権利者として記録されている者をいう（不登法2条11号）。そして、登記名義人の氏名若しくは名称又は住所について変更があり、又は当初から誤って登記されている場合にはその変更又は更正登記を申請することになる（不登法64条1項参照）。

⑵　権利の登記の前提としての登記名義人の氏名等の変更・更正の登記

申請情報の内容である申請人（登記義務者又は登記名義人）の氏名若しくは名称又は住所が登記記録と合致しないことは、登記申請の却下事由である（不登法25条7号）。そのため、登記名義人の表示に変更があり、又は当初から誤って登記されている場合には、権利の登記の前提として、当該変更又は更正登記を申請しなければならない。しかし、例外として、登記名義人の氏名等の変更・更正の登記を省略することができる場合がある。

≪省略できる場合≫

①　所有権登記名義人の氏名等に変更（又は誤り）があったが、変更（又は更正）登記をしない間に相続が開始した場合の相続登記（登研133P.46）

⇒　登記名義人である被相続人の氏名等の変更（又は更正）の登記を省略して、相続登記をすることができる。

②　所有権以外の権利（抵当権等）の登記の抹消（昭31.10.17民甲2370）

③ 所有権の仮登記の抹消（昭32.6.28民甲1249）

④ 買戻権の登記の抹消（登研460P.105）

⇒ ②から④までについては、当該抹消される登記の登記名義人の氏名等に変更（又は誤り）があった場合の話である。この場合、当該登記の抹消の申請において、その変更（又は更正）を証する情報を提供すれば、当該抹消される登記につき、登記名義人の氏名等の変更（又は更正）の登記を省略することができる。

⇒ これらの登記の抹消につき、登記権利者の氏名等に変更が生じているとき又は当初から誤って登記されている場合は、当該権利者につき、登記名義人の氏名等の変更（又は更正）の登記を省略することはできない。

⑶ 前登記名義人からの登記名義人変更登記の可否

上記の登記名義人とは現に効力を有する登記における名義人のことであり、例えば、所有権移転登記後の前登記名義人は現に効力を有する登記における名義人に該当せず、住所を変更した場合であっても、登記名義人の住所変更の登記は受理されない（登研346.P91）。

3．売買による所有権移転の登記

売買は、当事者の一方がある財産権を相手方に移転することを約し、相手方がこれに対してその代金を支払うことを約することによって成立する（民法555条）。不動産の所有権が売買の目的である場合、その契約の成立により当該不動産の所有権が移転し（民法176条）、売主は不動産の引渡義務及び登記手続に協力する義務を負う。

このように、所有権の移転は、当事者の意思表示のみによってその効力が生じるとされているため（民法176条）、売買契約を締結した場合、その時点で売主から買主に所有権が移転することになる。もっとも、売買契約に「売買代金を完済したときに、所有権が買主に移転する」旨の特約が付されている場合には、買主による売買代金の完済があるまでは、売主に所有権が留保され、売買代金が完済された時点で、買主に所有権が移転することになる。

4．成年被後見人の不動産の処分

⑴ 成年被後見人の法律行為

成年後見人は、成年被後見人の財産について財産管理権を有し（民法859条1項前段）、また、成年被後見人を代表する権限を有する（民法859条1項後段）。もっとも、成年被後見人の居住用不動産を売却、賃貸、賃貸借の解除又は抵当権の設定その他これらに準ずる処分をするには、家庭裁判所の許可を得なければならない（民法859条の3）。

成年被後見人の居住の用に供する不動産につき売買を原因とする所有権の移転の登記の申請をするとき等は、申請情報と併せて家庭裁判所の許可があったことを証する情報を提供しなければならない（不登令7条1項5号ハ）。逆に、居住用不動産に該当しない場合には、家庭裁判所の許可は不要である。

⑵　後見監督人の職務

家庭裁判所は、必要があると認めるときには、本人、その親族若しくは後見人等の請求により又は職権で、後見監督人を選任することができる（民法849条）。

成年後見人が､成年被後見人に代わって営業若しくは民法13条1項各号に掲げる行為（元本の領収を除く）をするには、後見監督人があるときは、その同意を得なければならない（民法864条)。後見人がこの規定に違反してした行為は、被後見人又は後見人が取り消すことができる（民法865条1項前段)。

民法13条1項各号に掲げる行為とは、以下の行為を指す。

①元本を領収し、又は利用すること。

②借財又は保証をすること。

③不動産その他重要な財産に関する権利の得喪を目的とする行為をすること。

④訴訟行為をすること。

⑤贈与、和解又は仲裁合意（仲裁法（平成十五年法律第百三十八号）第二条第一項に規定する仲裁合意をいう。）をすること。

⑥相続の承認若しくは放棄又は遺産の分割をすること。

⑦贈与の申込みを拒絶し、遺贈を放棄し、負担付贈与の申込みを承諾し、又は負担付遺贈を承認すること。

⑧新築、改築、増築又は大修繕をすること。

⑨第602条に定める期間を超える賃貸借をすること。

⑩前各号に掲げる行為を制限行為能力者（未成年者、成年被後見人、被保佐人及び第17条第1項の審判を受けた被補助人をいう。以下同じ。）の法定代理人としてすること。

よって、成年後見人が成年被後見人に代わって成年被後見人の不動産を売却したり、民法 602 条に定める期間を超える賃貸借をしたりする場合には、「後見監督人の同意があったことを証する情報」の提供を要する（不登令7条1項5号ハ)。

5．登記識別情報を提供することができない場合

登記識別情報を提供できない場合というのは、主に以下の3つの場合がある（不登準則42条1項)。

①失念……登記識別情報通知書の原本を紛失したなど、登記識別情報がわからなくなってしまった場合。

②不通知…不動産登記法21条ただし書の規定により､申請人があらかじめ登記識別情報の通知を希望しない旨の申出をした場合や、債権者代位権に基づいて登記がされたために、申請人自らは登記名義人にならない場合（不登法21条本文参照）など。

③失効……登記名義人又はその相続人その他の一般承継人が、登記官に対して、失効の申出をした場合（不登規65条)。

登記識別情報（登記済証）を提供できない場合に登記をするには、1.事前通知、2.資格者代理人による本人確認、3.公証人の認証による本人確認の3つの方法がある。

また、この場合、登記識別情報を提供することを要せず（不登法22条ただし書）、その提供できない理由を申請情報の内容とする（不登令3条12号）。

6. 問1（第1欄）について

平成26年3月3日、SとTは甲土地について譲渡担保を原因とする所有権の移転の登記を申請し、当該登記は完了している（事実関係1、別紙1）ところ、令和2年8月8日、SとTは、当該譲渡担保契約を解除した（事実関係2、別紙3）。また、甲土地の所有権は令和4年2月18日付の売買契約によりAに移転した（問題文1段落目）。なお、甲土地甲区1番の登記名義人であるSは、令和3年2月10日に住所を東京都台東区上野三丁目1番19号に移転した（事実関係3）。

上記事実関係より、令和2年8月8日譲渡担保契約解除を登記原因として、所有権移転の登記の抹消を申請することとなる。なお、所有権移転の登記を申請する方法によることもできるが（大判大 7.4.4、登研 342P.77）、登録免許税の額を最も少なくなるように登記を申請する必要があるため、抹消登記を申請する（事実関係に関する補足3(3)）。また、令和4年2月18日売買を原因としてAへの所有権移転登記を申請すべきだが、Sの住所は、甲区1番で「東京都千代田区丸の内一丁目2番3号」と記録されているところ、令和3年2月10日に住所を東京都台東区上野三丁目1番19号に移転したので当該売買による移転登記の前提として、登記名義人の住所の変更登記を申請した後にAへの所有権移転登記を申請すべきこととなる。

≪第1欄(1)：譲渡担保契約の解除による所有権抹消の登記≫

(1) 登記の目的

「２番所有権抹消」

(2) 登記原因及びその日付

「令和２年８月８日譲渡担保契約解除」

(3) 申請人

「権利者　S
　義務者　T」

(4) 添付情報

① 登記原因証明情報（不登法61条）

・解除証書（ア）

② 登記識別情報（不登法22条）

・平成２６年３月３日受付第８０号の登記識別情報（キ）

③ 印鑑証明書（不登令18条2項）

・Tの印鑑証明書（シ）

④ 同一性を証する情報（登研 435.P117）

・Sの住民票の写し（セ）

⑤　代理権限証明情報（不登令７条１項２号、後見登記等に関する法律10条）

・Ｓ及びＴの委任状、成年被後見人Ｓに係る登記事項証明書（ソ）

⑸　登録免許税

不動産１個につき、1000円である（登免法別表第1.1.(15)）

≪第１欄⑵：住所移転による登記名義人の住所変更の登記≫

⑴　登記の目的

「１番所有権登記名義人住所変更」

⑵　登記原因及びその日付

「令和３年２月１０日住所移転」

⑶　登記事項

「変更後の事項

住所　東京都台東区上野三丁目１番１９号

⑷　申請人

「申請人　Ｓ」

⑸　添付情報

①登記原因証明情報（不登法61条）

・Ｓの住民票の写し（セ）

⇒登記名義人の住所について変更があったことを証する市町村長等が職務上作成した情報が登記原因証明情報となる（不登令別表23添付情報）。

②代理権限証明情報（不登令７条１項２号、後見登記等に関する法律10条）

・Ｓの委任状、成年被後見人Ｓに係る登記事項証明書（ソ）

⑹　登録免許税

不動産１個につき、1000円である（登免法別表第1.1.(14)）

≪第１欄⑶：売買による所有権移転の登記≫

⑴　登記の目的

「所有権移転」

⑵　登記原因及びその日付

「令和４年２月１８日売買」

⑶　申請人

「権利者　Ａ

義務者　Ｓ」

⑷　登記識別情報を提供することができない理由

「登記識別情報を提供することができない理由　失念」

※答案作成に当たっての注意事項1⑴により、上記以外の申請事項等欄に記載

⑸ 添付情報

① 登記原因証明情報（不登法61条）

・売買契約に基づき司法書士鈴木一郎が作成し、関係当事者全員が記名押印したもの（エ）

② 本人確認情報（不登法23条4項1号）

・成年後見人Rの本人確認情報（ツ）

⇒本問において、Sが甲土地甲区1番の登記識別情報を失念しているため、事前通知（不登法23条1項）又は、資格者代理人による本人確認情報の提供（不登法23条4項1号）のいずれかとなるところ、司法書士鈴木一郎が作成した本人確認情報を提供することになる（問題文第1段落）。

③ 印鑑証明書（不登令18条2項）

・成年後見人Rの印鑑証明書（サ）

④ 住所証明情報（不登令別表30添付情報ハ）

・Aの住民票の写し（ス）

⑤ 登記原因につき第三者の許可、同意又は承諾を証する情報（不登令7条1項5号ハ）

・成年後見監督人Uの同意書及び印鑑証明書（タ）

※甲土地は、今まで居住の用に供されたことはなく、今後もその予定はないため（問題文第1段落目）、居住用不動産に該当せず、家庭裁判所の許可は不要である。

⑥ 代理権限証明情報（不登令7条1項2号、後見登記等に関する法律10条）

・A及び成年後見人Rの委任状、成年被後見人Sに係る登記事項証明書（ソ）

⑹ 登録免許税

課税価格に1000分の20を乗じた額となる（登免法別表1.1.⑵ハ）

≪第1欄⑷：登記不要≫

Ⅱ．不動産の物権変動と登記（問２）

１．不動産に関する物権の変動の対抗要件

不動産に関する物権の得喪及び変更は、不動産登記法その他の登記に関する法律の定めるところに従いその登記をしなければ、第三者に対抗することができず(民法177条)、不動産が二重譲渡された場合、民法177条の物権変動の対抗要件の問題として、登記を備えた者が優先する。

そして、契約の解除によって所有権が解除前の売主に帰属した場合の、当該解除前売主と解除後の第三者との関係については見解が分かれているが、この点について判例は、あたかも解除によって復帰的物権変動があったかのように捉えて、二重譲渡類似の対抗要件の問題であると解している（最判昭35.11.29）

２．問2（第2欄）について

仮に、譲渡担保契約の解除後、譲渡担保契約の解除を原因とする所有権抹消登記申請前に甲土地がａに売却された場合、Ｓとａとの関係は、上記のとおり、対抗要件の問題となる。よって、対抗要件の問題として登記を備える前に登記を備えたａがＳに優先する旨を記載する。

Ⅲ. 抵当権の変更（債務者の相続、免責的債務引受による債務者変更）、抵当権の効力を所有権全部に及ぼす変更、(根)抵当権の順位変更（問3）

1. 抵当権の変更（債務者の相続）

共同相続人は、相続分の割合で被相続人の権利義務を承継することから（民法896条本文、899条）、共同相続人全員が抵当権付債務を承継した場合には、相続を原因として、相続人全員を債務者とする抵当権の変更の登記をする。これに対して、一部の相続人が相続債務を引き受ける場合がある。引受方法としては、①相続人全員が債務を承継した後に債務引受をする方法、②遺産分割によって債務を引き受ける方法の2種類がある。連帯債務者のうちの1人についての相続の場合も同様である。

① 全員による承継後に債務引受をする方法

相続を原因として共同相続人全員を債務者とする変更登記をし、当該債務引受による抵当権変更登記をする（昭33.5.10民甲964）。

⇒ ただし、抵当権が第三者の提供した物上保証としての抵当権である場合は、免責的債務引受があっても、その第三者の同意なくしては、引受人の債務を担保する抵当権として存続し得ない。そこで、旧債務者及び新債務者以外の第三者が抵当権の目的である権利の登記名義人である場合において、債務引受による抵当権の債務者の変更をするときには、実体上、当該登記名義人の承諾が必要となる。もっとも、当該登記名義人は、抵当権の変更の登記の際には申請人となるべき者であるため、同意の有無を確認する意味はなく、「同意を証する情報」等の提供は要求されない。

② 遺産分割による方法

遺産分割によって債務を引き受けるには債権者の承認が必要となる。そして、当該承認のもとに遺産分割が成立した場合には、「年月日相続」を原因として直接当該債務を引き受けた者を債務者とする変更登記をすることができる（昭33.5.10民甲964）。

債務の遺産分割について

債務は、遺産分割の対象となるかについては、その対象にはならないと言われている。債務の分割を認めるとするならば、その実質は債務引受であると解される。例えば、A及びBが相続した債務について、遺産分割によりAのみが債務を引き受けて債務者となるとすれば、Bが相続した債務をAに移転させることであると解することができ、これは債務引受と同様である。そして、この債務引受は、債権者の承認があって有効に行われるところ、遺産分割については、債権者の参加は要件とされていないので、債務は遺産分割になじまないものと考えられる。しかし、債務が遺産分割の対象とならないとするのは、債権者の保護を重視してのことであり、債権者がこれに同意するのであれば、債務の遺産分割を否定する必要がなく、債権者の承認があれば、債務の遺産分割も有効であると解することができる。登記実務上も、債権者の承認のもとに債務の遺産分割が成立した場合には、「年月日相続」を原因として直接当該債務を引き受けた者を債務者とする変更登記をすることができる(昭33.5.10民甲964)としている。

2. 抵当権の変更（免責的債務引受による債務者変更）

⑴ 免責的債務引受による債務者の変更

免責的債務引受は、債権者・債務者・引受人間の契約によってすることができる。また、債権者と引受人となる者との契約によってすることができ、この場合においては、債権者が債務者に対してその契約をした旨を通知した時に、免責的債務引受の効力が生じる（民法472条2項、令2.3.31民2.328）。さらに、債務者と引受人となる者が契約をし、債権者が引受人となる者に対して承諾をすることによってもすることができる（民法472条3項、令2.3.31民2.328）。

⑵ 抵当権の債務者の変更登記

免責的債務引受契約において、債務者以外の者が担保提供者である場合（物上保証の場合）、その担保提供者（物上保証人）のその承諾を得なければ、債権者は、免責的債務引受により債務者が免れる債務の担保として設定された担保権を引受人が負担する債務に移すことができない（民法472条の4第1項、令2.3.31民2.328）。

つまり、物上保証人が設定した抵当権の被担保債権につき免責的債務引受けがなされた場合、当該物上保証人の同意があれば、抵当権は引き続き免責的債務引受けに係る債務を担保することとなるが、同意がなければ、抵当権は消滅することとなるので、前者の場合は、免責的債務引受けによる抵当権の債務者の変更登記を申請し、後者の場合は、抵当権消滅による抵当権の抹消登記を申請する。また、抵当権の債務者の変更登記には、登記上の利害関係人が存在しない。したがって、登記上の利害関係人の承諾証明情報の提供は問題とならない。

3. 抵当権の効力を所有権全部に及ぼす変更

所有権の一部、あるいは、同一の設定者の持分の一部について抵当権を設定することは原則として認められていない（昭36.1.17民甲106）。

> 【参考：同一人が数個の持分を取得している場合（昭58.4.4民3.2252）】
>
> 同一名義人が数回に分けて各別の登記により持分を取得している場合には、その登記に係るそれぞれの持分につき抵当権設定の登記又は持分移転の登記を申請することができる。この場合における登記の目的の記載は「何某持分一部（順位何番で登記した持分）の抵当権設定（又は移転）」の振合いによるものとし、申請情報に添付すべき権利に関する登記識別情報は、その持分取得の登記の際に交付されたもので足りる。

もっとも、既に持分を目的として設定されている抵当権があり、その後に別の持分を取得したとしても、新たに取得した持分について既存の抵当権の効力が当然に及ぶということにはならないので、同一人が有する持分（複数回に分けて取得）について担保権の目的となっているものと、そうでないものが存在し、結果的に持分の一部に抵当権が設定されていることになるが、この場合、登記の先後関係を決する順位番号や受付番号により、どの持分について設定されている抵当権か明らかだからであり、設定時のような問題は生じない。また、新たに取得した持分について追加することも可能であり、この場合には、抵当権の効力を目的不動産の全部（あるいは持分）に及ぼす抵当権の変更登記ができるとしている。なお、抵当権の効力を所有権（あるいは持分）全部に及ぼす変更は文字通り変更登記であるから、登記上の利害関係人がある場合には、承諾があれば付記登記により、承諾がなければ主登記で実行され、主登記の場合には追加設定と異ならないことになる。

【参考先例】

甲乙共同の不動産の甲持分につき抵当権設定の登記を完了した後、甲が乙より持分全部を取得し、抵当権の効力を当該不動産全部に及ぼすためには、抵当権の目的となっていない持分に抵当権を設定し、それを登記原因として抵当権変更の登記をすることができる（登研209P. 67)。これに対し、甲乙共有の不動産の甲の持分につき抵当権設定の登記を完了した後、乙の持分を追加担保とする登記の申請は、乙の持分につき抵当権設定の登記の申請をすべきである（登研207 P. 66)。

つまり、抵当権の効力を所有権（あるいは持分）全部に及ぼす変更の登記は、同一の設定者の持分についてのみに認められ、他の共有者に対しては、原則通り追加設定の登記によることになる。

4．（根）抵当権の順位変更

順位変更とは、同一の不動産に設定された数個の担保権の順位を各担保権者の合意によって、絶対的に変更することをいう（民法374条1項本文)。この場合において、利害関係人があるときは、その承諾を得なければならない（民法374条1項ただし書)。また、抵当権の順位は登記の前後により（民法373条1項)、順位変更も登記をしなければ、効力が生じない（民法374条2項)。したがって、抵当権の順位の変更は登記された抵当権についてすることができ、各抵当権の順位変更の合意の日は、当該抵当権設定の登記の日以後でなければならない。つまり、①利害関係人の承諾及び②登記が順位変更の効力発生要件である。

もっとも、後順位抵当権の設定登記申請の日を登記原因の日付とする後順位抵当権を含む順位の変更登記の申請は、当該後順位抵当権の設定登記申請の後件として同時に申請することは可能とされている。

なお、順位変更には、順位譲渡のように元本確定前の根抵当権についての制約もない。

5．第3欄について

乙土地の1番抵当権の連帯債務者はAとBである（別紙2)。Aは、令和4年12月4日に死亡した。Aの相続人はB、C及びDである（事実関係5)。令和5年5月19日B、C及びDはAがXに対して負担している平成28年7月1日付金銭消費貸借契約に係る債務については、Bが免責的に引き受け、C及びDは債務を免れる旨の免責的債務引受契約を締結し（事実関係6)、令和5年5月21日、Xは当該免責的債務引受契約を承諾した。（事実関係7)。

乙土地乙区１番にはXを抵当権者、Bを設定者として抵当権が設定されているところ(別紙2)、令和５年６月12日、XとBは、甲土地及び乙土地のBが新たに取得した持分に共同担保として抵当権を追加で設定した（事実関係8、別紙5)。

乙土地乙区２番にはYを抵当権者とする抵当権、乙区３番にはZを根抵当権者とする根抵当権が設定されているところ（別紙2)、令和５年６月14日、YとZは、当該抵当権及び根抵当権を同順位とする契約を締結した（事実関係9)。

上記事実関係より、相続を原因として共同相続人全員を連帯債務者とする変更登記、免責的債務引受による抵当権変更登記、抵当権の効力を乙土地の全部に及ぼす抵当権の変更登記、2 番抵当権、3 番根抵当権を同順位にする順位変更の登記を申請することとなる。この点、配当額を同順位とするのであれば抵当権の順位の放棄の登記も考えられるが、抵当権の順位の放棄は「抵当権の一内容である優先弁済の順位の相対的放棄」（新版注釈民法９物権4、有斐閣）に過ぎず、（事実関係9）にある（根）抵当権自体の順位を同順位とする契約という問題文の記載からは、抵当権の順位の変更（民法374条１項本文）の契約が締結されたということになる。

なお、第３欄に記載するのは乙土地について令和５年６月22日に申請した所有権以外の権利の登記の申請情報の内容であるため、令和５年５月19日のAの相続人による遺産分割協議により、甲土地及び乙土地のA持分２分の１をBが単独で取得した際の登記の申請情報の内容や（事実関係6）令和５年６月12日のXとBが、甲土地に共同担保として抵当権を追加で設定した際の登記の申請情報の内容（事実関係 8、別紙 5）は解答を要しない。

≪第３欄⑴：抵当権の変更（債務者の相続）≫

⑴ 登記の目的

「１番抵当権変更」

⑵ 登記原因及びその日付

「令和４年１２月４日連帯債務者Aの相続」

⑶ 登記事項

「変更後の事項
　連帯債務者
　　水戸市三の丸一丁目３番５号　B
　　水戸市小吹町２０００番地　　C
　　水戸市小吹町２０００番地　　D」

⑷ 申請人

「権利者　X
　義務者　B」

⑸ 添付情報

① 登記原因証明情報（不登法61条）

・事実関係５から７までに基づき司法書士鈴木一郎が作成した登記原因証明情報（オ）

② 登記識別情報（不登法 22 条）

・平成２２年１１月１９日受付第８００号の登記識別情報（キ）

③ 代理権限証明情報（不登令７条１項２号）

・X及びBの委任状

⇒ 抵当権の債務者の変更登記の申請においては、印鑑証明書の提供を要しない。なお、登記識別情報を提供できない場合は印鑑証明書の提供を要する。

⑹ **登録免許税**

不動産１個につき、1000 円である（登免法別表第 1. 1. (14)）。

≪第 3 欄⑵：免責的債務引受による債務者変更）≫

⑴ **登記の目的**

「１番抵当権変更」

⑵ **登記原因及びその日付**

「令和５年５月２１日連帯債務者C、Dの免責的債務引受」

⇒日付は債権者が承諾をした令和 5 年 5 月 21 日となる（事実関係 7、民法 472 条 3 項、令 2. 3. 31 民 2. 328）

⑶ **登記事項**

「変更後の事項

連帯債務者

水戸市三の丸一丁目３番５号　B」

⑷ **申請人**

「権利者　X

義務者　B」

⑸ **添付情報**

① 登記原因証明情報（不登法 61 条）

・事実関係 5 から 7 までに基づき司法書士鈴木一郎が作成した登記原因証明情報（オ）

② 登記識別情報（不登法 22 条）

・平成２２年１１月１９日受付第８００号の登記識別情報（キ）

③ 代理権限証明情報（不登令７条１項２号）

・X及びBの委任状

※印鑑証明書（不登令 18 条 2 項、不登規 49 条 2 項 4 号、48 条 1 項 5 号、47 条 3 号ロ）

⇒ 抵当権の債務者の変更登記の申請においては、印鑑証明書の提供を要しない。なお、登記識別情報を提供できない場合は印鑑証明書の提供を要する。

⑹ **登録免許税**

不動産１個につき、1000 円である（登免法別表第 1. 1. (14)）。

≪第３欄(3)：抵当権の効力を所有権全部に及ぼす変更≫

(1)　登記の目的

「１番抵当権の効力を所有権全部に及ぼす変更（付記）」

(2)　登記原因及びその日付

「平成２８年７月１日金銭消費貸借令和５年６月１２日設定」

(3)　申請人

「権利者　X
　義務者　B」

(4)　添付情報

①　登記原因証明情報（不登法 61 条）

・抵当権追加設定契約証書（ウ）

【参考：抵当権の効力を所有権全部に及ぼす変更登記の登記原因証明情報】
①抵当権の効力を不動産全部に及ぼす抵当権の変更登記の登記原因証明情報は、抵当権追加設定契約書で差し支えない（登研528P. 185）。
②抵当権の効力を所有権全部に及ぼす変更登記の申請情報に添付する登記原因証明情報は、「抵当権追加設定契約書」あるいは、「抵当権変更契約書」のいずれでも差し支えない（登研577P. 153）
なお、これらについては、その当時、登記原因証書の適格性として回答されたものである。

②　登記識別情報（不登法 22 条）

・Bが乙土地の甲区４番で通知を受けた登記識別情報（キ）

③　印鑑証明書（不登令 18 条 2 項）

・Bの印鑑証明書（ク）

④　登記上の利害関係人の承諾書（不登法 66 条）

・Y及びZの承諾を証する情報及び印鑑に関する証明書（チ）

⇒本権利の変更の登記は、登記上の利害関係を有する第三者がない場合を除き、その承諾がある場合に限り付記登記によってなされる（不登法 66 条）。本問では、乙土地甲区 3 番を目的とする乙区 2 番の抵当権者Y及び乙区 3 番の根抵当権Zが登記上の利害関係人に該当するところ、当該承諾は、事実関係に関する補足 1 より各申請日までに得られている。

⑤　代理権限証明情報（不登令 7 条 1 項 2 号）

・X及びBの委任状

(5)　登録免許税

不動産 1 個につき、1500 円である(登免法 13 条 2 項)。

≪第 3 欄(4)：順位変更≫

⑴ 登記の目的

「２番、３番順位変更」

⑵ 登記原因及びその日付

「令和５年６月１４日合意」

⑶ 登記事項

「変更後の順位

第１　２番抵当権

第１　３番根抵当権」

⑷ 申請人

「申請人　Ｙ　Ｚ　」

【参考】合同申請

複数の当事者が同一目的に向かってする法律行為を合同行為という。例えば、一般社団法人の社員が共同で定款を作成するといった行為である。

合同申請も同様に捉えると、順位変更により後順位となる者が登記義務者と区別するのではなく、申請当事者の全てが（順位の上がる者、変更のない者、順位が下がる者）、登記を効力要件とする順位変更という行為に向かって申請するものといえる。もっとも、合同申請も共同申請の１つである。

⑸ 添付情報

① 登記原因証明情報（不登法 61 条）

・順位変更契約書（カ）

② 登記識別情報（不登法 22 条）

・平成３０年４月９日受付第１８０号、令和１年８月６日受付第４３０号の登記識別情報（キ）

③ 代理権限証明情報（不登令７条１項２号）

・Ｙ及びＺの委任状

⑹ 登録免許税

変更に係る権利１つにつき 1000 円の定額課税である（登免法別表 1. 1. (8)）。

Ⅳ．共同抵当における代価の配当と登記（問 4）

1．共同抵当における配当

共同抵当権が設定されている場合、どの抵当権を実行するかは抵当権者の自由であり、すべての抵当権を同時に実行することもできるが、一部の抵当権のみを実行することもできる。その結果、各不動産の代価が同時に配当される場合と、ある不動産の代価のみが配当される場合とに分かれることになり、登記手続にも影響を与えることになる。

⑴ 同時配当

債権者が同一の債権の担保として、数個の不動産につき抵当権を有する場合において、同時にその代価を配当すべきときは、その各不動産の価額に応じて、その債権の負担を按分する（民法 392 条 1 項）。

⇒ 例えば、Aが甲不動産（3000 万円）と乙不動産（1000 万円）に 1 番抵当権（債権額 3000 万円）を、Bが甲不動産に 2 番抵当権（債権額 1000 万円）を有していた場合に、Aが両不動産の抵当権を同時に実行して売却された場合、Aは、その優先弁済額（3000 万円）を両不動産の価額の割合で割付けられた金額である 2250 万円（甲不動産）と 750 万円（乙不動産）の配当を受けることになる。

⇒ すべての不動産について同時に申立てがなされたとしても、一部の不動産について手続が事実上又は法律上遅れると（民執法 73 条及び 188 条参照)、異時配当となる。

⑵ 異時配当

① 債権者が同一の債権の担保として、数個の不動産につき抵当権を有する場合において、ある不動産の代価のみを配当すべきときは、抵当権者は、その代価から債権の全部の弁済を受けることができる（民法 392 条 2 項前段)。

② ①の場合において、次順位の抵当権者は、その弁済を受ける抵当権者が民法 392 条 1 項（同時配当）の規定に従い、他の不動産の代価から弁済を受けるべき金額を限度として、その抵当権者に代位して抵当権を行使することができる（民法 392 条 2 項後段)。

⇒ 例えば、Aが甲不動産（3000 万円）と乙不動産（1000 万円）に 1 番抵当権（債権額 3000 万円）を、Bが甲不動産に 2 番抵当権（債権額 1000 万円）を有していた場合に、Aが甲不動産の抵当権のみを実行したときは、Aは 3000 万円全額の配当を受けられ、Bは甲不動産から配当を受けることができないが、Bは乙不動産上のAの抵当権に 750 万円分代位することができる。

⇒ 「次順位の抵当権者」とは、後順位抵当権者のことである（大判大 11. 2. 13)。

一部の不動産につき抵当権が放棄された場合

後順位抵当権者は、将来において代位可能であるとの期待をして抵当権を取得する。それにもかかわらず、共同抵当権者が代位の対象となる抵当権を無条件に放棄することを認めると当該後順位抵当権者の保護に欠ける。そこで、判例は、一部の不動産につき抵当権が放棄された場合、共同抵当権者が抵当権を実行した場合における売却代金の配当については、抵当権を放棄しなければ後順位抵当権者が代位できた額について、共同抵当権者は、後順位抵当権者に優先できないとする（最判平 4. 11. 6)。

⑶ 民法392条2項による代位の登記

① 代位者である後順位抵当権者は、代位による抵当権移転の付記登記をすることができる（民法393条）。

② 代位による抵当権移転の効果の発生前に当該不動産上に権利を得た者に対しては、付記登記をしなくても、代位の効果を対抗できる（大決大8.8.28）。

⇒ つまり、代位の効果の発生前の抵当権設定者や第三取得者には登記なくして対抗できることになる。

③ 代位の効果の発生後に、当該不動産上に利害関係が生じた者に対しては、代位の付記登記がなければ、当該代位の効果を対抗できない。

⇒ つまり、代位の効果の発生後の第三取得者や抵当権者には登記なくして対抗できないことになる。

一部弁済と後順位抵当権者の代位の登記

異時配当がなされた場合に、共同抵当権者が債権額の一部の弁済を受けたにすぎないときにも後順位抵当権者は代位することができるが、その代位は、他の目的物件上の共同抵当権の被担保債権全部が弁済されることを停止条件とするものであり、登記の方法としては、代位の付記の仮登記による（大判大15.4.8）。

2．第4欄について

事実関係9の後、BのXに対する債務が債務不履行となった結果、乙土地のみが担保不動産競売の方法により、売却されることとなった。甲土地の売却価額は1200万円、乙土地の売却価額は600万円、Xの債権額300万円、Yの債権額は600万円、Zの債権額は300万円である（問4(1)）。令和6年2月14日に配当が実施されたところ、Xは当該配当によって、債権全額の弁済を受けられたが、Yは債権全額の弁済を受けられなかった（問4(2)）。

上記事実関係より、後順位抵当権者であるYは、代位による抵当権移転の付記登記をすることができるため（民法393条）、当該登記を申請する。

≪第4欄⑴：代価の配当≫

乙土地の配当額については、1番抵当権者であるXが300万円の配当を受け、次順位である同順位のY及びZは残りの300万円をそれぞれの債権額（Y：600万円、Z：300万円）に応じて按分されることになるため、Yは200万円、Zは100万円の配分を受けることとなるのでその旨記載する。

≪第4欄⑵：民法第392条第2項による代位≫

⑴　登記の目的

「1番抵当権代位」

⇒代位する抵当権の順位番号を記載し、当該抵当権について代位する旨を明らかにする。

⑵　登記原因及びその日付

「令和6年2月14日民法第392条第2項による代位」

⇒競売による配当実施日を原因日付として、「年月日民法第392条第2項による代位」と記載する。

⑶　申請人

「代位者　Y
　義務者　X」

登記の形式は付記登記になるため（民法393条）、その旨記載する。

◆令和 4 年 2 月 28 日申請

1 件目 ≪書式０１≫

登記の目的	２番所有権抹消
原　　　因	令和２年８月８日譲渡担保契約解除
権　利　者	Ｓ
義　務　者	Ｔ
添 付 情 報	登記原因証明情報（解除証書） 登記識別情報（甲土地甲区２番の登記識別情報） 印鑑証明書（Ｔの印鑑証明書） 変更証明情報（Ｓの住民票の写し） 代理権限証明情報（Ｓ及びＴの委任状、成年被後見人Ｓに係る登記事項証明書）
課 税 価 格	なし
登録免許税	金1，０００円

2 件目 ≪書式０２≫

登記の目的	１番所有権登記名義人住所変更
原　　　因	令和３年２月１０日住所移転
変更後の事項	住所　東京都台東区上野三丁目１番１９号
申　請　人	Ｓ
添 付 情 報	登記原因証明情報（Ｓの住民票の写し） 代理権限証明情報（Ｓの委任状、成年被後見人Ｓに係る登記事項証明書）
課 税 価 格	なし
登録免許税	金1，０００円

3 件目 ≪書式０３≫

登記の目的	所有権移転
原　　　因	令和４年２月１８日売買
権　利　者	Ａ
義　務　者	Ｓ
登記識別情報を提供することができない理由	失念
添 付 情 報	登記原因証明情報（売買契約に基づき司法書士鈴木一郎が作成し、関係当事者全員が記名押印したもの） 本人確認情報（成年後見人Ｒの本人確認情報） 印鑑証明書（成年後見人Ｒの印鑑証明書） 住所証明情報（Ａの住民票の写し） 登記原因につき第三者の許可、同意又は承諾を証する情報（成年後見監督人Ｕの同意書及び印鑑証明書） 代理権限証明情報（Ａ及び成年後見人Ｒの委任状、成年被後見人Ｓに係る登記事項証明書）
課 税 価 格	金７６２万8，０００円
登録免許税	金１５万2，５００円

◆令和５年６月22日申請

≪書式０４≫解答不要

登記の目的	所有権移転
原　　　因	令和４年１２月４日相続
相　続　人（被相続人Ａ）	Ｂ
添付情報	登記原因証明情報（Ａの死亡を証する戸籍謄本等、遺産分割協議書） 住所証明情報（Ｂの住民票の写し） 代理権限証明情報（Ｂの委任状）
課税価格	金７７９万3，０００円
登録免許税	金3万1，１００円

≪書式０５≫解答不要

登記の目的	Ａ持分全部移転
原　　　因	令和４年１２月４日相続
相　続　人（被相続人Ａ）	Ｂ
添付情報	登記原因証明情報（Ａの死亡を証する戸籍謄本等、遺産分割協議書） 住所証明情報（Ｂの住民票の写し） 代理権限証明情報（Ｂの委任状）
課税価格	（問題文に記載なし）
登録免許税	―

１件目　≪書式０６≫

登記の目的	１番抵当権変更
原　　　因	令和４年１２月４日連帯債務者Ａの相続
変更後の事項	連帯債務者 水戸市三の丸一丁目３番５号　Ｂ 水戸市小吹町２０００番地　Ｃ 水戸市小吹町２０００番地　Ｄ
権　利　者	Ｘ
義　務　者	Ｂ
添付情報	登記原因証明情報（事実関係５から７に基づき司法書士鈴木一郎が作成した登記原因証明情報） 登記識別情報（乙土地甲区２番の登記識別情報） 代理権限証明情報（Ｘ及びＢの委任状）
課税価格	なし
登録免許税	金1，０００円

2件目 ≪書式07≫

登記の目的	１番抵当権変更
原　　　因	令和５年５月２１日連帯債務者Ｃ、Ｄの免責的債務引受
変更後の事項	連帯債務者　水戸市三の丸一丁目３番５号　Ｂ
権　利　者	Ｘ
義　務　者	Ｂ
添 付 情 報	登記原因証明情報（事実関係５から７に基づき司法書士鈴木一郎が作成した登記原因証明情報） 登記識別情報（乙土地甲区２番の登記識別情報） 代理権限証明情報（Ｘ及びＢの委任状）
課 税 価 格	なし
登録免許税	金１，０００円

3件目 ≪書式08≫

登記の目的	１番抵当権の効力を所有権全部に及ぼす変更（付記）
原　　　因	平成２８年７月１日金銭消費貸借令和５年６月１２日設定
権　利　者	Ｘ
義　務　者	Ｂ
添 付 情 報	登記原因証明情報（抵当権追加設定契約証書） 登記識別情報（Ｂが乙土地甲区４番で通知を受ける登記識別情報） 印鑑証明書（Ｂの印鑑証明書） 登記上の利害関係人の承諾を証する情報（Ｙ・Ｚの承諾書及び印鑑証明書） 代理権限証明情報（Ｘ及びＢの委任状）
課 税 価 格	なし
登録免許税	金１，５００円（登録免許税法第１３条２項）

≪書式09≫解答不要

登記の目的	抵当権設定
原　　　因	平成２８年７月１日金銭消費貸借令和５年６月１２日設定
債　権　額	金４００万円
利　　　息	年２％
債　務　者	水戸市三の丸一丁目３番５号　Ｂ
抵 当 権 者	Ｘ
設　定　者	Ｂ
添 付 情 報	登記原因証明情報（抵当権追加設定契約証書） 登記識別情報（Ｂが甲土地甲区５番で通知を受ける登記識別情報） 印鑑証明書（Ｂの印鑑証明書） 前登記証明書（省略） 代理権限証明情報（Ｘ及びＢの委任状）
課 税 価 格	なし
登録免許税	金１，５００円（登録免許税法第１３条２項）

4件目　≪書式１０≫

登記の目的	２番、３番順位変更
原　　　因	令和５年６月１４日合意
変更後の順位	第１　２番抵当権 第１　３番根抵当権
申　請　人	Ｙ　Ｚ
添付情報	登記原因証明情報（順位変更契約書） 登記識別情報（乙土地乙区２番及び乙土地乙区３番の登記識別情報） 代理権限証明情報（Ｙ及びＺの委任状）
課税価格	なし
登録免許税	金２，０００円

登記記録の記録≪令和5年6月22日申請後の記録≫

◆甲土地

権利部（甲区）	（所有権に関する事項）			
順位番号	登記の目的	受付年月日・受付番号	権利者その他の事項	書式
1	所有権移転	平成22年2月8日 第50号	原因　平成22年1月11日相続 所有者　東京都千代田区丸の内一丁目2番3号 S	—
付記1号	1番所有権登記名義人住所変更	令和4年2月28日 第42号	原因　令和3年2月10日住所移転 住所　東京都台東区上野三丁目1番19号	書式０２
2	所有権移転	平成26年3月3日 第80号	原因　平成26年3月3日譲渡担保 所有者　東京都千代田区麹町四丁目18番四号 T	—
3	2番所有権抹消	令和4年2月28日 第41号	原因　令和2年8月8日譲渡担保契約解除	書式０１
4	所有権移転	令和4年2月28日 第43号	原因　令和4年2月18日売買 所有者　A	書式０３
5	所有権移転	令和5年6月22日 第141号	原因　令和4年12月4日相続 所有者　水戸市三の丸一丁目3番5号 B	書式０４ 解答不要

権利部（乙区）	（所有権以外の権利に関する事項）			
順位番号	登記の目的	受付年月日・受付番号	権利者その他の事項	書式
1	抵当権設定	令和5年6月22日 第142号	原因　平成28年7月1日金銭消費貸借令和5年6月12日設定 債権額　金400万円 利息　年2% 債務者　水戸市三の丸一丁目3番5号 B 抵当権者　水戸市宮町三丁目3番3号 X 設定者　水戸市三の丸一丁目3番5号 B 共同担保　目録(あ)16号	書式０９ 解答不要

共同担保目録			
記号及び番号	(あ)第16号	調製	令和5年6月22日
番号	担保の目的である権利の表示	順位番号	予備
1	水戸市三の丸一丁目　1番18の土地	1	余白
2	水戸市三の丸一丁目　5番12の土地	1	余白

◆乙土地

権利部（甲区）（所有権に関する事項）				
順位番号	登記の目的	受付年月日・受付番号	権利者その他の事項	書式
1	所有権移転	昭和52年7月5日 第500号	原因　昭和49年8月3日相続 所有者　笠間市中央三丁目1番1号 J	—
2	所有権一部移転	平成22年11月19日 第800号	原因　平成22年11月5日売買 共有者　水戸市三の丸一丁目3番5号 持分2分の1　B	—
3	J持分全部移転	平成28年11月7日 第740号	原因　平成28年11月7日売買 共有者　水戸市三の丸一丁目3番5号 持分2分の1　A	—
4	A持分全部移転	令和5年6月22日 第401号	原因　令和4年12月4日相続 所有者　水戸市三の丸一丁目3番5号 B	書式０５ 解答不要

権利部（乙区）（所有権以外の権利に関する事項）				
順位番号	登記の目的	受付年月日・受付番号	権利者その他の事項	書式
1	B持分抵当権設定	平成28年7月11日 第450号	原因　平成28年7月1日金銭消費貸借同日設定 債権額　金400万円 利息　年2% 連帯債務者　水戸市三の丸一丁目3番5号 A 水戸市三の丸一丁目3番5号 B 抵当権者　水戸市宮町三丁目3番3号 X	—
付記1号	1番抵当権変更	令和5年6月22日 第402号	原因　令和4年12月4日連帯債務者Aの相続 連帯債務者　水戸市三の丸一丁目3番5号 B 水戸市小吹町2000番地 C 水戸市小吹町2000番地 D	書式０６
付記2号	1番抵当権変更	令和5年6月22日 第403号	原因　令和5年5月21日連帯債務者C、Dの免責的債務引受 債務者　水戸市三の丸一丁目3番5号 B	書式０７
付記3号	1番抵当権の効力を所有権全部に及ぼす変更	令和5年6月22日 第404号	原因　平成28年7月1日金銭消費貸借令和5年6月12日設定	書式０８
付記4号	1番抵当権担保追加	余白	共同担保　目録(あ)第16号 令和5年6月22日付記	—
2 (4)	抵当権設定	平成30年4月9日 第180号	原因　平成30年4月9日金銭消費貸借同日設定 債権額　金700万円 利息　年2% 債務者　水戸市三の丸一丁目3番5号 B 抵当権者　日立市幸町一丁目1番1号 Y	—

3 (4)	根抵当権設定	令和 1 年 8 月 6 日 第 430 号	原因　令和 1 年 8 月 6 日設定 極度額　金 300 万円 債権の範囲　金銭消費貸借取引 債務者　水戸市三の丸一丁目 3 番 5 号 　B 根抵当権者　ひたちなか市石川町五丁目 5 番地 　Z	—
4	2 番、3 番順位変更	令和 5 年 6 月 22 日 第 405 号	原因　令和 5 年 6 月 14 日合意 第 1　2 番抵当権 第 1　3 番根抵当権	書式１０

共 同 担 保 目 録			
記号及び番号	(あ)第 16 号	調製	令和 5 年 6 月 22 日
番 号	担保の目的である権利の表示	順位番号	予 備
1	水戸市三の丸一丁目　1 番 18 の土地	1	余白
2	水戸市三の丸一丁目　5 番 12 の土地	1	余白

第 37 問・解答例

第１欄

【登記の事由】

取締役、監査等委員である取締役、代表取締役及び会計監査人の変更

支店設置

【登記すべき事項】

令和５年４月１日取締役・監査等委員（社外取締役）Ｇ死亡

同日取締役・監査等委員（社外取締役）Ｈ就任

令和５年４月２１日次の者重任

取締役Ａ

取締役Ｂ

東京都品川区西町一丁目２番３号

代表取締役　Ａ

会計監査人ビーナス監査法人

同日取締役（社外取締役）Ｍ就任

同日取締役Ｃ退任

令和５年４月２３日設置

支店　名古屋市西区本町８番地

【登録免許税額】

金９万円

【添付書面の名称及び通数】
定款　１通
株主総会議事録　２通
株主の氏名又は名称、住所及び議決権数等を証する書面（株主リスト）　２通
取締役会議事録　１通
取締役の決定書　１通
死亡届　１通
登記事項証明書　１通
本人確認証明書　２通
委任状　１通

『就任承諾を証する書面』（本欄に限り、通数の記載は要しない。）

資格	氏名又は名称
取締役	A
取締役	B
取締役・監査等委員	H

資格	氏名又は名称
取締役	M
代表取締役	A

第２欄

（1）４０００

（2）３０００

第３欄

【登記の事由】
取締役の変更
吸収分割による変更
募集株式の発行

【登記すべき事項】
令和５年６月１９日取締役Ｎ退任
令和５年６月２６日取締役Ｂ就任
令和５年６月２５日変更
発行済株式の総数　７０００株
資本金の額　金１５００万円
同日東京都港区東町１番１号コスモ株式会社から分割
令和５年６月２９日変更
発行済株式の総数　１万１０００株
資本金の額　金３５００万円

【登録免許税額】
金１８万５０００円

【添付書面の名称及び通数】
定款　１通
吸収分割契約書　１通
株主総会議事録　２通
株主の氏名又は名称、住所及び議決権数等を証する書面（株主リスト）　２通
簡易分割の要件を満たすことを証する書面　１通
取締役会議事録　１通
公告及び催告をしたことを証する書面　４通
　異議を述べた債権者はいない
募集株式の引受けの申込みがあったことを証する書面　３通
払込みがあったことを証する書面　１通
資本金の額の計上に関する証明書　２通
印鑑証明書　１通
登記事項証明書　１通
委任状　１通

『就任承諾を証する書面』（本欄に限り、通数の記載は要しない。）

資格	氏名又は名称
取締役	B

資格	氏名又は名称

第４欄

株主の氏名又は名称	その株式の数　（株）
合同会社X	４２００
コスモ株式会社	２０００
N	１９００
株式会社Q	９００

第 37 問における事実関係のまとめ

本問における事実関係のまとめ

1　コスモ株式会社

当事者，決議機関及び日付等		事実又は決議事項
R4 年 4 月 22 日	定時株主総会 (別紙 3) (別紙 13 の 1) (答案作成に当たっての注意事項(以下「注意事項」という。)8)	[報告事項]R3 年 2 月 1 日～R4 年 1 月 31 日の事業年度に関する事業報告・計算書類報告 [決議事項] 1　定款一部変更／2　監査等委員以外の取締役選任／3　監査等委員である取締役選任 ※　1から3までの内容は省略され、必要となる登記は別紙1で登記済みとされている。 4　補欠の監査等委員である取締役（社外取締役）Hを選任した。注意事項7からHの就任承諾は同日得られている（以下、単に「就任承諾」とカッコ書きする）。 ※　Hの選任は、R5 年 4 月 21 日開催の定時株主総会の開始の時まで有効である。
R5 年 4 月 1 日	監査等委員である取締役（社外取締役）G (別紙 13 の 2)	死亡 ⇒　監査等委員である取締役の法定員数を欠く。 ⇒　補欠の監査等委員である取締役（社外取締役）Hが同日就任する。
R5 年 4 月 21 日	定時株主総会 (別紙 4) (注意事項 8)	[報告事項]R4 年 2 月 1 日～R5 年 1 月 31 日の事業年度に関する事業報告・計算書類報告 [決議事項] 1　監査等委員以外の取締役選任(就任承諾) A、B、(社外取締役)M 2　補欠の監査等委員である取締役(社外取締役)Yを選任した(就任承諾)。ただし本問では就任しない。 ※　本定時株主総会の終結時に会計監査人ビーナス監査法人の任期が満了するが、別段の決議なく重任。また、取締役A、B及びCの任期も満了する。
	取締役会 (別紙 5) (別紙 13 の 3)	1　代表取締役A選定(就任承諾) 2　吸収分割契約を承認 3　支店設置に関する決定を取締役Bに委任 ※　定款の定め(別紙 1、別紙 2 第 28 条)に基づき重要な業務執行の決定の取締役への委任が可能

R5 年 4 月 22 日	取締役Ｂ (別紙 6)	支店の設置について決定(取締役会の委任に基づく) ① 所在場所：名古屋市西区本町 8 番地 ② 設置日：R5 年 4 月 23 日
R5 年 4 月 23 日	コスモ株式会社 (別紙 13 の 4)	①の支店を②の日までに現実に開設した。
R5 年 4 月 25 日	コスモ株式会社の代表者 司法書士法務星子	登記申請の依頼 登記申請 問１・第１欄

2 株式会社サニー

当事者，決議機関及び日付等		事実又は決議事項
R5 年 4 月 21 日	株式会社サニー コスモ株式会社 (別紙 7)	吸収分割契約 ① 分割会社：コスモ株式会社 承継会社：株式会社サニー ② 効力発生日：R5 年 6 月 25 日 ③ 対価：承継会社の新株 2000 株 ④ 増加する資本金の額：500 万円
	コスモ株式会社の取締役会 (別紙 5) (別紙 13 の 3)	上記吸収分割契約を承認した。 ※ 簡易分割の要件に該当するため、株主総会の承認を経ていない(別紙 14 の 2(1))。
R5 年 6 月 19 日	定時株主総会 (別紙 10、11) (別紙 14 の 1) (注意事項 9)	1 R4 年 5 月 1 日～R5 年 4 月 30 日の事業年度に関する計算書類を承認 2 吸収分割契約を承認 R5 年 4 月 30 日(基準日)現在の株主のうち、議決権を行使することができる株主の議決権の数は、自己株式 1000 株分を除外して 4000 個 である。株式会社サニーの特別決議の可決要件は 4 分の 3 に加重されており（別紙 9 第 15 条 2 項）、出席株主の議決権 4000 個のうち 3000 個 の賛成をもって承認したことになる。問２・第２欄 ※ 本定時株主総会の終結の時に、取締役Ｎの任期が満了する（別紙 8、別紙 9 第 19 条）。
～ R5 年 6 月 24 日	株式会社サニー コスモ株式会社 (別紙 14 の 2(2))	両社とも債権者の保護手続を適法に行ったが、異議を述べた債権者はいなかった。各社で考えられる手続の内容は次のとおりである(別紙 1、8)。 株式会社サニー：官報公告及び個別催告 コスモ株式会社：官報公告及び電子公告 (又は官報公告及び個別催告)

R5 年 6 月 25 日	吸収分割の効力発生日 (別紙 7) (別紙 14 の 2)	吸収分割の効力が発生した。 ⇒　株式会社サニーの発行済株式の総数・資本金の額は、2000 株・500 万円増加した。 ⇒　コスモ株式会社は、株式会社サニーの株式 2000 株を保有する株主になった。
R5 年 6 月 26 日	臨時株主総会 (別紙 12) (別紙 14 の 5) (注意事項 9)	1　取締役B選任（就任承諾） 2　募集株式の発行(募集事項①～④の決定、割当ての決定⑤) ①　募集株式の数:5000 株(うち 1000 株は自己株式) ②　払込金額：1 株につき金 1 万円 ③　払込期日：R5 年 6 月 29 日 ④　増加する資本金の額：増加限度額の 2 分の 1 ⑤　次の者の申込みを条件として割り当てる。 N500 株、合同会社X3600 株、株式会社Q900 株
R5 年 6 月 29 日	募集株式の発行等の払込期日 (別紙 12) (別紙 14 の 3, 6)	N、合同会社X及び株式会社Qは、⑤のとおり申込みをし、払込金全額 5000 万円の払込みがあった。 ⇒　株式会社サニーは、自己株式を全て処分した。 ⇒　増加した発行済株式の総数は 4000 株 募集株式の数 5000 株から処分される自己株式 1000 株を控除する。 ⇒　増加した資本金の額は 2000 万円 払い込まれた 5000 万円のうち新株発行に対応する部分 4000 万円が資本金等増加限度額であり、その 2 分の 1。別紙 10 第 1 号議案別紙から、処分された自己株式の帳簿価額は 1 株当たり 4000 円であることが分かり、1 株当たり 1 万円の払込みがあった本問の募集では、自己株式処分差損が発生しないと判断することができる。
R5 年 6 月 30 日	株式会社サニーの株主構成(上位 4 名に限る) (別紙 11 ほか) (別紙 14 の 4, 7 等)	上位 4 名の株主の保有株式数問４・第４欄。 ①　合同会社X:4200 株(600 株＋募集株式 3600 株) ②　コスモ株式会社：2000 株(吸収分割の対価) ③　N：1900 株(1400 株＋募集株式 500 株) ④　株式会社Q:900 株(募集株式 900 株)
	株式会社サニー・コスモ株式会社の代表者 司法書士法務星子	登記申請の依頼 株式会社サニーにおける登記申請問３・第３欄 コスモ株式会社における登記申請（記載不要）

第 37 問における役員等に関する事実関係のまとめ

コスモ株式会社

（「———」は在任中であることを示す。）

	R4. 4. 22	R5. 2. 15	R5. 4. 1	R5. 4. 21 定時総会	R5. 4. 25 申請
取締役					
A	重任	———	———	重任	———
B	重任	———	———	重任	———
C	就任	———	———	退任	
D		就任	———	———	———
（社外取締役）M				就任	———
監査等委員					
E	就任	———	———	———	———
（社外取締役）F	就任	———	———	———	———
（社外取締役）G	就任	———	死亡		
（社外取締役）H	（選任）		就任	———	———
代表取締役					
A	重任	———	———	重任	———
会計監査人					
ビーナス監査法人	重任	———	———	重任	———

株式会社サニー

(「———」は在任中であることを示す。)

	R1.6.30	R2.6.22	R3.5.7	R3.6.29	R5.6.19 定時総会	R5.6.26	R5.6.30 **申請**
取締役							
N	就任	———	———	———	**退任**		
J		重任	———	———	———	———	———
R		重任	———	———	———	———	———
S			就任	———	———	———	———
B						**就任**	———
代表取締役							
S			就任	———	———	———	———
監査役							
W		重任	———	———	———	———	———
Z				就任	———	———	———

第 37 問における添付書面のまとめ

コスモ株式会社

（令和 5 年 4 月 25 日申請分）

	通数					
	論点１	論点１	論点１	論点２	論点３	
	取締役・監査等委員の変更	取締役の変更	代表取締役の変更	会計監査人の変更	支店設置	まとめ
定款		1				1
株主総会議事録 (R4.4.22)①	1					2
(R5.4.21)②		1		1		
株主リスト	①	②				2
取締役会議事録			1		1	1
取締役の決定書					1	1
死亡届	1					1
登記事項証明書				1		1
取締役の就任承諾書		A, B, M				3
取締役・監査等委員の就任承諾書	H					1
代表取締役の就任承諾書			A			1
本人確認証明書	1	1				2
委任状	1	1	1	1	1	1

株式会社サニー

（令和５年６月30日申請分）

	通数			
	論点４	論点５	論点６	まとめ
	吸収分割	取締役の変更	募集株式の発行	
定款		1		1
吸収分割契約書	1			1
株主総会議事録 (R5. 6. 19)①	1	1		2
(R5. 6. 26)②		1	1	
株主リスト	①	②	②	2
簡易分割の要件に該当することを証する書面コスモ株式会社	1			1
取締役会議事録 コスモ株式会社	1			1
公告及び催告を証する書面　※	4			4
異議を述べた債権者がない旨の記載　※	…ない。			…ない。
資本金の額の計上に関する証明書	1		1	2
登記事項証明書 コスモ株式会社	1			1
申込みを証する書面			3	3
払込みを証する書面			1	1
取締役の就任承諾書		B		1
印鑑証明書		1		1
委任状	1	1	1	1

※　コスモ株式会社分を含む。

第 37 問における登録免許税のまとめ

コスモ株式会社

（令和５年４月 25 日申請分）

論　点	事　項	課税標準	税　率	各論点の税額	本問における税額
論点１ 取締役、取締役・監査等委員及び代表取締役の変更 論点２ 会計監査人の変更	役員変更分 ※１	申請件数	１件につき３万円（資本金の額が１億円以下の会社については１万円）	金３万円	金９万円
論点３ 支店設置	支店設置分 ※２	支店の数	１か所につき６万円	金６万円	

※１　登免法別表 1. 24. (1)カ

※２　登免法別表 1. 24. (1)ル

株式会社サニー

（令和 5 年 6 月 30 日申請分）

論　点	事　項	課税標準	税　率	各論点の税額	本問における税額
論点４ 吸収分割による変更	吸収分割による資本金の額の増加分 ※１	増加した資本金の額	1000 分の 7（これによって計算した税額が 3 万円に満たないときは，申請件数 1 件につき 3 万円）	金 3 万 5000 円	**金 18 万 5000 円**
論点５ 取締役の変更	役員変更分 ※２	申請件数	1 件につき 3 万円（資本金の額が 1 億円以下の会社については 1 万円）	金 1 万円	
論点６ 募集株式の発行	資本金の額の増加分 ※３	増加した資本金の額	1000 分の 7（これによって計算した税額が 3 万円に満たないときは，申請件数 1 件につき 3 万円）	金 14 万円	

※１　登免法別表 1. 24. (1)チ

※２　登免法別表 1. 24. (1)カ

※３　登免法別表 1. 24. (1)ニ

第 37 問・解説

論点一覧

第１　コスモ株式会社における令和５年４月25日申請分	問１・第１欄
論点１　監査等委員会設置会社における取締役等の変更	
論点２　会計監査人の変更	
論点３　支店設置	
第２　株式会社サニーにおける令和５年６月30日申請分等	
論点４　吸収分割による変更	問２・第２欄　問３・第３欄
論点５　非取締役会設置会社における取締役の変更	問３・第３欄
論点６　募集株式の発行	問３・第３欄
論点７　株式会社サニーにおける株主構成の変動	問４・第４欄

第１　コスモ株式会社における令和５年４月25日申請分

論点１　監査等委員会設置会社における取締役等の変更

1　監査等委員会設置会社

⑴　機関設計

監査等委員会設置会社とは、監査等委員会を置く株式会社をいう(会社法２条11号の2)。監査等委員会を置くためには、定款でその旨を定める必要がある（会社法 326 条 2 項)。監査等委員会設置会社は、取締役会・会計監査人を置かなければならず（会社法 327 条 1 項 3 号、5 項)、監査役を置いてはならない（会社法 327 条 4 項)。また、指名委員会等設置会社であるのと同時に監査等委員会設置会社であることはできない(会社法 327 条 6 項)。

⑵　監査等委員会

監査等委員会は、全ての監査等委員で組織される（会社法 399 条の 2 第 1 項)。監査等委員は取締役でなければならず（会社法 399 条の 2 第 2 項)、監査等委員である取締役は、3 人以上で、その過半数は、社外取締役でなければならない（会社法 331 条 6 項)。

⑶　重要な業務執行の決定の取締役への委任についての定款の定め

監査等委員会設置会社の取締役は、支配人その他重要な使用人の選任及び解任等の事項その他の重要な業務執行の決定を取締役に委任することができない（会社法 399 条の 13 第 4 項)。ただし、次の①又は②の場合には、株主総会に提出する議案の内容の決定等の事項を除く重要な業務執行の決定を取締役に委任することができる。

① 取締役の過半数が社外取締役である場合（会社法399条の13第5項）
単に監査等委員の過半数が社外取締役であるというだけでなく、それ以外の取締役も合わせて過半数が社外取締役である場合をいう。

② 重要な業務執行の決定の全部又は一部を取締役に委任することができる旨を定款で定めた場合（会社法399条の13第6項）

⑷ 監査等委員会設置会社の登記事項（会社法911条3項22号）
監査等委員会設置会社においては、次の①から③までの事項が登記される。

① 監査等委員である取締役及びそれ以外の取締役の氏名
監査等委員である取締役については、登記簿上「取締役・監査等委員」と記録されることになる（平27.2.6民商14）。

② 取締役のうち社外取締役であるものについて、社外取締役である旨

③ 重要な業務執行の決定の取締役への委任についての定款の定めがあるときは、その旨

2 取締役の任期

会社法上、役員（取締役・会計参与・監査役）の任期については〈選任後○年以内に終了する事業年度のうち最終のものに関する定時株主総会の終結の時まで〉と規定されている。取締役の場合、原則は「選任後2年以内に終了する事業年度のうち最終のものに関する定時株主総会の終結の時まで」であるが、指名委員会等設置会社の取締役及び監査等委員会設置会社の取締役（監査等委員を除く。）については「選任後1年以内に終了する事業年度のうち最終のものに関する定時株主総会の終結の時まで」である。取締役の任期の伸長・短縮の可否等については、次のように整理することができる。

【株式会社の類型別　取締役の任期のまとめ】（会社法332条1項から6項まで）

		選任後○年以内（原則）	定款による伸長の可否	定款による短縮の可否	決議による短縮の可否
① ②及び③以外の株式会社	公開会社	2年	不可	可	可
	非公開会社	2年	**可（ただし10年が上限）**	可	可
② 指名委員会等設置会社		1年	不可	可	可
③ 監査等委員会設置会社	**監査等委員**	**2年**	不可	不可※	不可
	非監査等委員	**1年**	不可	可	可

※ 補欠として選任された監査等委員である取締役の任期に関し、前任者の任期満了の時までとする定款の規定を定め、これに従って任期が短縮されることは許容される（会社法332条5項）。この点、補欠として選任された監査役と同様（会社法336条3項）。

3 補欠取締役の予選

株式会社は、役員が欠けた場合又は会社法若しくは定款で定めた役員の員数を欠くこととなるときに備えて補欠の役員を選任することができる（会社法 329 条 3 項）。この選任は株主総会の決議による（会社法 329 条 1 項）。この規定により補欠を選任することができるのは、会社法上の「役員」（会社法 329 条 1 項）又は、会社法施行規則上の「会社役員」（会社施行規 2 条 3 項 4 号）から執行役を除いたもの、すなわち、取締役・監査役・会計参与に限られる（会社施行規 96 条 1 項参照）。よって、補欠の会計監査人の選任は許容されない（会社法 346 条 4 項参照）。

補欠の役員の選任に係る決議が効力を有する期間は、原則として、当該決議後最初に開催する定時株主総会の開始の時までである（会社施行規 96 条 3 項本文）。ただし、定款でこの期間を延長・短縮すること、株主総会又は種類株主総会の決議によって短縮することができる（会社施行規 96 条 3 項）。

4 監査等委員会設置会社における取締役の選任手続

監査等委員である取締役もそれ以外の取締役も株主総会の決議によって選任するが（会社法 329 条 1 項）、その選任は、監査等委員である取締役とそれ以外の取締役を区別してしなければならない（会社法 329 条 2 項）。選任決議の要件は、定款の定めがないときは、議決権を行使することができる株主の議決権の過半数を有する株主が出席し（定足数）、出席した当該株主の議決権の過半数をもって行わなければならない（会社法 341 条）。取締役の選任決議における定足数については、通常の普通決議（会社法 309 条 1 項）とは異なり、これを全く排除したり 3 分の 1 未満とする定めを設けることができない。

5 監査等委員会設置会社における代表取締役の選定手続

監査等委員会設置会社では、指名委員会等設置会社以外の取締役会設置会社と同様、取締役会の決議で代表取締役を選定する。選定決議は、監査等委員である取締役もそれ以外の取締役も参加して行う。しかし、代表取締役に選定されることができるのは、監査等委員以外の取締役に限られる（会社法 399 条の 13 第 3 項括弧書、331 条 3 項）。

6 本問の検討

⑴ はじめに

コスモ株式会社における監査等委員である取締役及びそれ以外の取締役の変更について判断するために必要な情報をまとめておく。

① 事業年度／定時株主総会の開催時期

事業年度：毎年 2 月 1 日から翌年 1 月 31 日まで（別紙 2 第 38 条）

開催時期：毎年 4 月（別紙 2 第 10 条）

現実の開催日：

令和3年2月1日から令和4年1月31日までの事業年度に関する定時株主総会は、令和4年4月22日に開催され、令和4年2月1日から令和5年1月31日までの事業年度に関する定時株主総会は、令和5年4月21日に開催され、同日終結している（別紙3、4、13聴取記録1、3）。

② 任期

監査等委員である取締役及びそれ以外の取締役の任期について、法定の任期と同じものが定款で定められている（別紙2第18条1項、2項）。補欠として選任された監査等委員である取締役の任期を前任者の残存任期とする定め（別紙2第18条3項）もある。他方、監査等委員以外の取締役については、補欠又は増員として選任された取締役の任期を他の取締役の任期と同じにするような定めはない。

③ 員数

員数の上限のみを定款で定めている。監査等委員である取締役5名以内、それ以外の取締役は10名以内（別紙2第16条）である。下限（最低員数）は定めていないから、会社法の規定どおり、監査等委員である取締役は3名以上必要、それ以外の取締役については1名いれば足りることになる。

④ 選任決議の要件

法定の決議要件(議決権過半数の出席かつ出席株主の議決権の過半数の賛成)のうち、定足数（議決権過半数の出席という要件）を緩和し、議決権の3分の1以上の出席で足りるものとしている（別紙2第17条2項）。

⑤ 別紙1登記記録の抜粋上の取締役等／退任時期の仮定

登記記録上の監査等委員である取締役、それ以外の取締役及び代表取締役は、次のとおりである。任期の計算に影響する選任決議の日に関する情報は与えられていないので、登記記録上の取締役の重任又は就任の日付を選任決議の日とみなして任期の起算点としてよい。なお、答案作成に当たっての注意事項（以下、単に「注意事項」という。）7参照。⇒以下は、別の退任の原因（死亡等）が生じないと仮定した場合の退任時期を示す。

・監査等委員以外の取締役A、B　令和4年4月22日重任

監査等委員以外の取締役C　令和4年4月22日就任

⇒令和5年1月31日までの事業年度に関し同年4月21日に開催された定時株主総会の終結の時まで

・代表取締役A　令和4年4月22日重任

⇒取締役Aの任期満了時に資格喪失により退任する

・監査等委員以外の取締役D　令和5年2月15日就任

⇒令和6年1月31日までの事業年度に関し同年4月に開催されるであろう定時株主総会の終結の時まで

・監査等委員である取締役E、F、G　令和4年4月22日就任

⇒同上

⑵ 補欠の監査等委員である取締役Hの予選

コスモ株式会社は、令和4年4月22日開催の定時株主総会において、①監査等委員である取締役及びそれ以外の取締役の改選に係る決議をしたほか（別紙3第2号、第3号議案）、②補欠の監査等委員である取締役Hの選任を決議した。①の議案は略されているが、これに基づく取締役の変更決議は登記申請済みである（別紙1、別紙13聴取記録1）。

コスモ株式会社における取締役選任の決議要件は上記⑴④のとおり定足数について緩和する定めがあるが、Hの選任については、過半数の議決権を有する株主が出席し、出席株主の議決権のうち過半数の賛成をもって、法定の決議要件が満たされている（注意事項8、別紙3第4号議案）。また、Hの就任承諾も令和4年4月22日に得られている（注意事項7）。よって、この後最初に開催する定時株主総会の開始の時まで、すなわち、令和5年4月21日開催の定時株主総会（別紙4）の開始の時までに監査等委員である取締役に欠員を生じたときは、欠員を生じた日に、Hが監査等委員である取締役に就任することが分かる。

⑶ 監査等委員である取締役Gの法定員数を欠くこととなる退任／補欠の監査等委員である取締役Hの就任

令和5年4月1日Gは死亡し、同日死亡の届出がされた（別紙13聴取記録2）。この時点で監査等委員である取締役Gは在任中である。死亡により監査等委員である取締役Gは確定的に退任し、コスモ株式会社の監査等委員である取締役は、法定の最低員数である3名を下回ることになる。また、欠員が生じた令和5年4月1日は、Hの選任決議の有効期間内である。よって、同日、補欠の監査等委員である取締役Hが就任することになる。

したがって、令和5年4月1日付けで、監査等委員である取締役Gの死亡による退任の登記と監査等委員である取締役Hの就任による変更の登記を申請しなければならない。また、いずれも社外取締役の要件を満たす者であったから（別紙1、別紙13聴取記録5）、Gにつき社外取締役である旨の登記の抹消、Hにつき社外取締役である旨の登記を併せて申請しなければならない（要は退任の登記と就任の登記のそれぞれに「(社外取締役)」とカッコ書きするということ）。

⑷ 監査等委員でない取締役の任期満了による退任／後任取締役の就任

令和5年4月21日、コスモ株式会社は、令和4年2月1日から令和5年1月31日までの事業年度に関する定時株主総会を開催した（別紙4）。これは、監査等委員以外の取締役（以下「取締役」という。）A、B及びCの選任後1年以内に終了する事業年度のうち最終のものに関する定時株主総会であり、これらの者は、その終結時に任期満了により退任する。この定時株主総会において、取締役3名A、B及びMが選任され、これらの者の就任承諾もあったため（注意事項7）、退任する取締役A、B及びCは全員権利義務取締役となることなく、確定的に退任する。また、Mは社外取締役の要件を満たす（別紙13聴取記録5）。よって、令和5年4月21日をもって再任する取締役A及びBについては「重任」、取締役Cについては任期満了による「退任」、新たに就任する取締役Mについては、社外取締役である旨の登記とともに「就任」を原因とする変更の登記を申請しなければならない。

⑸　代表取締役Ａの選定

令和５年４月21日、コスモ株式会社は、定時株主総会の終結後取締役会を開催した（別紙5、別紙13聴取記録3)。取締役及び監査等委員である取締役の全員が出席し、全員一致をもって代表取締役Ａを選定し、Ａの就任承諾も得られている（注意事項7)。そして、Ａは同日開催の定時株主総会の終結時に取締役を退任し、これに伴い代表取締役を資格喪失により退任した者であるが、取締役として同日再任されている。よって、代表取締役Ａについて同日「重任」を原因とする変更の登記を申請しなければならない。

⑹　まとめ

以上から、取締役等に関して申請すべき登記は、次のとおりである。

①　令和５年４月１日監査等委員である取締役（社外取締役）Ｇの死亡による退任
②　同日監査等委員である取締役（社外取締役）Ｈ就任
③　令和５年４月21日取締役Ａ及びＢ重任
④　同日代表取締役Ａ重任
⑤　同日取締役（社外取締役）Ｍ就任
⑥　同日取締役Ｃの任期満了による退任

論点１　監査等委員会設置会社における取締役等の変更に関する解答

第１欄（令和５年４月25日申請分）

⑴　登記の事由

「取締役、監査等委員である取締役、代表取締役の変更」「取締役、取締役・監査等委員及び代表取締役の変更」などとする。

監査等委員である取締役も取締役であるから「取締役及び代表取締役の変更」とのみ記載してもよいだろう。

⑵　登記すべき事項

「取締役・監査等委員（社外取締役）Ｇは、令和５年４月１日死亡
　同日就任
　　取締役・監査等委員（社外取締役）Ｈ
　取締役Ｃは、任期満了により令和５年４月２１日退任
　同日重任
　　取締役Ａ、同Ｂ
　　東京都品川区西町一丁目２番３号
　　代表取締役Ａ
　同日就任
　　取締役（社外取締役）Ｍ」などとする。

なお「取締役・監査等委員」とある部分は、「監査等委員である取締役」と記載してもよいだろう（『商業登記ハンドブック』（4版P. 495以下））。

⑶ 添付書面及び通数

① 株主総会議事録（商登法46条2項、54条4項） 2通

補欠の監査等委員である取締役Hの選任に関し、令和4年4月22日開催のコスモ株式会社の定時株主総会の議事録を添付する。また、取締役A、B及びCの任期満了退任を証する書面として、かつ、後任取締役A、B及びMの選任に関し、令和5年4月21日開催の定時株主総会の議事録を添付する。

② 定款（商登法54条4項）

上記①の株主総会議事録（令和5年4月21日開催）には、取締役Aらの任期満了に関する記載がないことから、退任を証する書面として定款の添付をも要すると考えられる（昭49.8.14民4.4673）。

③ 株主リスト（商登規61条3項） 2通

補欠の監査等委員である取締役Hの選任決議及び取締役A、B及びMの選任決議に関し、それぞれ株主リストの添付を要する。

④ 取締役及び監査等委員である取締役の就任承諾書（商登法54条1項） 4通

監査等委員である取締役H並びに取締役A、B及びMの分 4 通を添付する。本問では、これらの者の資格・氏名を別途表を埋める形で記載し、通数の記載は要しなかった（注意事項13)。解答例においては「資格」には必ずしも社外取締役である旨（「役員に関するその他の事項」）は含まれないと解し、H及びMにつき「（社外取締役)」の記載を割愛したが、社外取締役である旨の記載が不正解になり、又は減点の対象になるという趣旨ではない。

⑤ 取締役会議事録（商登法46条2項）

代表取締役Aの選定に関し、令和5年4月21日開催の取締役会議事録を添付する。

⑥ 代表取締役の就任承諾書（商登法54条1項） 1通

代表取締役Aの分1通を添付する。本問では、その資格・氏名を別途表を埋める形で記載し、通数の記載は要しなかった（注意事項13)。

⑦ 本人確認証明書（商登規61条7項） 2通

再任の取締役A及びBについては、本人確認証明書の添付を要しない。新任の監査等委員である取締役Hと取締役Mについて、本人確認証明書の要否を検討する。次の※で見るように、商業登記規則61条4項から6項までの印鑑証明書の添付を一切要しないため、この2名につき本人確認証明書の添付を省略することはできない（商登規61条7項ただし書参照)。

※ 印鑑証明書（商登規61条4項から6項まで）の添付の要否

代表取締役Aの就任承諾を証する書面に押した印鑑についての証明書の添付は、同人が再任に当たるため不要である（商登規61条4項後段括弧書、5項)。また、代表取締役の選定に関する書面（取締役会議事録）に係る出席取締役の印鑑証明書（商登規 61条6項3号)については、変更前の代表取締役Aによる登記所届出印の押印があるため、添付不要となる（別紙13聴取記録3)。

⑧　死亡届（商登法 54 条 4 項）

監査等委員である取締役Gの遺族が提出した死亡届（別紙 13 聴取記録 2）を添付する。

⑨　委任状（商登法 18 条）

⑷　登録免許税額

取締役、代表取締役の変更の登記について、登録免許税の額は、資本金の額が 1 億円を超える株式会社における役員等の変更分として、申請 1 件につき 3 万円となる（登免法別表 1. 24. (1) カ）。

論点２　会計監査人の変更

１　会計監査人の変更

⑴　会計監査人の任期

会計監査人の任期は、選任後 1 年以内に終了する事業年度のうち最終のものに関する定時株主総会の終結の時までである（会社法 338 条 1 項）。これについては、伸長も短縮もできないと解されている。

⑵　みなし再任

選任後 1 年以内に終了する事業年度のうち最終のものに関する定時株主総会の終結時に、会計監査人の任期は満了するが、当該定時株主総会において別段の決議がされなかったときは、当然に再任されたものとみなされる（会社法 338 条 2 項）。

２　本問の検討

コスモ株式会社の会計監査人ビーナス監査法人は、令和 4 年 4 月 22 日に重任しているから（別紙 1）、その選任後 1 年以内に終了する事業年度のうち最終のものに関する定時株主総会は、令和 5 年 4 月 21 日に開催されたものである（別紙 4）。そして、この定時株主総会において、会計監査人についての別段の決議はされていない。したがって、会計監査人ビーナス監査法人は同日再任されたものとみなされる。

論点２　会計監査人の変更に関する解答

第１欄（令和 5 年 4 月 25 日申請分）

⑴　登記の事由

「会計監査人の変更」とする。

⑵　登記すべき事項

「令和５年４月２１日会計監査人ビーナス監査法人重任」などとする。

⑶　添付書面及び通数

①　株主総会議事録（商登法 54 条 4 項）1 通

会計監査人の退任（重任）を証する書面として、令和 5 年 4 月 21 日開催の定時株主総会の議事録を添付する。

② 登記事項証明書（商登法54条2項2号） 1通

ビーナス監査法人の主たる事務所の所在地は、コスモ株式会社の本店の所在地の管轄登記所の管轄と異なるので（注意事項5）、その登記事項証明書を添付する。この添付は、登記申請書に会社法人等番号を記載することによって省略することもできるが（商登法19条の3、商登規36条の3）、注意事項16に従い、登記事項証明書を添付するものとして解答することになる。

③ 委任状（商登法18条）

(4) 登録免許税額

会計監査人の変更の登記について、登録免許税の額は、資本金の額が1億円を超える株式会社における役員等の変更分として、申請1件につき3万円となる（登免法別表1.24.(1)カ）。

論点３　支店設置

１　支店の設置、移転又は廃止の手続

株式会社における支店の設置、移転又は廃止の決定は、取締役の過半数の一致又は取締役会の決議によらなければならず、これを各取締役に委任することはできない（会社法348条3項2号、362条4項4号）。

これに対し、監査等委員会設置会社においては、①取締役の過半数が社外取締役であるとき**又は**②定款に重要な業務執行の決定の取締役への委任についての定めがあるときは、支店の設置、移転又は廃止についても、取締役会の決議によって取締役にその決定を委任することができる（会社法399条の13第5項本文、6項）。

また、指名委員会等設置会社においては、支店の設置、移転又は廃止について、取締役会の決議によって執行役にその決定を委任することができる（会社法416条4項本文）。

２　本問の検討

令和5年4月21日開催のコスモ株式会社の取締役会において、名古屋市における支店の設置に関する具体的な事項の決定を取締役Ｂに委任する旨の決議がされている（別紙5第3号議案）。コスモ株式会社定款には重要な業務執行の決定を取締役に委任することができる旨の定め（別紙2第28条、別紙1において登記済み）があるので、適法な委任と判断することができる。そして、この委任に基づき、同日、取締役Ｂは、令和5年4月23日をもって、名古屋市西区本町8番地に支店を置く旨を決定した（別紙6）。同日、同所に現実に支店が開設された（別紙13聴取記録4）。したがって、本店所在地において支店設置の登記を申請しなければならない。

論点３　支店設置に関する解答

第１欄（令和５年４月25日申請分）

⑴　登記の事由

「支店設置」などとする。

⑵　登記すべき事項

「令和５年４月２３日設置

支店　名古屋市西区本町８番地」などとする。

なお、「愛知県名古屋市」のように政令指定都市である場合又は「岐阜県岐阜市」のように都道府県名と同一名称である場合は、都道府県名の記載を省略して差し支えないとされている（昭32.12.24民甲2419）。

⑶　添付書面及び通数

①　取締役会議事録（商登法46条2項）

支店設置の決定を取締役Ｂに委任する旨を決議した令和5年4月21日開催のコスモ株式会社の取締役会の議事録を添付する。かかる委任を適法に行うには、重要な業務執行の取締役への委任についての定款の定めを要するが、この定めがある旨は登記事項であるから、定款の添付を要しないと解する。

②　取締役の決定書（商登法46条3項）

支店設置について具体的な所在場所と設置日を決定した取締役Ｂの決定を証する書面を添付する。

③　委任状（商登法18条）

⑷　登録免許税額

支店設置の登記について、登録免許税の額は、設置した支店の数を課税標準として、1か所につき6万円である（登免法別表1.24.(1)ル）。本問において設置された支店は1か所であるから登録免許税額は6万円となる。

第2　株式会社サニーにおける令和5年6月30日申請分等

論点4　吸収分割による変更

1　吸収分割

吸収分割とは、株式会社又は合同会社がその事業に関して有する権利義務の全部又は一部を分割後他の会社に承継させることをいう（会社法2条29号）。分割会社は株式会社又は合同会社に限られるが、承継会社は、株式会社のほか、持分会社も合同会社に限られないので、合名会社・合資会社も吸収分割承継会社となることができる。

2　株式会社間の吸収分割の手続

(1)　概要

分割会社・承継会社において次のような一連の手続が必要である。③から⑦までの手続間の前後は特に問わないが、⑧の効力発生日より前の一定時期までに行わなければならないという規律がある。例えば、③吸収分割契約の承認は、⑧の日の前日まで、⑦の債権者保護手続に係る公告等は、⑧の日の1か月以上前からする必要がある。また、会社法以外の会社分割に関する法律としては、「会社分割に伴う労働契約の承継等に関する法律」（平成12年法律第103号）があり、これに基づく手続も必要である。

①　**吸収分割契約**の締結 [分割会社・承継会社]

②　吸収分割契約等の事前開示 [分割会社・承継会社]

③　**吸収分割契約の承認** [分割会社・承継会社]

④　**新株予約権証券提供公告**・通知 [分割会社]

吸収分割契約新株予約権（会社法758条5号イ）がある場合に限る。

⑤　分割をする旨の通知・公告（反対株主の買取請求） [分割会社・承継会社]

⑥　分割をする旨の通知・公告（新株予約権買取請求） [分割会社]

⑦　**債権者保護手続** [分割会社・承継会社]

分割会社においては、債権者保護手続を要しない場合がある。

⑧　分割の効力発生 [分割会社・承継会社]

吸収分割契約で定めた効力発生日に分割の効力を生じる。新設分割と異なり、⑨の登記は効力発生要件ではない。

⑨　吸収分割による変更の登記 [分割会社・承継会社]

⑩　吸収分割契約等の事後開示 [分割会社・承継会社]

上記のうち、①、③、④及び⑦は、登記申請に際し、添付書面による立証を要する手続である。以下では、③及び⑦の手続にしぼって解説している。

⑵　吸収分割契約の承認

吸収分割契約の承認は、分割会社及び承継会社の各当事会社で得る必要がある。この承認は、原則として株主総会の特別決議によらなければならない（会社法 783 条 1 項、795 条 1 項、309 条 2 項 11 号）が、一定の場合、株主総会の決議を要せず、取締役の過半数の一致（取締役会設置会社にあっては、取締役会の決議）によって吸収分割契約の承認を受ければ足りる（簡易手続・略式手続、会社法 784 条、796 条）。

⑶　債権者保護手続

ア　異議を述べることができる債権者

①　分割会社

次の場合、分割会社の債権者（❶の場合、債務の履行を請求することができない債権者に限る。❷の場合は、全ての債権者）は吸収分割について異議を述べることができる（会社法 789 条 1 項 2 号)。分割会社が承継債務について連帯保証契約を締結したり、承継債務について重畳的債務引受をした場合は、債権者が吸収分割後も分割会社に対して債務の履行を請求することができるので、その場合には、債権者は異議を述べることができない。

❶　吸収分割後吸収分割株式会社に対して債務の履行を請求することができない場合

❷　いわゆる人的分割類似の吸収分割を行う場合（分割会社が、吸収分割契約に基づき、剰余金の配当等として吸収分割対価である承継会社株式を分割会社の株主に交付する場合をいう。）

②　承継会社

承継会社の全ての債権者は、吸収分割契約について異議を述べることができる（会社法 799 条 1 項 2 号)。

イ　債権者保護手続及びその要否

上記アにより吸収分割について異議を述べることができる債権者がいる場合、分割会社・承継会社は、それぞれ、所定の事項を官報で公告し、かつ、知れている債権者に対して各別に催告をしなければならず（会社法 789 条 2 項、799 条 2 項)、異議を述べた債権者に対しては、これを害するおそれがない場合を除き、弁済等の措置を執らなければならない（会社法 789 条 5 項、799 条 5 項)。なお、公告方法として日刊新聞紙に掲載する方法又は電子公告を定款で定めている場合、各別の催告を省略し、定款所定の方法による公告に代えることができる（いわゆる二重公告。会社法 789 条 3 項、799 条 3 項)。ただし、不法行為によって生じた分割会社の債務の債権者に対しては、定款所定の方法による公告をすることによって、各別の催告を省略することはできない（会社法 789 条 3 項括弧書)。

分割会社においては、その全ての債権者が分割後も分割会社に対して債務の履行を請求することができる場合（例えば分割会社が、承継会社との間で、分割により承継させた債務全部についての重畳的債務引受契約を締結した場合)、かつ、上記ア①の❷のいわゆる人的分割を行わない場合、債権者保護手続は一切不要である。これに対し、承継会社では、債権者がある限り、必ず債権者保護手続を行わなければならない。

3 吸収分割による変更の登記手続

⑴ 同時申請／経由申請

①分割会社がする吸収分割による変更の登記の申請及び②承継会社がする吸収分割による変更の登記の申請は、同時にしなければならない（商登法 87 条 2 項）。また、分割会社と承継会社の本店の管轄登記所が異なる場合、①の申請は、承継会社の本店の管轄登記所を経由して申請しなければならない（商登法 87 条 1 項）。

⑵ 添付書類（注意点）

上記⑴の申請は、承継会社の本店の管轄登記所に 2 通の申請書を提出してすることになるが、吸収分割の手続に関する書類は、分割会社において行った手続も含め、全て承継会社がする吸収分割による変更の登記の申請書の添付書類になる（商登法 85 条参照）。また、分割会社・承継会社の本店の管轄登記所が異なる場合、承継会社がする吸収分割による変更の登記の申請書には、分割会社の登記事項証明書を添付しなければならない（商登法 85 条 5 号）。ただし、分割会社の会社法人等番号を記載することによってその添付を省略することができる（商登法 19 条の 3、商登規 36 条の 3）。

4 1株1議決権の原則とその例外

株主は、株主総会において、原則としてその有する株式 1 株につき 1 個の議決権を有する（会社法 308 条 1 項本文）。ただし、次の株式について議決権を有しない例外がある。

① 相互保有株式（会社法 308 条 1 項本文括弧書）
② 単元株式数の定めがある場合（会社法 308 条 1 項ただし書）における単元未満株式（会社法 189 条 1 項）
③ 自己株式（会社法 308 条 2 項）
④ 株主総会の決議事項について議決権がない種類の株式（会社法 108 条 1 項 3 号）

これら①から④までの議決権を有しない株式の数は、株主総会の普通決議や特別決議の成否に関し、定足数・可決に必要な賛成数の算定において除外される（会社法 309 条 1 項「議決権を行使することができる株主の議決権の…」）。

①の相互保有株式とは、簡単に言うと、A社（とその子会社）がB社の議決権の総数の 4 分の 1 以上を保有する場合においてB社が有するA社の株式をいう（会社施行規 67 条 1 項）。この場合、A社の株主であるB社は、A社の株主総会において議決権を有しない（会社法 308 条 1 項本文括弧書）。

5 本問の検討

⑴ 吸収分割契約の承認

令和 5 年 4 月 21 日付けの吸収分割契約書をもって、株式会社サニーとコスモ株式会社は、前者を承継会社とし、後者を分割会社とする吸収分割契約を締結した（別紙 7）。

この吸収分割契約の承認に関して検討する。まず、承継会社である株式会社サニーにおいては、令和 5 年 6 月 19 日開催の定時株主総会（別紙 10）において、議決権を行使することができる株主が全員出席し（注意事項9)、承認決議の成立に必要な最小限の数の議決権を有する株主の賛成（本問の問 2(2)）によって吸収分割契約が承認されている。なお、この議決権の数については後記(4)において検討する。

次に、分割会社であるコスモ株式会社においては、簡易分割の要件に該当するため、株主総会の承認決議を経ていないことに問題はなく（別紙 14 聴取記録 2(1))、令和 5 年 4 月 21 日開催の取締役会の決議によって、適法に吸収分割契約の承認を受けたことになる（別紙 5 第 2 号議案)。

(2) 債権者保護手続

債権者の保護手続については、法令上必要とされる範囲で適法に行われた（別紙 14 聴取記録 2(2)）とある。以下、具体的に検討する。

まず、株式会社サニーは吸収分割承継会社であるから、債権者保護手続は必要だったが、適法に行われた（別紙 14 聴取記録 2(2))。手続の内容に関しては、公告方法を官報としており（別紙 8）各別の催告を省略することはできないため、官報公告及び各別の催告により債権者保護手続を行ったものと判断することができる。また、株式会社サニーに対して異議を述べた債権者はいなかったため（別紙 14 聴取記録 2(2))、弁済等の必要はなかった。

次に、コスモ株式会社についても、次の理由から、承継債務に係る債権者に対する債権者保護手続が必要だったと考えられる。吸収分割契約書の抜粋等から、いわゆる人的分割をする旨の定めはないものの（別紙 14 聴取記録 2(5))、株式会社サニーに承継させる債務についてコスモ株式会社が重畳的債務引受契約や連帯保証契約の締結をした旨の事実やそもそも承継させる債務が存在しない旨の事実が窺われない。また、聴取記録に「コスモ株式会社及び株式会社サニーには異議を述べることができる知れている債権者が存在した」（別紙 14 聴取記録 2(2)）という記載があり、この記載を疑う必要はない。手続の内容に関しては、電子公告を公告方法としており、また「不法行為によって生じたコスモ株式会社の債務の債権者は存在しない」（別紙 14 聴取記録 2(2)）との記載から各別の催告を省略できない場合には該当しないことが分かるから、各別の催告を行わず、官報に掲載する方法及び電子公告の両方で公告を行うことができたことが分かる。もっとも、本問においてコスモ株式会社が、知れている債権者に対し各別の催告をしたのか、又は電子公告によって公告をして各別の催告をしなかったのかについては、いずれの方法も適法であるから、事実上不明である。このことは、後述するように、添付書面の名称及び通数の解答に当たって問題になる。なお、コスモ株式会社に対しても異議を述べた債権者がいなかったため（別紙 14 聴取記録 2(2))、弁済等の必要はなかった。

(3) 吸収分割の効力の発生／変更後の発行済株式の総数・資本金の額

別紙 14 聴取記録 2 に「別紙 7 の吸収分割契約に係る吸収分割は、吸収分割契約書の記載のとおり効力が発生した。」とあることから、株式会社サニーとコスモ株式会社の吸収分割は、定められた効力発生日である令和 5 年 6 月 25 日に効力が発生したと判断することができる。

引き続き、吸収分割による変更後の株式会社サニーの発行済株式の総数及び資本金の額について検討する。吸収分割契約において、対価は株式会社サニーの新株 2000 株とされているから、変更後の株式会社サニーの発行済株式の総数は 7000 株（＝5000 株＋2000 株）である（別紙 7、8）。また、増加する資本金の額は、吸収分割契約に定めたとおり、会社法及び会社計算規則に従って計上された 500 万円であるから、変更後の株式会社サニーの資本金の額は 1500 万円（＝1000 万円＋500 万円）である（別紙 7、8、14 聴取記録 2(4)）。

⑷ 株式会社サニーにおける承認決議（特別決議）の成立に必要な最小限の数の議決権等について

株式会社サニーの令和 5 年 6 月 19 日開催の定時株主総会の第 2 号議案について議決権を行使することができる株主の**議決権の数**（問 2(1)）、そして、この議決権の数に係る株主全員の出席を前提として（注意事項 9）、当該議案（吸収分割契約の承認）を可決するに足りる**最小限の議決権の数**（問 2(2)）が問われている。

ア 定時株主総会で議決権を行使することができる株主の議決権の数

株式会社サニーの令和 5 年 4 月 30 日時点の株主構成が、別紙 11 株主名簿の抜粋に示されている。株式会社サニーは、定時株主総会における議決権行使の基準日を毎事業年度末日と定款で定めているから（別紙 9 第 9 条）、令和 5 年 6 月 19 日開催の定時株主総会で議決権を行使することができるのは、令和 5 年 4 月 30 日時点の株主である。同時点の発行済株式の総数は 5000 株であり、原則として株主は 1 株につき 1 個の議決権を有するので、当該定時株主総会で議決権を行使することができる株主の議決権の数（以下「議決権総数」という。）は、とりあえず 5000 個が上限である。また、株式会社サニーの定款には 1 株 1 議決権の原則の例外となる定め、例えば単元株式数の定め、種類株式発行会社における議決権行使条項付きの種類株式の定めや非公開会社におけるいわゆる属人的な定めとしての複数議決権の定めなどはいずれも存在しない（注意事項 2）。よって、議決権 5000 個を出発点として、引き算すべき議決権の数がないかを検討すればよい。

まず、株式会社サニーの有する自己株式 1000 株に係る議決権を引くと 4000 個となる。

そのほか、別紙 11 株主名簿の抜粋に出現する株式会社Ｋについて、株式会社サニーが一定数以上の株式会社Ｋの議決権を有していないかも問題になる。株式会社Ｋの有する株式会社サニーの株式がいわゆる相互保有株式に該当すれば、株式会社Ｋが議決権を有しないことになるからである。この点「なお、株式会社サニーは、設立以来、他の株式会社の株式を保有したことはない」（別紙 14 聴取記録 4）とあるので、株式会社Ｋが有する株式会社サニーの株式はいわゆる相互保有株式に該当せず、株式会社Ｋの議決権 400 個を議決権総数から控除する必要はないことが分かる。

上記の他に議決権総数から減ずべき議決権の数がある旨の事情は見当たらないので、4000 個が問 2(1)の解答になる。

イ 吸収分割契約の承認に必要な最小限の議決権の数

吸収分割承継株式会社における吸収分割契約承認議案に係る株主総会の決議要件は、会社法 309 条 2 項の規定による特別決議である。特別決議とは、「当該株主総会において議決権を行使することができる株主の議決権の過半数（3 分の 1 以上の割合を定款で定めた場合にあっては、その割合以上）を有する株主が出席し、出席した当該株主の議決権の３分の２（これを上回る割合を定款で定めた場合にあっては、その割合）以上に当たる多数」をもって行う決議である。上記で検討したところによれば、当該議案について議決権を行使することができる株主の議決権の数は4000個であり、この株主が全員出席しているから（注意事項９）、特別決議の定足数は満たされている。当該議案の［ア］とある箇所に記載すべき議決権の数は、出席株主の議決権4000個のうち、特別決議の成立に必要な最小限の数である。ところで、株式会社サニーは、定款で、会社法309条２項に定める決議の要件について「出席した当該株主の議決権の４分の３以上に当たる多数」をもって行う旨を定めている（別紙９第14条２項）。よって、［ア］とある箇所に記載すべき議決権の数は、4000個に４分の３を乗じて得た3000個となる。

論点４　吸収分割による変更に関する解答

第２欄（株式会社サニーの吸収分割契約承認に関する議決権の数）

⑴　４０００（個）

⑵　３０００（個）

第３欄（令和５年６月30日申請分）

以下は、吸収分割承継株式会社である株式会社サニーの吸収分割による変更の登記の申請書に関する解説である。吸収分割株式会社であるコスモ株式会社も、同時に、かつ、株式会社サニーの本店の管轄登記所を経由して吸収分割による変更の登記を申請しなければならないが、このコスモ株式会社に関する登記の申請書について、本問では解答を要しなかった（問３「なお、同時に」以下）。

⑴　登記の事由

「吸収分割による変更」とする。

⑵　登記すべき事項

発行済株式の総数及び資本金の額の変更のほか、「令和〇年〇月〇日（分割会社の本店）（分割会社の商号）から分割」の要領で、「分割をした旨並びに吸収分割会社の商号及び本店」（商登規別表５会社履歴区）の記載をする（商登法84条１項）。本問では、

「令和５年６月２５日変更

発行済株式の総数　７０００株

資本金の額　金１５００万円

同日東京都港区東町１番１号コスモ株式会社から分割」などとする。

⑶　添付書面及び通数

①　吸収分割契約書（商登法85条１号）１通

②　株主総会議事録（商登法46条２項）１通

株式会社サニーにおいて吸収分割契約を承認した株主総会の議事録を添付する。

③ 株主リスト（商登規61条3項）

上記②の承認決議について株主リストを添付する。

④ 取締役会議事録（商登法85条6号） 1通

⑤ 簡易分割の要件を満たすことを証する書面（商登法85条6号） 1通

コスモ株式会社において吸収分割契約を承認した取締役会の議事録と簡易分割の要件を満たすことを証する書面を添付する。

⑥ 公告及び催告をしたことを証する書面（商登法85条3号前段、8号前段） 4通

承継会社である株式会社サニーにおける債権者保護手続に関する書面として、公告をした官報で1通、催告書の控えに債権者名簿を合てつしたもの1通で計2通を添付する。分割会社であるコスモ株式会社における債権者保護手続については、公告及び催告と二重公告のいずれを選択したのか分からないが、いずれにしろ各1通の添付としてよい。解答例では、承継会社・分割会社の分をまとめて計4通とした。もっとも、会社ごとに分けて承継会社の「公告及び催告をしたことを証する書面　2通」のほか、「コスモ株式会社の公告をしたことを証する書面　2通」又は「分割会社の公告及び催告をしたことを証する書面　2通」などのいずれかを解答しても差し支えないと考えられる。本問ではコスモ株式会社がどちらの手続をとったのか確定できるだけの情報が与えられていないし、どちらをとったとしても適法だからである。

⑦ 異議を述べた債権者がいない旨

異議を述べた債権者がある場合、弁済等をしたことを証する書面又は債権者を害するおそれがないことを証する書面を添付するが（商登法85条3号後段、8号後段）、そもそも異議を述べた債権者がいない場合は、その旨を申請書に記載すれば足りる。

⑧ 資本金の額の計上に関する証明書（商登法85条4号） 1通

解答例では、「資本金の額の計上に関する証明書」と表記し、通数は、募集株式の発行による変更の登記の申請書の添付書面と併せて「2通」としたが、商業登記法の条文の文言に寄せて「資本金の額が会社法第445条第5項の規定に従って計上されたことを証する書面　1通」のように記載してもよいだろう。

⑨ 吸収分割会社の登記事項証明書（商登法85条5号） 1通

コスモ株式会社と株式会社サニーの本店の管轄登記所が異なることから（注意事項5）、コスモ株式会社の登記事項証明書を添付する。会社法人等番号の記載により添付を省略することもできるが、本問では注意事項16により考慮する必要はない。

⑩ 委任状（商登法18条）

⑷ 登録免許税額

吸収分割による変更の登記について、登録免許税の額は、増加した資本金の額を課税標準として、これに1000分の7を乗じて得た額（これにより得られた額が3万円未満のときは、3万円）となる（登免法別表1.24.(1)チ）。本問においては、課税標準金額は500万円であるから、登録免許税額は3万5000円（＝500万円×1000分の7）である。

論点５　非取締役会設置会社における取締役の変更

１　取締役会設置会社以外の株式会社

取締役会の設置が義務付けられる株式会社は、次の①から④までである（会社法327条1項)。これら以外の株式会社は、大会社である場合であっても、取締役会の設置が義務付けられないから、例えば、非公開会社で、株主総会と取締役のほか、監査役及び会計監査人だけを設置するという機関設計を選択することも可能である（会社法328条、327条3項)。

①　公開会社

②　監査役会設置会社

③　監査等委員会設置会社

④　指名委員会等設置会社

２　非取締役会設置会社の取締役・代表取締役

非取締役会設置会社の取締役は、各自会社を代表することが原則だが(会社法349条1項、2項)、次のいずれかの方法で取締役の中から代表取締役を定めることもできる（会社法349条3項)。

①　定款に直接代表取締役の氏名を記載する方法

②　株主総会の決議によって定める方法

③　定款の定めに基づき取締役の互選によって定める方法

③の方法によるには、例えば「当社の代表取締役は、取締役の互選によって定める」旨などの定款の定めがなければならないが、①及び②の方法によるためには、定款の定めによることを要しない。

３　本問の検討

⑴　はじめに

株式会社サニーにおける取締役の変更について判断するために必要な情報をまとめておく。

①　事業年度／定時株主総会の開催時期

事業年度：毎年5月1日から翌年4月30日まで（別紙9第25条）

開催時期：事業年度終了後3か月以内（別紙9第10条）

現実の開催日：

令和4年5月1日から令和5年4月30日までの事業年度に関する定時株主総会は、令和5年6月19日に開催されている（別紙10)。

②　任期

取締役の任期について、法定の任期より長期とする定款の定め「選任後4年以内に終了する事業年度のうち最終のものに関する定時株主総会の終結の時までとする」旨の定めがある（別紙9第19条)。株式会社サニーは非公開会社であるから、この定めは有効である。

③ 員数

取締役の員数の下限及び上限を３名以上10名以内とする旨を定款で定めている（別紙9第16条）。

④ 互選規定

取締役の互選により代表取締役を選定する旨を定めている（別紙9第20条）。本問では株式会社サニーは代表取締役の選定を行っていないが、非取締役会設置会社における取締役の変更については、各自代表制でないことを確認しておきたい。

⑤ 別紙8登記記録の抜粋取締役等／退任時期の仮定

登記記録上の取締役及び代表取締役は、次のとおりである。任期の計算に影響する選任決議の日に関する情報は与えられていないので、登記記録上の取締役の重任又は就任の日付を選任決議の日とみなして任期の起算点としてよい。⇒以下は、別の退任の原因（死亡、辞任、解任、資格喪失等）が生じないと仮定した場合の退任時期を示す。

・取締役Ｎ　令和１年６月30日就任

⇒令和５年４月30日までの事業年度に関し同年６月19日に開催された定時株主総会の終結の時まで

・取締役Ｊ、Ｒ　令和２年６月22日重任

⇒令和６年４月30日までの事業年度に関し同年６月までに開催されるであろう定時株主総会の終結の時まで

・取締役Ｓ　令和３年５月７日就任

⇒令和７年４月30日までの事業年度に関し同年６月までに開催されるであろう定時株主総会の終結の時まで

・代表取締役Ｓ　同上

⇒取締役Ｓの任期満了による退任の時に資格喪失により退任する

⑵ 取締役Ｎの任期満了による退任

令和５年６月19日、株式会社サニーは、令和４年５月１日から令和５年４月30日までの事業年度に関する定時株主総会を開催した（別紙10）。これは、取締役Ｎの選任後４年以内に終了する事業年度のうち最終のものに関する定時株主総会であり、取締役Ｎは、その終結時に任期満了により退任する。この定時株主総会において後任取締役の選任などはされていないが、Ｎ以外の取締役３名（Ｊ、Ｒ及びＳ）が在任中であり、定款所定の最低員数である３名は充足しているから、Ｎは、権利義務取締役となることなく確定的に退任する。よって、下記の取締役Ｂの新任の有無にかかわらず、その退任の登記を申請しなければならない。

⑶ 取締役Ｂの就任

令和５年６月26日開催の株式会社サニーの臨時株主総会において取締役Ｂが選任され（別紙12）、当日就任承諾も得られている（注意事項7）。Ｂは令和５年６月25日に効力を生じた吸収分割の相手方であるコスモ株式会社の取締役でもあるが（第１欄の解答）、特にこの地位との兼任に問題はない。よって、取締役Ｂの就任による変更の登記を申請すべきである。

論点５　非取締役会設置会社における取締役の変更に関する解答

第３欄（令和５年６月30日申請分）

⑴　登記の事由

「取締役の変更」とする。

⑵　登記すべき事項

「取締役Ｎは、任期満了により令和５年６月１９日退任

令和５年６月２６日取締役Ｂ就任」などとする。

⑶　添付書面及び通数

①　株主総会議事録（商登法46条２項、54条４項）２通

取締役Ｎの任期満了退任を証する書面として、令和５年６月19日開催の株式会社サニーの定時株主総会の議事録を添付する。取締役Ｂの選任に関し、令和５年６月26日開催の株式会社サニーの臨時株主総会の議事録を添付する。

②　定款（商登法54条４項）

上記①の株主総会議事録のうち、令和５年６月19日開催の定時株主総会に係るものに、取締役Ｎの任期満了に関する記載がないことから、退任を証する書面として定款の添付をも要する（昭49.8.14民4.4673）。

③　株主リスト（商登規61条３項）１通

上記①の株主総会議事録のうち、令和５年６月26日開催の臨時株主総会における取締役Ｂの選任決議に関し、株主リストの添付を要する。

④　取締役の就任承諾書（商登法54条１項）１通

Ｂの就任承諾書を添付する。本問では、この者の資格・氏名を別途表を埋める形で記載し、通数の記載は要しなかった（注意事項13）。

⑤　印鑑証明書（商登規61条４項後段）１通

④の就任承諾書にＢが押印した印鑑に係る市町村長作成の証明書を添付する。株式会社サニーは非取締役会設置会社なので、商業登記規則61条５項の読み替えはなく、代表取締役ではなく、取締役（再任した者を除く。）の就任承諾書について印鑑証明書の添付を要する。この添付があるため、取締役Ｂの本人確認証明書の添付を要しない（商登規61条７項ただし書）。

⑥　委任状（商登法18条）

⑷　登録免許税額

取締役の変更の登記について、登録免許税の額は、資本金の額が１億円以下の株式会社における役員等の変更分として、申請１件につき１万円となる（登免法別表1.24.(1)カ）。

論点6　募集株式の発行

1　非公開会社・非取締役会設置会社・単一株式発行会社における決定手続について

公開会社でなく種類株式発行会社でない非取締役会設置会社において、株主に引受けの申込をすることにより割当てを受ける権利を与えずに募集株式を発行する場合（第三者割当ての場合）、必要となる決定手続は、次のとおりである。

⑴　募集事項の決定

原則として**株主総会の特別決議**が必要である（会社法199条2項、309条2項5号）。ただし、株主総会の特別決議により募集事項の決定を取締役（取締役会設置会社にあっては、取締役会）に委任することができ（会社法200条1項、309条2項5号）、この委任に基づき、取締役の過半数の一致（取締役会の決議）によって募集事項を決定することは可能である。

⑵　割当ての決定／総数引受契約の承認

株主割当ての方法によらずに募集株式を発行する場合、引受けの申込みをした者の中から割当てを受ける者を決定しなければならないが、募集株式が譲渡制限株式である場合は、この**割当ての決定**には、**株主総会の特別決議**（取締役会設置会社においては、取締役会の決議）を要する（会社法204条2項本文、309条2項5号）。ただし、定款による別段の定めが許容されており（会社法204条2項ただし書）、例えば、取締役会設置会社において株主総会の決議により割当ての決定を行う旨の定款の定めは有効とされている。

また、引受けの申込み及び割当ての手続を経ずに、株式会社と引受人が総数引受契約を締結することも可能だが（会社法205条1項）、この場合においても、募集株式が譲渡制限株式であるときは、株主総会の特別決議（取締役会設置会社においては、取締役会の決議）によって総数引受契約の承認を受けなければならない（会社法205条2項本文、309条2項5号）。もっとも、これについても定款による別段の定めは可能である（会社法205条2項ただし書）。

⑶　募集事項の決定と同一の機会に条件付きで割当ての決定をすることの可否

上記⑴募集事項の決定と⑵のうち割当ての決定は、各別の手続であって、会社法上、募集事項の決定機関については公開会社か否か、割当ての決定機関については取締役会設置会社か否かが、それぞれ機関の権限分配の基準となっている。もっとも、募集事項の決定の機関と割当ての決定機関が同一である場合において、あらかじめ少数の申込人及び引受人が確定しているようなときは、募集事項の決定の際に、当該申込人から引受けの申込みがあることを条件として当該者に割り当てる旨の条件を付けて割当ての決定を行うことが可能と解されている。このように決議することで、募集事項の決定の決議と別の機会に、改めて割当ての決定を行うための株主総会や取締役会を開催する手間が省ける。

2　一つの募集に新株発行と自己株式処分が併存する場合の資本金等増加限度額の計算

資本金の額については、新たに株式を発行する際に株主となる者が払込み又は給付をした財産の額を上限として増加するものとされている。一方、いったん発行した株式を当該会社が取得し、これを処分する（自己株式の処分を行う）際には、これと引換えに出資がされても、資本金の額は増加しない（会社法 445 条 1 項参照）。①自己株式の処分に際して出資された財産の額は、まず、②貸借対照表上の自己株式の帳簿価額（控除項目としてマイナス表示）を埋め、埋め足りないときは（自己株式処分差損を生じるときは）、③貸借対照表上のその他資本剰余金の額を減少させ、埋めてなお余りがあるときは（自己株式処分差益を生じるときは）、③の額を増加させることとなる。

ところで、会社法は、新株の発行と自己株式の処分について、手続上、同一の規律を定めているから（会社法 199 条 1 項柱書参照）、新株の発行と自己株式の処分が併せて一つの募集行為としてされる場合を想定することができる。この場合においては、原則的には、自己株式の処分は新株の発行に影響を及ぼさないものとして、出資された財産の額のうち、新株の発行に相当する部分を取り出せば、この部分が「資本金等増加限度額」（新株発行により増加すべき資本金の額と資本準備金の額の合計額に一致する。）になる。自己株式処分差益を生じる場合並びに差益及び差損のいずれも生じない場合については、このように考えておけば足りる。上記の「出資された財産の額のうち、新株の発行に相当する部分を取り出す」というのは、会社計算規則 14 条 1 項 1 号及び 2 号の額の合計額（同条同項 3 号の額は、現在、計算上無視して差し支えない。附則 11 条 1 号）に株式発行割合（新株・自己株式を併せた募集株式の合計数のうちに新株の数が占める割合）を乗じるという操作を言い換えたものである。自己株式の処分によって差損を生じない場合、資本金等増加限度額の計算は、この掛け算で終わることになる。

これに対し、新株の発行と自己株式の処分が併存する場合において、自己株式処分差損を生じるときには、（自己株式の処分のみを単独で行う場合にはその他資本剰余金の額の減少で対応するのとは異なり、）新株の発行に係る資本金等増加限度額において自己株式処分差損を吸収すべきこととされている。すなわち、この場合、上記「出資された財産の額のうち、新株の発行に相当する部分」から自己株式処分差損（会社計算規 14 条 1 項 4 号）を控除したものが、資本金等増加限度額になるのである。

3　本問の検討

株式会社サニーは、令和 5 年 6 月 26 日開催の臨時株主総会において、募集株式の数を 5000 株（うち 1000 株は自己株式）とし、払込金額を 1 株当たり 1 万円、資本金等増加限度額の 2 分の 1 を増加する資本金の額とする募集事項の決定を行うとともに、N、合同会社Ｘ及び株式会社Ｑから引受けの申込みがあることを条件として、これらの者にそれぞれ 500 株、3600 株及び 900 株を割り当てる旨の割当ての決定を行っている。その後、N、合同会社Ｘ及び株式会社Ｑは予定どおり引受けの申込みをし、払込期日に全額の払込みがされた。以上が事案の概要であり、発行済株式の総数 4000 株の増加、資本金の額 2000 万円の増加により、募集株式の発行による変更登記を申請することになる。

以下、手続の流れに沿って検討する。

① 募集事項の決定について

株式会社サニーは非公開会社であって、第三者割当ての場合における募集事項の決定機関は、株主総会であり、その決議要件は特別決議であるところ、議決権を行使することができる株主全員が出席した令和5年6月26日開催の臨時株主総会において、募集事項の決定に係る第2号議案は満場一致をもって可決されている（別紙12、注意事項9)。

② 割当ての決定について

株式会社サニーは、上記募集事項の決定と併せて、引受けの申込みを条件とする割当ての決定をしている。株式会社サニーは非取締役会設置会社であって（別紙8)、割当ての決定については、定款に別段の定めがない限り、株主総会の特別決議によらなければならないので、割当ての決定も適法にされたと判断することができる。

③ 引受けの申込み及び出資の履行について

引受けの申込みを条件として募集株式を割り当てられた引受人全員がそれぞれ適法に引受けの申込みをしたので（別紙14 聴取記録6)、割当てに付された条件は成就し、全員が引受人となった。また、引受人の全員が払込期日に全額の払込みをしたので、募集株式の発行の効力は払込期日である令和5年6月29日に生じたと判断することができる。

④ 増加する発行済株式の総数及び資本金の額について

募集株式の数は5000株であったが、うち1000株は自己株式の処分としてされたものなので、新たに発行された株式会社サニーの株式は4000株である。

次に資本金等増加限度額を計算する。払い込まれた金銭の総額は5000万円であり、これに株式発行割合（5000分の4000⇒５分の４）を乗じて得た額は4000万円である。自己株式処分差損が生じていなければ、この4000万円が資本金等増加限度額である。自己株式処分差損の有無について判断するためには、自己株式の帳簿価額を知る必要があるが、別紙10 定時株主総会の第1号議案別紙及び別紙14 聴取記録3から処分された自己株式1000株の帳簿価額は400万円であることが分かる。払い込まれた金銭の総額5000万円に自己株式処分割合（１マイナス5000分の4000⇒５分の１）を乗じて得た1000万円とこの帳簿価額を比較すると、自己株式処分差損は生じていない（むしろ自己株式処分差益が生じている）ことが分かる。したがって、資本金等増加限度額は、4000万円である。そして、募集事項に定められたとおり、これに２分の１を乗じて得た額が増加する資本金の額となる。

⑤ 申請すべき登記

以上から、令和5年6月29日をもって、増加した発行済株式の総数を4000株とし、増加した資本金の額を2000万円とする募集株式の発行による変更の登記を令和5年6月30日に申請すべきである。

変更後の発行済株式の総数及び資本金の額については、別紙8のサニー株式会社の登記記録の抜粋上の5000株・金1000万円（令和5年6月19日現在）ではなく、令和5年6月25日に効力を生じた吸収分割による変更後のそれぞれ7000株・金1500万円に上記増加分を加えて、1万1000株及び金3500万円とすることに注意しなければならない。

論点６　募集株式の発行に関する解答

第３欄（令和５年６月30日申請分）

⑴　登記の事由

「募集株式の発行」と記載する。

⑵　登記すべき事項

「令和５年６月２９日変更

発行済株式の総数　１万１０００株

資本金の額　金３５００万円」などと記載する。

⑶　添付書面及び通数

①　株主総会議事録（商登法46条２項）　１通

募集事項の決定及び条件付き割当ての決定について決議した臨時株主総会の議事録を添付する。

②　株主リスト（商登規61条３項）　１通

上記①における両決定に係る決議に関し、株主の氏名又は名称、住所及び議決権数等を証する書面を添付する。

③　引受けの申込みを証する書面（商登法56条１号）　３通

Ｎ、合同会社Ｘ及び株式会社Ｑによる申込みを証する書面を添付する。

④　払込みがあったことを証する書面（商登法56条２号）　１通

Ｎらの金銭の出資に関し、これを証する書面を添付する。

⑤　資本金の額の計上に関する証明書（商登規61条９項）　１通

解答例では、吸収分割による変更の登記の申請書の添付書面と併せて「２通」を通数とした。

⑥　委任状（商登法18条）

⑷　登録免許税額

登録免許税の額は、資本金の額の増加分として、増加した資本金の額を課税標準としてこれに1000分の７の税率を乗じて得た額（この額が３万円に満たないときは、３万円）となる（登免法別表1.24.⑴ニ）。

本問の場合、増加した資本金の額2000万円を課税標準金額として、これに1000分の７を乗じて得た額金14万円となる。

論点７　株式会社サニーにおける株主構成の変動

1　本問の検討

本問の問４においては、令和５年６月 30 日時点での株式会社サニーの株主について、保有株式数の多い順に上記４名の株主の氏名又は名称及びその株式の数を解答する必要があった。別紙 11 株主名簿の抜粋から読み取れる令和５年４月 30 日時点での株主構成を出発点として、令和５年６月 25 日に効力を生じた吸収分割及び同月 29 日に効力を生じた募集株式の発行等による変更後の株主構成に基づき、上位４名の株主とその保有株式の数を判断することになる（別紙 14 の 7）。以下の表のとおり株主構成が変動している。

株主	R5. 4. 30	6. 25（吸収分割後）	6. 29（募集後）
N	1400 株	1400 株	**1900 株③**
株式会社サニー	1000 株	1000 株　※１	**0 株**　※３
合同会社Ｘ	600 株	600 株	**4200 株①**
R	500 株	500 株	500 株
株式会社Ｋ	400 株	400 株	400 株
S	300 株	300 株	300 株
T	200 株	200 株	200 株
コスモ株式会社	―	**2000 株**　※２	2000 株②
株式会社Ｑ	―	―	**900 株④**

※１　株式会社サニーは、吸収分割の際に自己の株式を取得していない（別紙 14 聴取記録 2 (3)、(5)）。

※２　吸収分割に当たり、コスモ株式会社は、分割対価として交付された株式会社サニー株式を株主に配当していない（別紙 14 聴取記録 2(5)）。

※３　株式会社サニーは、募集株式を引き受ける者の募集の際、保有する自己株式の全部を処分した（別紙 14 聴取記録 6）。

論点７　株式会社サニーの株主構成の変動に関する解答

第４欄（株式会社サニーの令和５年６月 30 日における上位株主４名）

次の４名の株主の氏名又は名称及び株式の数を解答する。

①　合同会社Ｘ　　　４２００株

②　コスモ株式会社　２０００株

③　N　　　　　　　１９００株

④　株式会社Ｑ　　　９００株

〈参考〉

1　コスモ株式会社の令和５年４月25日申請後の登記記録のイメージ

【役員区】

役員に関する事項	取締役　A	令和　４年　４月２２日重任
		令和　４年　○月　○日登記
	取締役　A	令和　５年　４月２１日重任
		令和　５年　４月２５日登記
	取締役　B	令和　４年　４月２２日重任
		令和　４年　○月　○日登記
	取締役　B	令和　５年　４月２１日重任
		令和　５年　４月２５日登記
	取締役　C	令和　４年　４月２２日就任
		令和　４年　○月　○日登記
		令和　５年　４月２１日退任
		令和　５年　４月２５日登記
	取締役　D	令和　５年　２月１５日就任
		令和　５年　２月　○日登記
	取締役　M （社外取締役）	令和　５年　４月２１日就任
		令和　５年　４月２５日登記
	取締役・監査等　E 委員	令和　４年　４月２２日就任
		令和　４年　○月　○日登記
	取締役・監査等　F 委員（社外取締役）	令和　４年　４月２２日就任
		令和　４年　○月　○日登記
	取締役・監査等　G 委員（社外取締役）	令和　４年　４月２２日就任
		令和　４年　○月　○日登記
		令和　５年　４月　１日死亡
		令和　５年　４月２５日登記
	取締役・監査等　H 委員（社外取締役）	令和　５年　４月　１日就任
		令和　５年　４月２５日登記
	東京都品川区西町一丁目２番３号 代表取締役　A	令和　４年　４月２２日重任
		令和　４年　○月　○日登記
	東京都品川区西町一丁目２番３号 代表取締役　A	令和　５年　４月２１日重任
		令和　５年　４月２５日登記
	会計監査人　ビーナス監査法人	令和　４年　４月２２日重任
		令和　４年　○月　○日登記
	会計監査人　ビーナス監査法人	令和　５年　４月２１日重任
		令和　５年　４月２５日登記

【支店区】

	○ 名古屋市西区本町８番地	令和　５年　４月２３日設置 令和　５年　４月２５日登記

2　株式会社サニーの令和5年6月30日申請後の登記記録のイメージ

【株式・資本区】

発行可能株式総数	１０万株	
発行済株式の総数並びに種類及び数	発行済株式の総数 ５０００株	
	発行済株式の総数 ７０００株	令和　５年　６月２５日変更 令和　５年　６月３０日登記
	発行済株式の総数 １万１０００株	令和　５年　６月２９日変更 令和　５年　６月３０日登記
株券を発行する旨の定め	当会社の株式については、株券を発行する。	
資本金の額	金１０００万円	
	金１５００万円	令和　５年　６月２５日変更 令和　５年　６月３０日登記
	金３５００万円	令和　５年　６月２９日変更 令和　５年　６月３０日登記
株式の譲渡制限に関する規定	当会社の株式を譲渡により取得する場合は、株主総会の承認を受けなければならない。	

【会社履歴区】

会社分割	令和５年６月２５日東京都港区東町１番１号コスモ株式会社から分割 令和　５年　６月３０日登記

【役員区】

役員に関する事項	取締役　N	令和　１年　６月３０日就任 令和　１年　７月　○日登記 令和　５年　６月１９日退任 令和　５年　６月３０日登記
	取締役　J	令和　２年　６月２２日重任 令和　２年　○月　○日登記
	取締役　R	令和　２年　６月２２日重任 令和　２年　○月　○日登記
	取締役　S	令和　３年　５月　７日就任 令和　３年　５月　○日登記

	取締役　　　　　B	令和　５年　６月２６日就任 令和　５年　６月３０日登記
	岐阜市長良町５番地 代表取締役　　　S	令和　３年　５月　７日就任 令和　３年　５月　○日登記
	監査役　　　　　W	令和　２年　６月２２日重任 令和　２年　○月　○日登記
	監査役　　　　　Z	令和　３年　６月２９日就任 令和　３年　○月　○日登記

3　コスモ株式会社の令和５年６月30日申請後の登記記録のイメージ【参考】

本問においては記載を要しなかった、コスモ株式会社における吸収分割による変更の登記に係る登記記録である。

【会社履歴区】

会社分割	令和５年６月２５日名古屋市中区丸の内一丁目１番地株式会社サニーに分割 令和　５年　７月　○日登記

辰已法律研究所（たつみほうりつけんきゅうじょ）
https://www.tatsumi.co.jp/

司法書士試験対策をはじめとする各種法律資格を目指す方のための本格的な総合予備校。実務家というだけではなく講師経験豊かな司法書士，弁護士を講師として招聘する一方，入門講座ではWebを利用した復習システムを取り入れる等，常に「FOR THE 受験生」を念頭に講座を展開している。

司法書士試験　本試験問題＆解説
Newスタンダード本　令和5年　単年度版

令和5年9月 15 日　初 版　第1刷発行

発行者　後藤　守男
発行所　辰已法律研究所
〒169-0075
東京都新宿区高田馬場4-3-6
Tel. 03-3360-3371（代表）

印刷・製本　壮光舎印刷㈱

ISBN978-4-86466-605-3

【講座案内】

ゆっくり、しかし着実に、登記法のレベルを向上させたい人のための答練

記述パワーアップ答練

2024年向けに
問題総入れ替え！

全8回

開講

WEBスクール
9/10（日） 配信開始

DVD：**9/8（金）** 発送開始

■東京本校 通学部：設定あり

形態	アウトプット 記述式＆択一式対策
科目	不動産登記・商業登記
回数	全8回 （各回記述式2問＋択一式10問）
講義	あり 1回当たり2時間
講師	司法書士 日吉 雅之 専任講師 司法書士 風間 正樹 講師
教材	問題冊子・解説冊子
採点	記述式は採点あり。 択一式は採点なし（自己採点） ※記述式についても、択一式についても成績表はありません。 記述式問題は本試験レベルで出題します。本試験での目標点を演習の際の目標点として下さい。

記述パワーアップ答練 TimeTable

演習 135分
（記述式2問＋択一式10問）

▼

解説講義 120分
（記述式2問＋択一式）

※通学部（教室演習）の解説講義は受講者特典マイページでの視聴となりますので、ご注意ください。

対象者

- 年内に記述式を一定レベルまで仕上げたい方
- 答練で学習のペースメークをしたい方

9月	10月	11月	12月	1月	2月	3月	4月	5月	6月
記述パワーアップ答練							総合編（全8回）		全国総合模試

隔週実施なので無理がない。実力維持・向上に最適な答練

「一定レベル・一定量の記述式問題演習を行いたい」「ただ、インプットも大事なので、演習ばかりに時間を使えない」というのが多くの受験生の意見です。
そこで、本答練では、本試験レベルの記述式問題を揃えながらも、演習日程を隔週実施とするスケジュールにより、適度な負荷で、着実に実力の維持・向上ができるような問題演習を行います。
記述式答練でありながら択一式問題も解けるので、まさに一石二鳥の答練となっています。

記述式答練なのに択一式問題も付属。登記法の論点網羅に役立つ。

登記法（不動産登記法および商業登記法）は筆記試験の択一式で24問、記述式で2問出題され、それらを合計すると配点は142点に及びます。これは筆記試験全配点の50.7％にも達し、まさに試験結果を大きく左右する科目といえます。
本答練は記述式答練ですが、記述式問題だけでなく、択一式の問題も毎回付属しています。
記述式と択一式の両形式で演習を行うことにより重要論点を網羅していきますので、登記法についての試験対策には最適な答練です。

オンライン申込ページURL
読み取り用二次元バーコード ➡

●受講料（税込）

※お申込みには講座コードが必要となります。
専用パンフレットにてご確認の上お申し込みください。

記述パワーアップ答練

通学部		通信部WEB		通信部DVD		通信部WEB+DVD	
辰已価格	代理店価格	辰已価格	代理店価格	辰已価格	代理店価格	辰已価格	代理店価格
¥41,400	−	¥41,400	−	¥45,200	¥42,940	¥47,100	−

2024演習パック（記述パワーアップ答練+オープン総合編+全国総合模試）

オープン・模試	通学部		通信部WEB		通信部DVD		通信部WEB+DVD	
	辰已価格	代理店価格	辰已価格	代理店価格	辰已価格	代理店価格	辰已価格	代理店価格
解説講義あり	¥123,785	−	¥123,785	−	¥135,375	¥128,606	¥141,550	−
解説講義なし	¥110,675	−	¥110,675	−	¥114,285	¥108,571	¥116,090	−

スケジュール・受講料等の詳細は
右記より資料をご請求ください。https://r-tatsumi.com/pamphlet/

2つの解き方で、2年目の人から上級者まで対応！

本答練は記述式答練ですが、択一式問題が付属しています。しかもその択一式問題は同じ回で出題される記述式問題と同一論点を含んでいます（すべての肢が記述式問題と同一ということではありません。記述式の論点と関連しない肢も含みます）。

問題冊子は記述式問題2問のうしろに択一式問題10問という構成。

記述式問題は本試験レベルの問題ですので、問題を前から（記述式から）解けば中上級レベルの記述式答練として、問題をうしろから（択一式から）解けば、択一式問題がヒントになるので、受験2年目レベルの方でも解ける答練としてご利用いただけます。

前から順に解く… 通常の記述式問題として解ける →

本答練の各回の出題構成

不動産登記法記述式問題（1問）本試験レベル	＋	商業登記法記述式問題（1問）本試験レベル	＋	左の不動産登記法記述式問題に関連する択一式問題（5問）本試験レベル	＋	左の商業登記法記述式問題に関連する択一式問題（5問）本試験レベル

← うしろから順に解く… 記述式問題の論点に気付き易くなる

教材の仕様は司法書士オープンと同じ。工夫された形式と詳細な解説文。解説講義も記述式＆択一式。

本答練の記述式・択一式解説書は、司法書士オープンの解説書と同形式を採用しています。

復習に役立つよう、各問題については十分な量の解説がくわえられています。

また、本答練には解説講義が付いています。講義は記述式のみではなく、択一式についても行いますので、演習＋解説講義で登記法の必須論点がしっかり身につきます。

解説講義担当講師

司法書士
風間 正樹 講師

実体法に関する正確な知識と、実務での数々の手続経験を裏打ちされた手続法に関する知識は、講義内容にもいかんなく発揮されている。司法書士オープンの解説講義なども担当しており、講義経験は豊富。

司法書士
日吉 雅之 専任講師

これまで多くの基幹講座、なかでも答練の解説講義を多く担当。スピーディで熱気溢れる講義が印象的ですが、実はその講義内容は緻密で、合格者や実力のある受験生からの評価が高い講師です。

合格者も推薦する「記述パワーアップ答練」

令和４年度司法書士試験合格者
D.F さん

本講座は記述式問題への対処法の習得や注意点の喚起、時間内に解き切る能力の養成、実践力の向上等の面で実に有用だと思います。問題の難易度は高いと感じます。が、それはただ単に出そうもないマイナー論点や意地の悪いヒネクレた難しいだけの問題ではありません。他の法律も含めた横断的知識や、個別的には単純でも、巧みな組合せの妙によって頭を悩ませられる良問が多い印象でした。間違えても痛快に足下を掬われた感じで、寧ろ気持の良い印象、向学心を刺激される思いがしました。

添付の択一式問題も不登法、商登法ばかりでなく、民法や会社法に踏み込んだ良問揃いで、たった10問とはいえ、骨のある挑戦しがいのあるものでした。次の課題が来るまで２週間の余裕があることも良い点で、しっかりと復習をし、解き直し、実力として定着させていくにはうってつけだったと感じます。

新たな知識を加えるより、手持ちの知識を磨き上げるのが合格のカギ。

中上級講座 択一リマスター

開講 WEBスクール

配信中

DVD：随時発送

科目 全科目（択一式）

回数 全31回
全99時間

講師

辰已講師
司法書士試験
司法試験合格者
千葉真人先生

司法書士試験合格後、大手予備校で入門講座を担当。多数の受講生を前にライブ講義を実施。
その後、ロースクールへ進学。司法試験にも一発合格。合格後も語学を中心に多数の試験に合格。
「自らと同じく時間のない中、司法書士という難関資格取得に燃える社会人受験生を応援したい」という気持ちで中上級講座を担当している。
企業法務担当が長く、会社法・商業登記法を特に得意としている。

教材 論点集約テキスト

対象者
- 中～上級の方
- 勉強時間がなかなか取れない方
- 点数が伸び悩んでいる方

2023.7月 ～ 2024.3月
中上級講座 択一リマスター（99時間）【講義】

中上級者向けだからできる思い切ったカリキュラム

本講座は網羅性よりも合格点が取れるかにこだわります。
科目ごとの回数も、中上級者が苦手とする科目・ポイントを逆算して思い切った設定をしています。
また、千葉講師は豊富な講師経験に加え、受験生の個別指導を通したフィードバックを多数保有しています。
そのため、受験生の不得意、差がつくポイント等を熟知しており、それを活かした、点を取るための講義を展開できます。

カリキュラム

全99時間

科目	回	時間
民法	8	30
不動産登記法	7	21
会社法商業登記法	8	24
民事訴訟法	2	6
民事執行法民事保全法	1	3
供託法司法書士法	1	3
憲法	2	6
刑法	2	6

受講料（税込）

※お申込みには講座コードが必要となります。
専用パンフレットにてご確認の上お申し込みください。

中上級講座 択一リマスター

通信部			
WEB	DVD		WEB+DVD
辰已価格	辰已価格	代理店価格	辰已価格
¥168,000	¥184,000	¥174,800	¥191,400

中上級講座 リマスターパック（択一リマスター+記述リマスター+オープン総合編+全国模試）

	オープン・模試解説講義	通信部 WEB	DVD		WEB+DVD
		辰已価格	辰已価格	代理店価格	辰已価格
7月早割	あり	¥231,520	¥253,440	−	¥264,320
	なし	¥220,480	¥235,680	−	¥242,880
8月早割	あり	¥245,990	¥269,280	−	¥280,840
	なし	¥234,260	¥250,410	−	¥258,060
一般価格	あり	¥274,930	¥300,960	¥285,912	¥313,880
	なし	¥261,820	¥279,870	¥265,877	¥288,420

オンライン申込ページURL
読み取り用二次元バーコード

**スケジュール・受講料等の詳細は
右記より資料をご請求ください。https://r-tatsumi.com/pamphlet/**

時間不足で悩むあなたへ。効率的な長文の読み解き方を伝授。

中上級講座　記述リマスター　答案構成で解く記述式　12時間

開講　WEBスクール **2/25**（日）配信開始

DVD：**2/23**（金）発送開始

対象者
- ●中～上級の方
- ●勉強時間がなかなか取れない方
- ●点数が伸び悩んでいる方

2024.2月	2024.6月
記述リマスター 答案構成で解く記述式（12時間）【講義】	

科目　不動産登記法
商業登記法（記述式）

回数　全6回・12問
全12時間

講師

辰已講師
司法書士試験
司法試験合格者
千葉真人先生

論理的に組み上げられたカリキュラムと、秘められた情熱に基づく冷静な講義で受講生の問題分析力を向上させる講義を提供。
悩める多くの受験生を一気に合格へと導く指導力は健在であることが、今年も実証されている。

教材　問題冊子・解説冊子

長い問題文を効率的に読み解く方法がわかる。

いわゆる中上級者の方には、択一対策をしっかりとされ、基準点は問題なくクリアされるにもかかわらず、記述式で涙を呑む方も少なくありません。
記述式問題は、長い事例の問題文を、決して長いとはいえない制限時間内で読み解き、答案を作成することが求められます。
その際、漫然と問題文を読むのではいくら時間があっても満足な答案はできません。
この講座では、千葉講師が得意とする「分析的に問題文を読み解く方法」を具体的に提示し、講師の「答案構成」を追体験していただくことで、時間内に点数の取れる答案を作成する力を養います。
一度この力を身につけられれば、これが合格のカギ。
本試験で一見難しい問題が出題された場合でも、いつも通り分析的に読み解き、答案構成をすることで、安定した答案が出来上がります。

カリキュラム

科目	回	時間
〈記述式〉不動産登記法	3	6
〈記述式〉商業登記法	3	6

●受講料（税込）

※お申込みには講座コードが必要となります。
専用パンフレットにてご確認の上お申し込みください。

中上級講座　記述リマスター　答案構成で解く記述式

通信部			
WEB	DVD		WEB+DVD
辰已価格	辰已価格	代理店価格	辰已価格
¥32,500	¥35,500	¥33,725	¥37,100

中上級講座　リマスターパック（択一リマスター+記述リマスター+オープン総合編+全国模試）

	オープン・模試解説講義	通信部			
		WEB	DVD		WEB+DVD
		辰已価格	辰已価格	代理店価格	辰已価格
7月早割	あり	¥231,520	¥253,440	–	¥264,320
	なし	¥220,480	¥235,680	–	¥242,880
8月早割	あり	¥245,990	¥269,280	–	¥280,840
	なし	¥234,260	¥250,410	–	¥258,060
一般価格	あり	¥274,930	¥300,960	¥285,912	¥313,880
	なし	¥261,820	¥279,870	¥265,877	¥288,420

オンライン申込ページ URL
読み取り用二次元バーコード

【講座案内】

松本講師独自の方法論は、初学者だけではなく受験経験者からも大きな支持！

リアリスティック一発合格
松本基礎講座

筆記試験後スタート

全124回

開講 7月スタートコース
好評受付中
東京本校 LIVE

通信部：配信中
（WEB）

通信部：随時発送
（DVD）

形態 インプット
択一式＆記述式対策

科目 全科目

回数 全124回
民法28回／
不動産登記法21回／
会社法・商業登記法31回／
民事訴訟法・民事執行法・
民事保全法12回／
供託法・司法書士法5回／
刑法7回／憲法6回／
不動産登記法（記述式）7回／
商業登記法（記述式）7回

講義 1回につき3時間

教材 ①司法書士試験リアリスティック（全11冊）
②司法書士リアリスティック
不動産登記法記述式
商業登記法記述式
③レジュメ（適宜）
※①、②について科目別受講の方はご自身でご用意ください。

講師 松本雅典 専任講師

講座の詳細確認・オンライン
申込みはホームページから。

対象者
●基礎からやり直したい方
●松本講師独自の方法論を学びたい方
●今までの勉強法で結果が出ていない方

7月	8月	9月	10月	11月	12月	1月	2月	3月	4月
リアリスティック一発合格松本基礎講座（全124回）									

受験経験者にも支持される基礎講座

本講座担当の松本雅典講師は、法律学習未経験の状態からたった5ヶ月間の勉強期間で司法書士試験に合格しました。本講座はその短期合格方法論を余すことなくご提供します。「共通する視点」「検索先の一元化」「テキストでアウトプット」など、どれも司法書士試験で点を獲ることに特化した方法論です。

初学者を対象とした基礎講座ですが、受験経験者にも支持されています。その理由は、上記方法論に基づく講義が初学者、受験経験者の区別なく効果的なものだからにほかなりません。毎年、受験経験者で本講座を受講し合格した方から「目から鱗の講義だった」「最初から受講しておけばよかった」との声を多数頂いています。

複数の知識を「共通する視点」で切り、効率的に記憶

司法書士試験は、資格試験の中でも、記憶しなければならない知識が多い試験です。一つ一つ理解していくというのが基本ですが、それだけでは短期合格は厳しいのが実際のところです。そこで、ある項目を学習する時に「共通する視点」を使います。たとえば、民法で「地役権」というものを学習します。この地役権については、20～30個程度の知識を記憶しなければなりません。しかし、以下の2つの「共通する視点」を使えば、15～20個は一気に記憶することができます。

① 地役権とは、土地（要役地）のための権利であり、土地（要役地）にくっついている権利である。

② 地役権の規定は、要役地の所有者に有利なように規定されている

このように“複数の知識を共通する視点で切る”ということができるように、松本講師の講義では多数の「共通する視点」を提供します。

テキストに「検索先の一元化」を実現する講義

「情報の一元化」と対比される概念で、「検索先の一元化」という考え方があります。「検索先の一元化」とは、ある知識が問題で問われた時に決まった箇所を思い出すということです。本番の試験に持ち込めるのは、文房具と“自分の脳”だけです。ですから、本試験である知識が問われた時に、頭の中でどこを検索するかを決めておくのです。

テキスト、ノート、レジュメ、まとめ本…など教材が多数あると、検索先が複数になり思い出すことができません。本講座では、松本講師自らが執筆または全面監修したテキストに書き込みをしていき、検索先を一元化します。分厚いレジュメばかりが増えるといったことはありません。

スケジュール・受講料等の詳細は
右記より資料をご請求ください。https://r-tatsumi.com/pamphlet/

従来型		松本式５ヶ月合格勉強法
合格まで４年は覚悟する	⇔	絶対に合格できるという自信をもつ。合理的な勉強法で真剣に学習すれば１年で必ず合格できる試験である
自分にあった勉強法を探す	⇔	最短で合格できる勉強法に、ただひたすら自分をあわせる
忘れないためには、覚えられるまで何度でも繰り返し復習するしかない	⇔	一度頭に入ったことは頭からなくなることはない。思い出すプロセスを決めて、そのプロセスを本試験で再現できるよう訓練するのが勉強である
テキスト・過去問にない問題に対処するためにもっと知識を増やすように努力する	⇔	テキスト・過去問に載っていない知識の肢を、テキスト・過去問に載っている知識から推理で判断する訓練をする。知識を増やすことに労力をかけない
インプット＝テキスト、アウトプット＝問題演習	⇔	インプットもアウトプットもテキストで行う
本試験「直前」に使えるように情報を一元化する	⇔	本試験「当日」に問題を解くときに、頭の中で思い出す検索先を一つに特定する＝情報の一元化ではなく検索先の一元化
過去問は何回も何回も繰り返し解く	⇔	過去問の元になっている条文・判例自体を思い出せるようにすれば過去問は何回も解く必要がない
過去問を「知識が身についているかの確認」に使う	⇔	過去問を「問題の答えを出すために必要な知識」を判別するために使う。知識の確認ツールとしては、過去問は不十分である
テキストに、関連する他の科目の内容や定義などをどんどん書き込んでいく	⇔	基本テキストに関連する他の科目の内容や定義などは、「言葉」としては書かない。本試験で思い出すための記号しか書かない
記述は書いて書いて書きまくる	⇔	記述式を書いて勉強するのは時間がかかり過ぎる。申請書はシャドウイング＋ 音読

TEXT

本講座では、松本雅典著**『司法書士試験リアリスティック』**を講座テキストとして使用します（シリーズ全冊発行済み）。

テキストの記載内容は、本試験過去問を徹底的に分析した結果をもとに吟味されており、無駄な記載を省きつつも、本試験での出題領域を十分にカバーするものとなっています。

松本雅典著　司法書士試験リアリスティック

「司法書士試験リアリスティック」は各自でご用意下さい。

本講座を全科目一括（またはそれを含むパック）でご購入いただいた方には「司法書士試験リアリスティック」民法Ⅰ、民法Ⅱ、民法Ⅲ、不動産登記法Ⅰ、不動産登記法Ⅱ、会社法・商法・商業登記法Ⅰ、会社法・商法・商業登記法Ⅱ、民事訴訟法・民事執行法・民事保全法、供託法・司法書士法、憲法、刑法の全11冊をプレゼントいたします。

●受講料（税込）

※お申込みには講座コードが必要となります。
専用パンフレットにてご確認の上お申し込みください。

		受講料							
		通学部		通信部WEB		通信部DVD		通信部WEB+DVD	
		辰已価格	代理店価格	辰已価格	代理店価格	辰已価格	代理店価格	辰已価格	代理店価格
リアリスティック・フルパック（①+②）		¥502,100		¥502,100		¥531,500	¥504,925	¥554,500	
①	リアリスティック一発合格松本基礎講座 全科目一括	¥444,000		¥444,000		¥474,200	¥450,490	¥494,300	
②	オプション講座　一括　解説講義あり （司法書士オープン+全国総合模試）	¥84,500		¥84,500		¥92,400	¥87,780	¥96,800	

1セット1時間。挫折しない。これが理想の過去問トレーニング。

パーフェクトユニット完全攻略・択一過去問　225set

※本講座は「2024年合格目標司法書士合格講座パーフェクトユニット方式」の択一編の一部を抜粋・編集したものです。

開講　WEBスクール

配信中

DVD：随時発送

科目　全科目（択一式）

回数　全225回
講義　約110時間

講師

辰巳専任講師
司法書士
田端恵子先生

平成24年に宅建。平成26年に司法書士に一発合格を果たす。平成28年よりブログ「高卒で元ギャルの私が司法書士試験に一発合格した勉強法」を運営。ブログ村・司法書士試験部門の上位にランキングされ注目を集める。
同年から辰巳法律研究所において司法書士試験対策講座の講師を担当。一発合格者の特徴を存分に活かした講義で多くの受験生から支持を集め、平成30年7月より、満を持して自身の合格哲学を実現する基礎講座「パーフェクトユニット方式 一発合格 田端基礎講座」を開始した。

教材　パーフェクトユニット肢別問題集

講師自身が、体系別に、解いてほしい順番に掲載した問題集。ここまでやるのは田端講師だけです。

対象者
- 初級～中級の方
- 過去問を潰せない方
- 過去問を解いても点数が伸び悩んでいる方

2023.8月	2024.6月
パーフェクトユニット完全攻略・択一過去問225set	

1セット1時間。過去問学習がとまらない。

本講座は演習+解説ワンセットで約1時間となっています。1時間なら仕事で疲れた後でも勉強できますし、ふとしたスキマ時間に勉強することもできます。何より1セット1時間という勉強リズムができます。この学習環境を整えるということが勉強を毎日進める最大のコツ。
過去問の膨大さに飲み込まれ、なかなか過去問を回せないという方にピッタリのカリキュラムです。

組み合わせで解くと、思わぬ弱点を見失う。

司法書士試験の過去問学習は5肢の組み合わせで解くより、肢別で解くほうがいいと田端講師は主張します。その理由は、「①合格するには高い知識精度が求められるため、組み合わせに逃げず1肢ずつ丁寧に勉強すべきだから。②組み合わせで見過ごした肢が問われた時に、本試験で得点できないから」です。
過去問を解いても点数が伸び悩む方は過去問学習が雑な傾向があります。肢別で丁寧に学習しなおしませんか。

勉強しやすい体系別肢別問題集を配布。

本講座は「肢別推し」の田端講師が自らまとめた体系別肢別過去問「パーフェクトユニット肢別問題集」（非売品）を使用します。持ち運びの便宜を考え、A5サイズで作成していますので、通勤時間やスキマ時間にも非常に使いやすくなっています。何より、体系別にまとめているので、自分がどこが苦手なのかも把握しやすくなっています。

田端講師 YouTube より
【動画】司法書士試験には肢別問題集が最高な理由

https://bit.ly/3xS9qor

司法書士試験の勉強には肢別問題集が最高な理由。

田端講師 note より
【記事】司法書士試験には肢別問題集が最高な理由

https://bit.ly/3b0t7BF

受講料（税込）

※お申込みには講座コードが必要となります。
専用パンフレットにてご確認の上お申し込みください。

通信部			
WEB	DVD		WEB＋DVD
辰巳価格	辰巳価格	代理店価格	辰巳価格
¥218,900	¥238,700	¥226,765	¥249,700

スケジュール・受講料等の詳細は右記より資料をご請求ください。https://r-tatsumi.com/pamphlet/

毎日ワンセット２時間。司法書士を諦めない。

司法書士合格講座 パーフェクトユニット

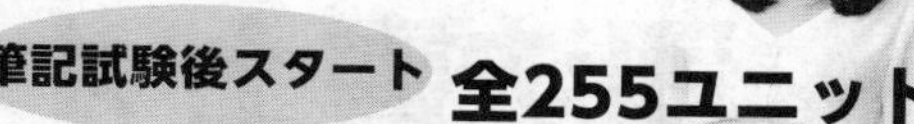

筆記試験後スタート
全255ユニット

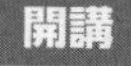

WEBスクール

配信中

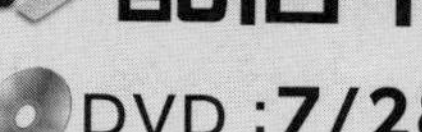

DVD：**7/28**（金）発送開始

対象者
- ●基礎から学び直したい方
- ●勉強を続けることに不安がある方
- ●まとまった勉強時間が取れない方

7月	8月	9月	10月	11月
司法書士合格講座　パーフェクトユニット（全255ユニット）				

形態　インプット
択一式＆記述式対策

科目　全科目

回数　全255ユニット

■インプット編225ユニット
民法64ユニット／
不動産登記法48ユニット／
会社法・商業登記法64ユニット／
民事訴訟法・民事執行法・民事保全法20ユニット／
供託法10ユニット／
刑法9ユニット／憲法8ユニット／
司法書士法2ユニット

■記述編30ユニット
不動産登記法15ユニット／
商業登記法15ユニット

講義　1ユニットあたり1時間
※インプット編は復習フォロー付き

講師　司法書士　田端恵子 専任講師

教材
■インプット編
オリジナルテキスト
肢別問題集

■記述編
パーフェクトユニット記述式
必修問題集60［第2版］※
記述ルールブック
記述連想パターンブック

※科目別受講の方はご自身でご用意ください。

無理なく合格を目指せる工夫が満載

自身の一発合格の秘訣は「合格に必要な知識の取捨選択をうまくできたことと、モチベーションの維持ができたこと」と語る田端講師。
司法書士試験には時間をかけるべきところと、そうでないところがあります。ここを見誤ると合格まで時間がかかってしまいます。本講座ではそのような見誤りのおきないよう、合否に関係がない細かい論点は省き、合格に必要な知識だけを扱います。知識の取捨選択は講師自ら行いますので、どこまで押さえておけばいいのか、悩む必要はありません。
受験経験者の方で、一生懸命勉強していてもなかなか結果が出ない場合は、自身の勉強の方向性が誤った方向に行っている可能性があります。本講座で起動修正しましょう。
また、モチベーションの維持についても、講座設計・教材・サポート制度、すべてに勉強を続けやすくする工夫が満載。無理なく合格を目指せる「やさしい」講座となっています。

ユニット制だから、来年の試験に間に合う！苦手分野の補強もしやすい！

「パーフェクトユニット」は、各科目がさらに細かい単元（＝ユニット）に分かれており、ユニット名がその回の講義で扱っている内容を示しています。

Ex. 民法の場合（全 61 ユニット）

1ユニットは60分なので、無理なく、1日1ユニットづつ受講していくことが可能。1日1ユニットずつの受講でも、来年の本試験まで間に合います。WEBコースでは、視聴画面で該当ページのテキストもPDFで閲覧可能。テキストが手元にない隙間時間などでも勉強可能です。また、講義は年内に配信・送付が完了しますので、年明けの早い時期までに全ユニットを消化し、その後は演習や苦手分野の再視聴に当てるといった受講の仕方もできます。

講座の詳細確認・オンライン申込みはホームページから。

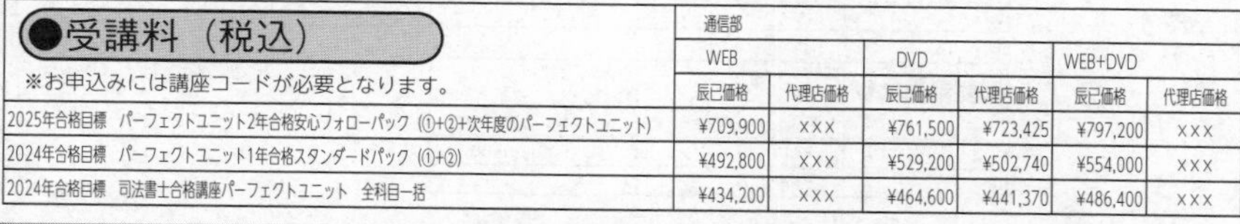

●受講料（税込）
※お申込みには講座コードが必要となります。

	通信部					
	WEB		DVD		WEB+DVD	
	辰已価格	代理店価格	辰已価格	代理店価格	辰已価格	代理店価格
2025年合格目標　パーフェクトユニット2年合格安心フォローパック（①+②+次年度のパーフェクトユニット）	¥709,900	×××	¥761,500	¥723,425	¥797,200	×××
2024年合格目標　パーフェクトユニット1年合格スタンダードパック（①+②）	¥492,800	×××	¥529,200	¥502,740	¥554,000	×××
2024年合格目標　司法書士合格講座パーフェクトユニット　全科目一括	¥434,200	×××	¥464,600	¥441,370	¥486,400	×××

スケジュール・受講料等の詳細は
右記より資料をご請求ください。https://r-tatsumi.com/pamphlet/

総合編で上位10%に入る。合格レベルの確かな基準。

司法書士オープン総合編 全8回

開講
WEBスクール
4/7（日） 配信開始
DVD：**4/5（金）** 発送開始
■東京本校 通学部：設定あり

形態　アウトプット
択一式＆記述式対策

科目　全科目

回数　全8回
択一280問・記述16問
※全問新作問題

講義　1回当たり2.5時間

講師　辰已精鋭講師陣
※複数講師による責任担当制を採用します。

教材　問題冊子・解説冊子
個人成績表・全体成績表

採点　あり（記述式は添削付き）

総合編 TimeTable

演習
●択一午前科目35問＆記述2問の回 →3.5時間 ●択一午後科目35問＆記述2問の回 →3時間
解説講義
●2.5時間 （記述解説1.5時間・択一解説1時間）

※通学部（教室演習）の解説講義は受講者特典マイページでの視聴となりますので、ご注意ください。

オンライン申込ページURL
読み取り用二次元バーコード

対象者　● 2024年に受験するすべての方

9月	10月	11月	12月	1月	2月	3月	4月	5月	6月
記述パワーアップ答練				リアリスティック択一演習			総合編（全8回）		全国総合模試

全8回だから出題頻度に配慮した丁寧な論点つぶしができる！

オープン総合編は全8回なので、択一式については、午前科目と午後科目がそれぞれ4回出題されます。
辰已では、過去の本試験で出題された論点の分析を基に「頻出論点」「一定周期で出題される論点」「未出の論点」という論点の分類を行い、それらを絶妙に配合した上で、午前・午後それぞれ4つ、合計8つのグループ分けを行うことにより8回分の出題論点を決めます。
8回実施だからこそ、出題頻度に配慮した丁寧な論点つぶしが可能となるのです。

記述式問題を毎回2問出題。問題作成は複数講師による責任分担制だから、マンネリ化なし！

オープン総合編の記述式問題は、各回の解説講義を担当する実力派講師がそれぞれ作成または監修したオリジナル問題です。
担当する全講師間での論点調整を行うので、重要論点を網羅しつつ、各講師の創意を生かした出題内容となっています。
様々なバリエーションの問題が解けるので、本試験のシミュレーションとして最適です。

回	科目	東京本校	通信部	
		（教室演習）	WEBスクール配信開始	DVD発送開始
1	択一午前科目35問（範囲指定なし）＋記述2問	4/6(土)	4/7(日)	4/5(金)
2	択一午後科目35問（範囲指定なし）＋記述2問	4/13(土)	4/14(日)	4/12(金)
3	択一午前科目35問（範囲指定なし）＋記述2問	4/20(土)	4/21(日)	4/19(金)
4	択一午後科目35問（範囲指定なし）＋記述2問	4/27(土)	4/28(日)	4/26(金)
5	択一午前科目35問（範囲指定なし）＋記述2問	5/4(土)	5/5(日)	5/3(金)
6	択一午後科目35問（範囲指定なし）＋記述2問	5/11(土)	5/12(日)	5/10(金)
7	択一午前科目35問（範囲指定なし）＋記述2問	5/18(土)	5/19(日)	5/17(金)
8	択一午後科目35問（範囲指定なし）＋記述2問	5/25(土)	5/26(日)	5/24(金)

●受講料（税込）

※お申込みには講座コードが必要となります。
専用パンフレットにてご確認の上お申し込みください。

解説講義あり	通学部		通信部WEB		通信部DVD		通信部WEB+DVD	
	辰已価格	代理店価格	辰已価格	代理店価格	辰已価格	代理店価格	辰已価格	代理店価格
8回	¥73,700	−	¥73,700	−	¥80,600	¥76,570	¥84,400	−
単回	¥9,700	−	¥9,700	−	¥10,600	¥10,070	¥11,100	−

解説講義なし	通学部		通信部 教材発送のみ・メディアなし	
	辰已価格	代理店価格	辰已価格	代理店価格
8回	¥61,600	−	¥61,600	¥58,520
単回	¥8,100	−	¥8,100	¥7,695

スケジュール・受講料等の詳細は
右記より資料をご請求ください。https://r-tatsumi.com/pamphlet/

本試験を徹底分析しているから本試験と同水準。まさに本試験シミュレーション

全国総合模試 全2回

開講 WEBスクール
5/29（水） 配信開始
DVD：5/27（月） 発送開始
■東京本校 通学部：設定あり

形態 アウトプット
択一式＆記述式対策

科目 全科目

回数 全2回
択一140問・記述4問
※全問新作問題

講義 1回当たり2.5時間

講師 辰已精鋭講師陣
※複数講師による責任担当制を採用します。

教材 問題冊子・解説冊子
個人成績表・全体成績表

採点 あり（記述式は添削付き）

全国総合模試 TimeTable

午前の部演習　2h
▼
午後の部演習　3h
▼
記述式解説講義　1.5h
▼
択一式解説講義　1h

※通学部（教室演習）の解説講義は受講者特典マイページでの視聴となりますので、ご注意ください。

オンライン申込ページURL
読み取り用二次元バーコード

対象者 ● 2024年に受験するすべての方

9月	10月	11月	12月	1月	2月	3月	4月	5月	6月
記述パワーアップ答練				リアリスティック択一演習			総合編（全8回）		全国総合模試

本試験を完全にシミュレーションするために、本試験と同一水準の問題、本試験と同一の条件で、演習を実施します（全問新作問題）

午前の部

午前の部は、午後の部の択一式と比較をすると、基準点が毎年高くなっています。そこで、辰已では、午前の部の基準点が低くなり過ぎないように、難問（難しすぎるもの）や奇問を徹底的に排除しています。

午後の部

午後の部の択一式は午前の部より基準点が低いのが例年の結果です。これは、記述式との時間配分が難しいことや、午前の部の科目と比較して午後科目については勉強があまり進んでいない受験生が多いことによるものと思われます。辰已では、このような点をうけて、記述式との難度の調整や、択一問題の論点の難易度にも注意しながら、模試での出題内容を決めています。

記述式は本試験予想問題

辰已の演習講座・模擬試験では、記述式において、過去に多くの本試験的中を出してきました。
本試験の記述式の基準点は例年、受験者の平均点とほぼ同じ点数に設定されており、その平均点付近では多くの受験者が競っているものと思われます。そのような状況においては、本試験直前に本試験類似の問題を解いていた人が非常に有利になるのは明らかです。
辰已では、過去に多くの的中を出したノウハウを生かして、2024年も本試験予想問題を出題します。

●受講料（税込）

※お申込みには講座コードが必要となります。
専用パンフレットにてご確認の上お申し込みください。

解説講義あり	通学部		通信部WEB		通信部DVD		通信部WEB+DVD	
	辰已価格	代理店価格	辰已価格	代理店価格	辰已価格	代理店価格	辰已価格	代理店価格
一括（全2回）	¥15,200	−	¥15,200	−	¥16,700	¥15,865	¥17,500	−
単回	¥8,000	−	¥8,000	−	¥8,800	¥8,360	¥9,200	−

解説講義なし	通学部		通信部（教材発送のみ・メディアなし）	
	辰已価格	代理店価格	辰已価格	代理店価格
一括（全2回）	¥13,500	−	¥13,500	¥12,825
単回	¥7,100	−	¥7,100	¥6,745

スケジュール・受講料等の詳細は
右記より資料をご請求ください。https://r-tatsumi.com/pamphlet/

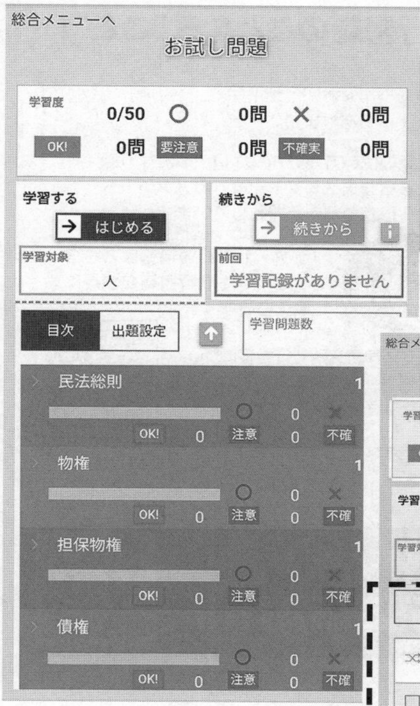

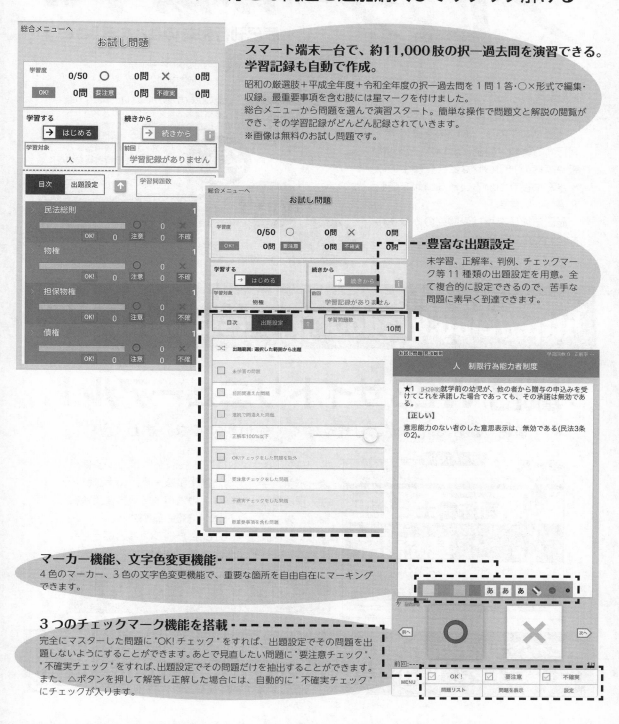

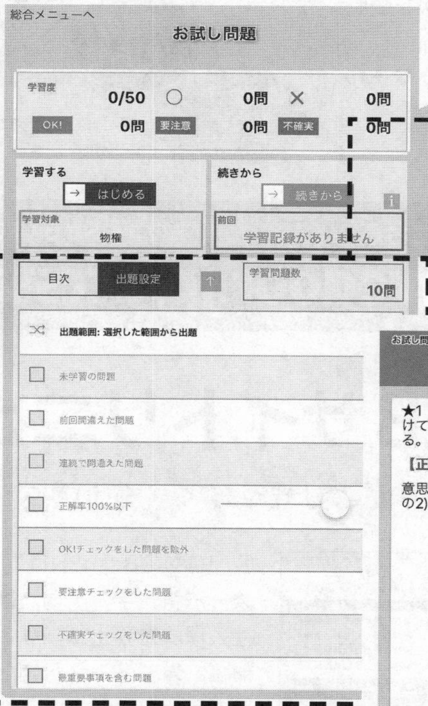

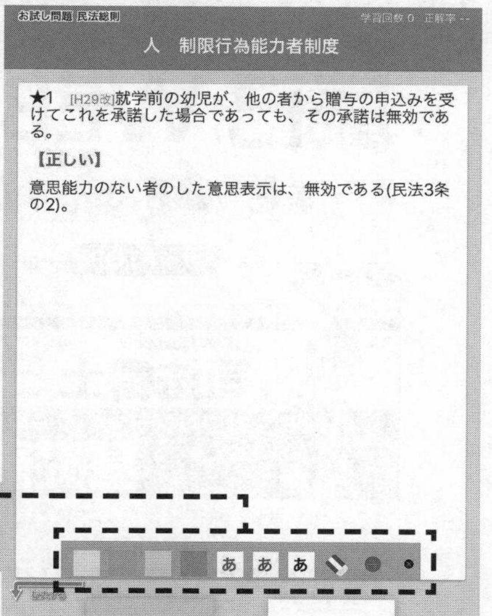

辰巳法律研究所 書籍出版グループ

辰巳法律研究所
書籍出版グループ
オリジナルブログ

辰巳刊行書籍のことなら"ここ"!

受験生のみなさんこんにちは。辰巳法律研究所出版グループです。

出版ブログでは，辰巳法律研究所が刊行する書籍・雑誌について，新刊情報や誤植のお知らせなど，受験生のみなさんに役立ついろいろな情報を随時発信しています。

辰巳法律研究所は受験生のみなさんを全力で応援します。

辰巳新刊情報 辰巳の刊行書籍を一早くお知らせ！ちょい読みコーナーもあります。

お役立ち情報 書籍の使い方が分からない…そんな方はこちらをチェック！先輩方のアンケートから役立つ情報を掲載しています。

フェア・セール情報 フェア・セールの情報はこちらをチェック！刊行書籍をお得にご購入できます。

誤植のお知らせ 辰巳法律研究所刊行書籍について、誤植が発見された場合には、こちらで随時公開していきます。→

ベストセラー紹介（辰巳・他社） いまどんな本が売れているのか？売れ筋動向が確認できます。

↓出版ブログのアドレスはこちら　　右のコードからURLが読み取れます→

http://blog.livedoor.jp/accstatsumi/

辰巳 WEBサイトリニューアル！

辰巳 WEB サイトがより見やすく・使いやすくなりました！

辰巳のWEBサイトは司法試験をはじめ、予備試験・法科大学院・司法書士試験・行政書士試験・社会保険労務士試験などの法律系各種試験情報を網羅。ガイダンス・講座情報も満載です。メールマガジンや辰巳 YouTube チャンネルといった手法も織り交ぜて、情報を発信中です。

辰巳オリジナルコンテンツ満載！各種情報も随時更新中！

〈辰巳新アドレス〉 **https://service.tatsumi.co.jp/**